JN329751

シリーズ こころとからだの処方箋

高齢期の心を活かす

――衣・食・住・遊・眠・美と認知症・介護予防――

監修●上里 一郎

編●田中 秀樹（広島国際大学心理科学部臨床心理学科）

ゆまに書房

監修にあたって

二十一世紀は心の時代だと言われる。いわゆる先進国では、物質的には充足されているが、生きる意味や目標を見つけることができずにいる人々が少なくない。

グローバル化や科学技術の著しい進歩により社会は激しく変動しており、将来を予測することが困難になっている。例えば、労働環境一つを取ってみても、企業は好収益を上げていても、働く者個々で見るとその労働環境は著しく厳しいものになっている。それは、過重な労働条件・リストラの進行・パート社員の増加などに見ることができる。極端な表現をすれば、〝個人の受難の時代〟の到来といえるかもしれない。労働・地域・社会・家族など、私たちの生活の中に、このようなめまぐるしい変化は影を落としている。自殺者・心身症・うつ・犯罪の若年化や粗暴化などといった社会病現象の増加はその影の具現化でもある。

このシリーズ「こころとからだの処方箋」はこれらの問題に向き合い、これを改善するため、メンタルヘルスの諸問題を多角的に取り上げ、その解決と具体的なメンタルヘルス増進を図ることを主眼として企画された。

テーマの選定にあたっては、人間のライフサイクルを念頭に、年代別（青少年期、壮年期、老年期など）に生じやすい諸問題や、ドメスティック・バイオレンスや事故被害、犯罪被害といった今日的なテーマ、不眠や抑うつなど新たな展開を見せる問題などを取り上げ、第一線の気鋭の研究者、臨床家に編集をお願いした。一冊一冊は独立したテーマであるが、それぞれの問題は相互に深く関連しており、より多くの巻を手に取ることが、読者のより深い理解へと繋がると確信している。

なお、理解を助けるため、症例の紹介、引用・参考文献などを充実させ、また、専門用語にはわかりやすいよう注記を施すなどの工夫をした。本書は、医学・心理学・看護・保健・学校教育・福祉・企業などの関係者はもとより、学生や一般の人々に至るまでを読者対象としており、これら各層の方々に積極的に活用されることを願っている。

上里一郎（あがり・いちろう　広島国際大学学長）

はじめに

今まで培って来られた貴重な人生経験を次世代に教え伝えること、人生をより輝かせ、これからも価値ある時間を過ごすために、まずは心と体の健康が基盤となります。さらに、柔軟で若々しい脳を保ち続けるには、おしゃれに気をつかい、腹の底から笑い、学び続けることが大切です。

本書、「高齢期の心を活かす」は、人間本来のライフスタイルを振り返り、高齢者自身が、日常生活の中に自然に取り入れられる心身と脳の健康増進に活用できる知識と方法を紹介することをひとつの目的としています。いつまでも若々しく、日々の食を楽しみ、居心地のよい空間で暮らし、ぐっすり眠ること、活力がある日常生活を継続できることは、高齢者のみならず多くの人の願いかもしれません。しかし、これを現実的に手にいれ、「価値ある時間」を過ごし、「生きがいに満ちた時間と空間を創造」するには、本人の意識・心がけや努力もさることながら、かかわる人々の協力や支援がとても大切です。

本書が高齢期の衣、食、住、遊（楽しみ）、眠、美、運動に対する認識を高め、生活の中に取り込む工夫の参考になれば、今の「学びたいは終わらない」生活の中でできる、生体リズムを重視した健康法を少しずつ目標に掲げ、今日からでも始めてみるきっかけになればと願っております。

また、本書では高齢者の生きがい、健康増進のほかに、特に、心の病気や認知症に関する介護者・家族支援をテーマとしています。人間本来のライフスタイルを重視し、日常生活の中で継続できる健康増進、介護予防、介護者・家族支援を扱うという本書の企画には、第一線で活躍されている専門家や実践家の先生方にご賛同、ご執筆をいただきました。高齢者の健康を考える上で重要な、医療福祉や作業療法、精神保健、心理学、看護学、脳科学、薬学、精神医学、公衆衛生、理学療法など、各分野の専門家にご執筆をいただいたことで、本書はかつてない充実した内容の一冊となりました。

高齢期を充実したものにと考えられている方ご自身やご家族はもとより、高齢者とかかわる多職種の現場スタッフ、ボランティア活動を実践する上での副読本、学生の授業・実習の参考書、副読本として活用していただければ幸いです。

田中秀樹

【目　次】

第7章　介護従事者のストレスと対策　239

第1章　高齢社会日本の課題と展望

1　高齢者人口の推移

未曾有《みぞう》の高齢社会が身近に迫っています。日本の六五歳以上の高齢者人口は、二〇〇五年に二五三九万二千人で全人口の19.9％に達するとされています。さらに、そのうちの七五歳以上の後期高齢者は一一四二万二千人（8.9％）と推定されています。高齢者人口は、スウェーデンの20.0％に次ぐ多さです。この高齢者人口が、二〇一五年には26.0％、二〇二五年には28.7％、二〇三五年には30.9％、二〇五〇年には35.7％に推移し、後期高齢者は、二〇〇五年の8.9％から二〇三五年には18.0％へ、二〇五〇年には21.5％へと推移すると予想されています。一九六〇年の高齢者人口は五三九万八千人（5.7％）で、後期高齢者人口も一三九万九千人（1.6％）でした。出生率の低下による少子化とともに高齢者の余命も延び、これまでに経験したことのない社会に日本は突入し、この状況が長く続くのです。

この高齢者人口の増加にともない、推定値ではありますが認知症患者数も、二〇〇〇年の一五六万人（六五歳以上人口の7.1％）から二〇〇五年には一八九万人（六五歳以上人口の7.6％）、二〇一五年には二六二万人（六五歳以上人口の8.1％）、二〇三五年には三三七万人（六五歳以上人口の10.1％）になるものと推定されています。

この人口の高齢化は、高齢者へのメンタルヘルス・サービスについての概念を大きく変える要因となっています。介護保険制度もその一つですし、健康寿命の延伸や生活の質の向上の実現を目指した健康増進法の制定や「21世紀における国民健康づくり運動（健康日本21）*」もその一つです。この健康日本21の目標項目の一つに、休養・こころの健康づくりが設定され、さまざまな運動が展開されています。

高度医療の発達、誰でもが十分な医療を受けられる国民皆保健制度、手厚い高齢者厚生保護、これらの社会制度により後期高齢者人口が急速に増えてきたと考えられています。女性の閉経期年齢平均から見ると、一九六〇年にくらべほぼ十歳ほど遅くなっています。六五歳～七四歳の前期高齢者は、まだ高齢者とは言えないのではないかという議論が出るのも当然と言えます。したがって、高齢者サポートの対象となるのは七五歳以上の後期高齢者が中心となるという認識が一般化しつつあります。しかし、加齢の影響は人それぞれで、老化が心身に及ぼす影響は、高齢になるほどばらつきが大きくなるのです。

2　サーカディアンリズムの影響による高齢者の生活パターンの変化

老化の影響がどの年代から現れるのかを見てみましょう。記銘力や記憶力の低下、知識の習得の困難性、理解力や計算能力の低下、思考の柔軟性や適応能力の低下などの精神の老化を客観的にかつ適切に測定することは難しく、身体の老化として運動能力を計測する

「21世紀における国民健康づくり運動（健康日本21）」
厚生労働省の外郭団体である健康・体力づくり事業財団のホームページより一部改変して引用。「我が国における高齢化の進展や疾病構造の変化に伴い、国民の健康の増進の重要性が増大しており、健康づくりや疾病予防を積極的に推進するための環境整備が要請されている。平成一二年三月三一日に、国民健康づくり運動として「健康日本21」が開始された。「健康日本21」を中核とする国民の健康づくり・疾病予防をさらに積極的に推進するため、医療制度改革の一環として健康増進法案が八月二日に公布された。」

ことも生育環境でどのくらい運動していたかが影響することもあり、なかなか困難です。その点睡眠は基本的な生命現象で、精神、身体両面の状態が統合して現れやすく、客観的に把握しやすいという利点を持っています。また、年を取ると早寝早起きになりやすいという特徴もよく知られています。ザイスラー（Czeisler）らは、二七名の若年者男性と一〇名の女性高齢者、および一一名の男性高齢者の日常生活での就床時刻と起床時刻について報告しています。また同時にコンスタントルーチン条件*で深部体温リズムを測定し、高齢者では睡眠相の前進に対応して深部体温リズムの最低時刻が前進していることを報告しています。**図1**に、筆者らの一九九五年の調査による、山梨県市部・農村部の一般住民一、七三二名の睡眠習慣より作成した各年齢層の平日の就床時刻、起床時刻を示します。就床～起床時間（いわゆる睡眠時間）は、五〇代以降加齢とともに延長し、八〇歳以上では八時間を越えています。高齢者は睡眠時間が若年者と比べ短かくてよいとする従来の概念は明らかに誤りです。この高齢者における就床～起床時間の延長は、睡眠が質的に低下し、そのためより長い睡眠時間が必要になるためです。一九九五年の調査での就床時刻は、幼児期、小学校生徒では二二時前後で、睡眠・覚醒スケジュールは早寝型を示しています。中・高校生徒と大学生は、就床時刻の平均が真夜中を過ぎており、夜型の生活スタイルを示し、二〇代から四〇代まではほぼ一定です。五〇代以降より年齢が高くなるとともに就床時刻が前進し、六〇歳以上では睡眠・覚醒スケジュールが若年者と比べ明瞭に前進していることが観察できます。興味深いことに、就床時刻には加齢の影響が顕著に見られますが、起床時刻は高齢者でやや前進するものの、就床時刻ほど際だった変化ではないことが

コンスタントルーチン条件
照明条件50ルクス以下の恒温気象室で、60度の背もたれ角度のリクライニングシートに坐ったまま三六時間以上覚醒を持続した状態で過ごし、食事と水を二時間ごとに分散して摂取するなどの厳しい統制条件。人間のサーカディアンリズムについての高精度の科学的研究で用いられる。

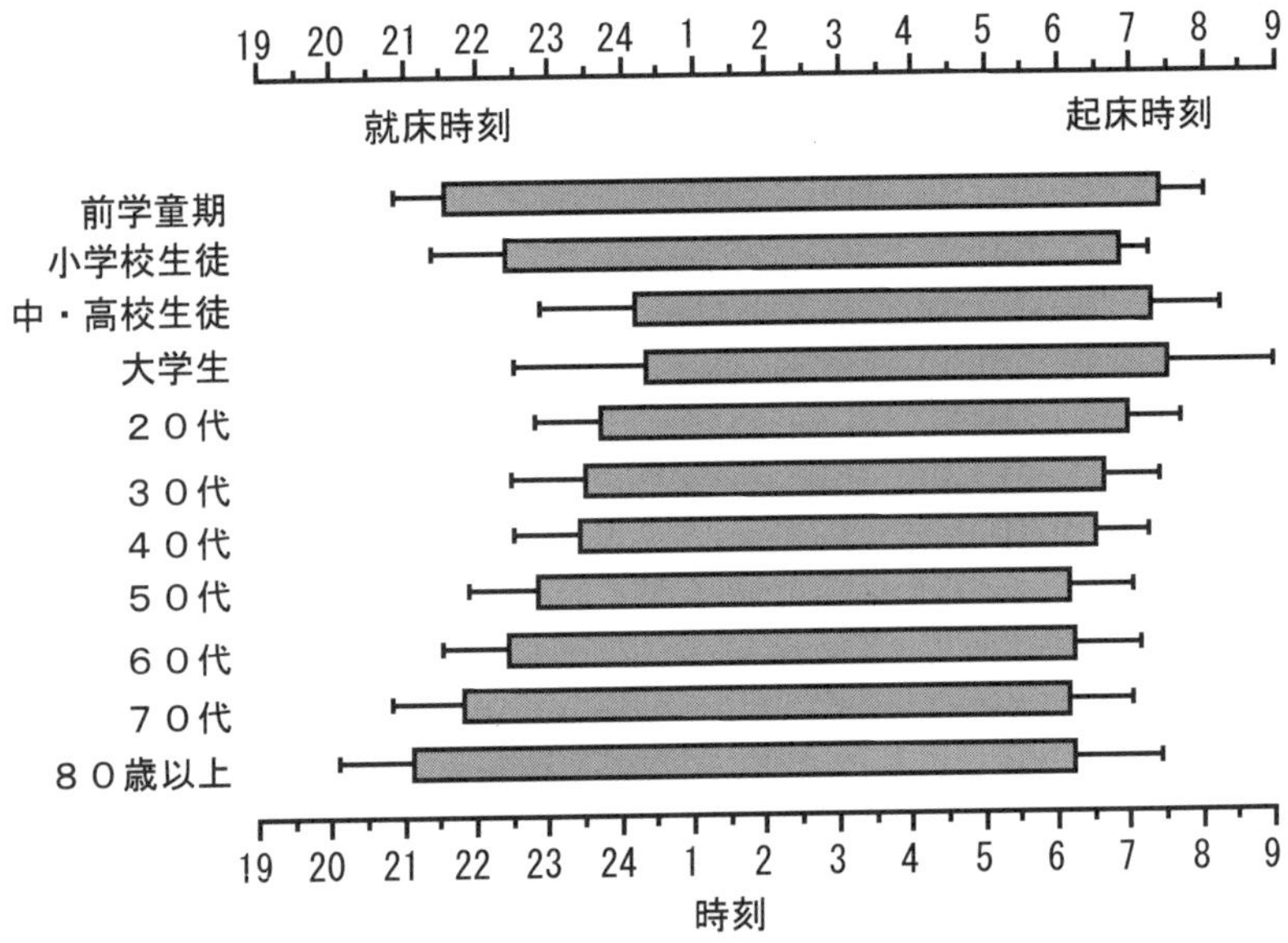

図１　発達・加齢による就寝・起床時刻の変化

見て取れます。朝一定の時刻に多くの者が目覚める規則的な社会の中で生活していると、起床時刻へ影響が強く現れ、その人本来の睡眠・覚醒スケジュールは就寝時刻の方へ現れてきます。就寝時刻を知ることは、対象者の生活パターンを知ることにつながります。

3 高齢者における個体差の増大

深部体温リズムの前進が老化によって生じ、それが睡眠相の前進を促し、高齢者が早寝早起きになる原因となっていますが、高齢者の深部体温リズムを個別に見ると老化の影響に大きなばらつきのあることも観察できます。**図2**は、深部体温を一〇日間にわたり連続測定し、サーカディアンリズム*について統計的に解析し、リズム平均、リズム位相およびリズム振幅の三つの指標を二〇代から七〇代後半までの男女五一例について示しています。深部体温リズム平均は、加齢によって変化することはありません。一般に測定される体温は腋窩温であり深部体温（躯幹温）とは異なりますが、二四時間連続で一〇日間にわたり測定してみると、若年者と比較して高齢者でも躯幹温は低下していないことが観察できます。深部体温振幅は、日中覚醒時の最高体温と夜間睡眠時の最低体温の差としてほぼ計算されます。リズム振幅を計算する場合には、半波振幅で算出されるため二倍が最高〜最低深部体温の差となります。相関分析による変化としては、加齢により深部体温振幅が低下するという結論になります。しかし、**図2**のように年齢をX軸に振幅をY軸にとり散布図を作成し観察してみると、五五歳を過ぎる頃より個体差が増大していく様子が見て取れま

サーカディアンリズム
生体リズムのうちの最も基本的なリズム。約二四時間の周期で変動を示すリズムをいう。睡眠・覚醒リズム、深部体温リズム、心拍や血圧の変動、メラトニンや副腎皮質ホルモンの分泌リズム、血中や尿中のカリウムやナトリウムの濃度変動、表皮細胞や白血球の分裂再生など、生体にはさまざまなサーカディアンリズム現象が知られている。

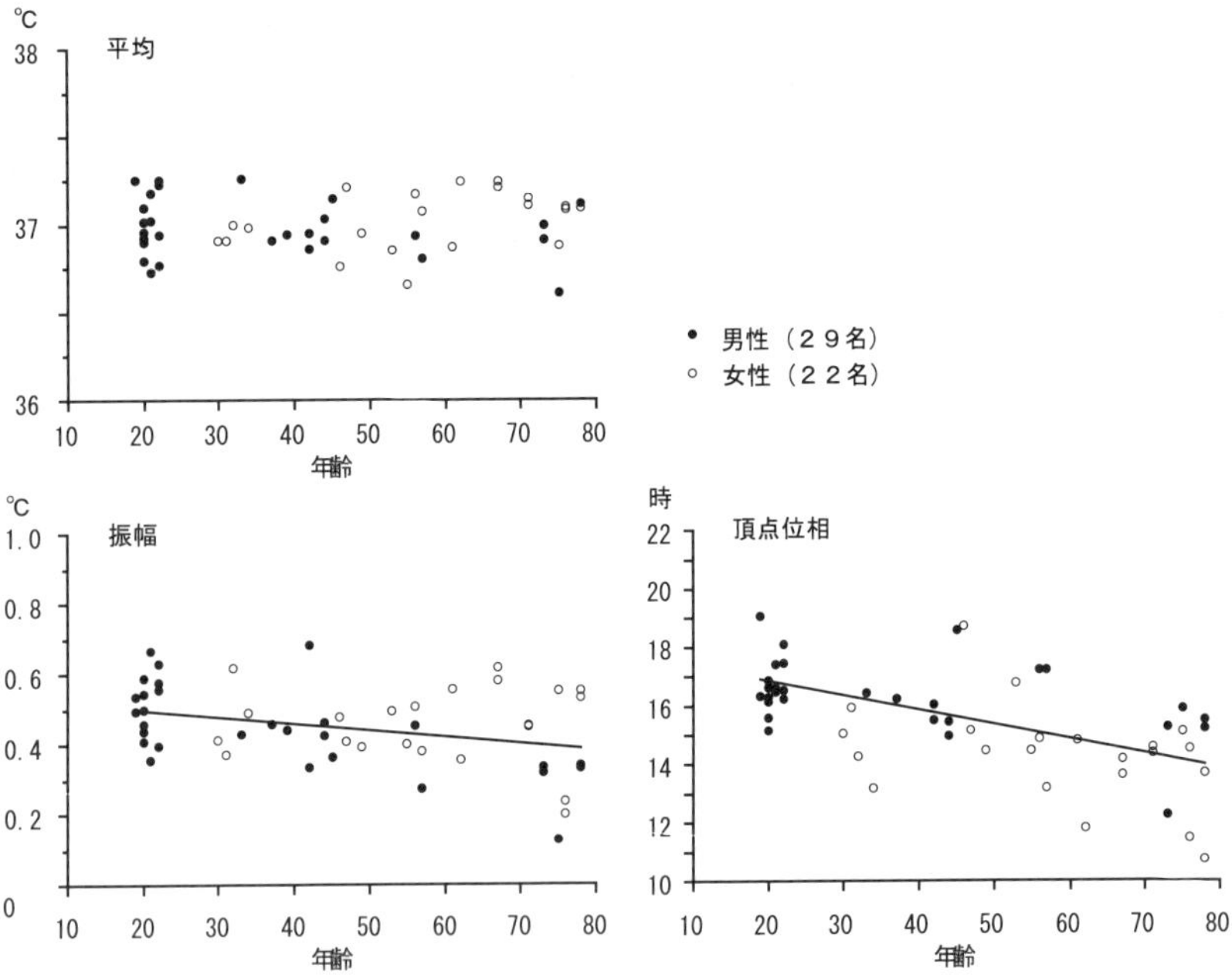

図２　加齢による深部体温リズムの変化

す。高齢者でも若年者と振幅が異ならない者が幾人も存在するのです。深部体温のリズム振幅は、エネルギー代謝や活動状態のメリハリを現しています。**図3**に人の深部体温（躯幹温）調節機構の概略図を示します。人間は恒温動物であり、深部体温はほぼ一定に保たれていますが、覚醒時は熱産生系が活動し深部体温は上昇します。熱産生の最たるものは筋肉活動です。睡眠時になると熱放散系が優勢となり、覚醒中に溜め込まれた熱は皮膚表面から放出され、深部体温が低下します。深部体温の覚醒時の上昇と睡眠時の低下は、覚醒時にしっかりと活動し、良質な睡眠をとっていれば強調されます。また、深部体温の変動にはサーカディアンリズムも強く影響し、サーカディアンリズムがしっかりと働いていれば、メリハリがよりはっきりし、深部体温リズムの振幅は大きくなります。深部体温の振幅が大きく、若年者と差異の見られない高齢者は、覚醒と睡眠の生活にメリハリがあり、サーカディアンリズムも健常な状態にあることを示しています。一方で、深部体温リズムの振幅が低下している高齢者には、日中覚醒時の活動性が低く、居眠りやうたた寝が混入し、夜間睡眠時に中途覚醒が高頻度に混入し、ＡＤＬ（activity daily living）やＱＯＬ（quality of life）が悪化している人も多いのです。このように、深部体温リズムの振幅から見ると、生活年齢と異なり、男性更年期とも言われる五〇歳を越えた後の加齢の影響は人によってそれぞれであり、生活年齢が進むにつれ、ばらつきは大きくなっていきます。

仕事からリタイヤする年齢である六〇歳を越えると、社会的規制は、生活スタイルに強い影響を及ぼすことはなくなります。深部体温リズムの頂点位相（深部体温リズムがピークを示す時刻）は、若年者では一五時～一九時に集中して分布していますが、高齢者では

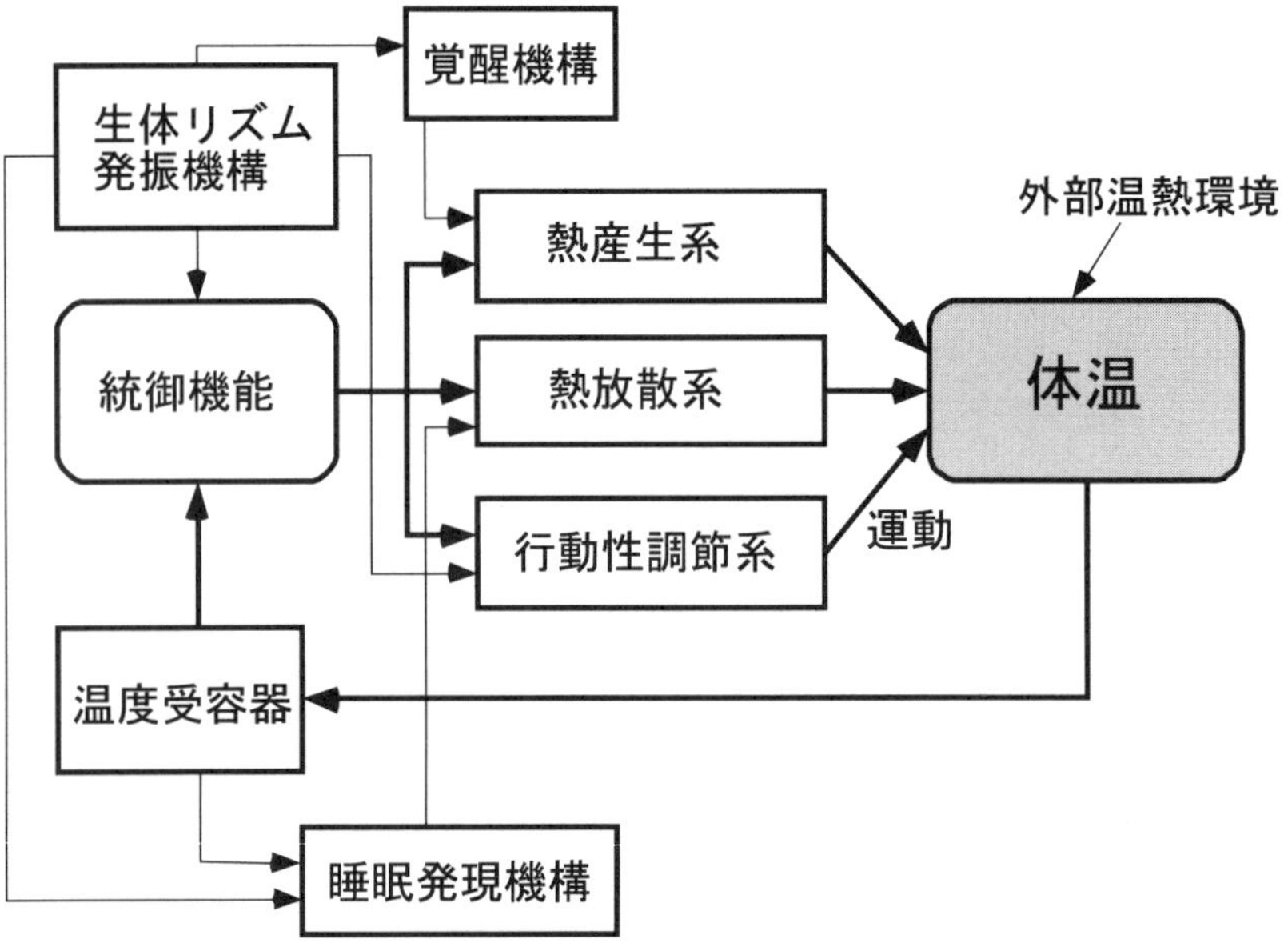

図 3　ヒト体温調節の概略

一一時〜一七時に位相が前進するとともに分布域が広がっています。平均で一七時頃にピークを示す若年者と午前一一時にピークとなる高齢者では、サーカディアンリズムの位相に六時間の差があるのです。すなわち、午前〇時頃に就寝する若年者に対し、午前一一時にピークを示すような高齢者の極端な例では、午後六時頃に就寝する生活パターンを示すことになります。このような生活パターンの大きく異なる人間が、同じ社会の中で生活し、コミュニケーションが取りにくい状態で混在することが、今後の高齢社会ではさらに大きな問題となっていく可能性も考えられます。

4　サーカディアンリズムの加齢変化の影響

サーカディアンリズムの加齢変化が高齢者の身体健康に影響を及ぼし、ひいては心の健康を障害する事象は数多く存在します。筆者の専門である睡眠学から見た高齢者の生活障害する大きな問題に、夜間頻尿による中途覚醒が存在しています。**図4**左図は、入眠後の夜間排尿回数と中途覚醒頻度が、六〇歳代、七〇歳代、八〇歳以上と年齢が上がるにつれ、どのように変化するかを示したものです。六〇歳代では、夜間排尿回数は平均で一回、中途覚醒は一・三回ですが、七〇歳代になるとそれぞれ一・四回と一・五回に増えています。さらに八〇歳を越えると夜間排尿回数は二・一回と平均で二回を越え、中途覚醒頻度も二・三回となっています。この加齢変化は、夜間排尿三回以上の者と不眠症状が一ヶ月以上続く（長期不眠）者との割合を観察するとより明らかです。**図4**右図に、年齢相ごと

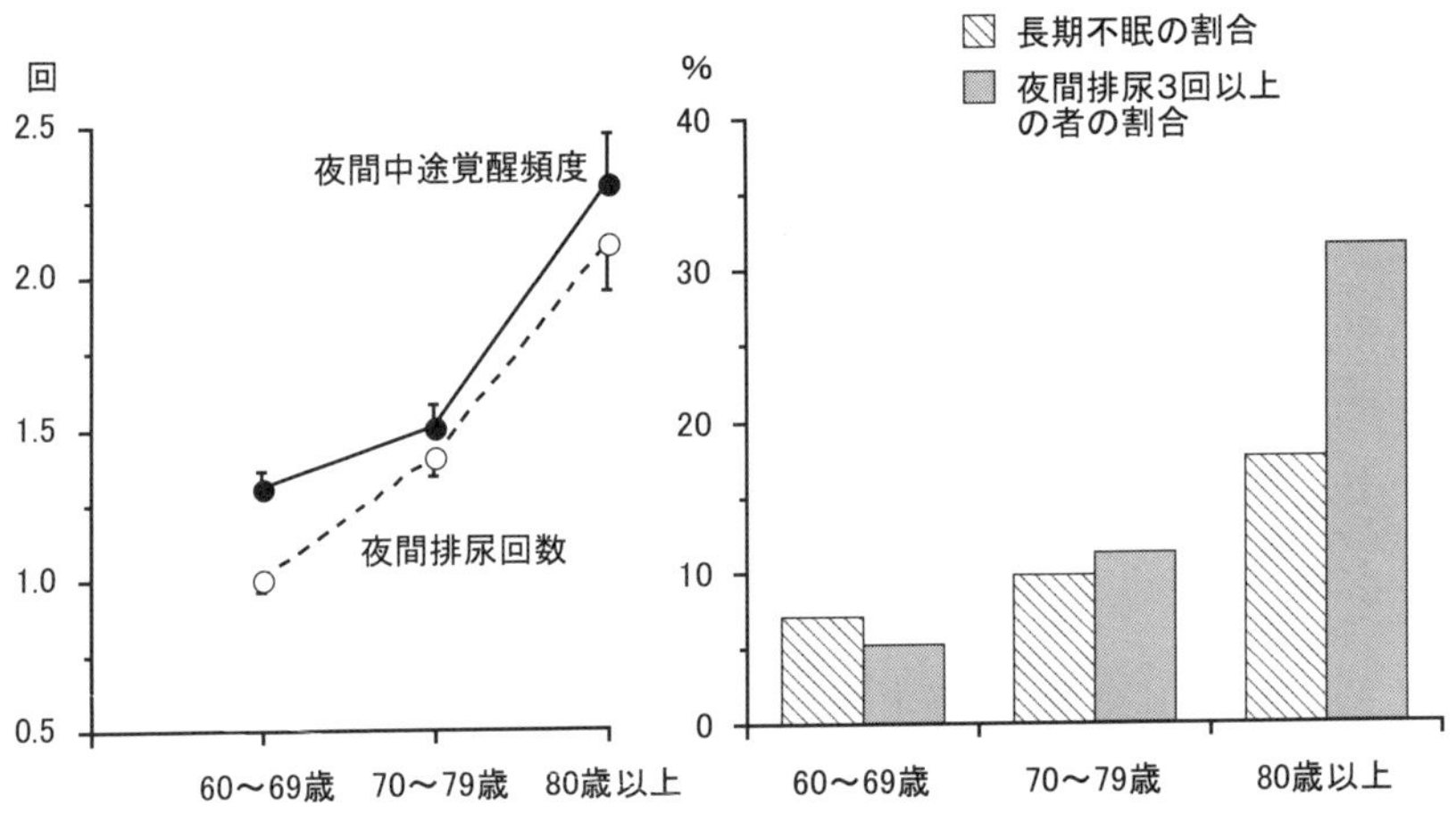

図 4　睡眠中の排尿回数、中途覚醒頻度、長期不眠の加齢に伴う増加

の夜間排尿三回以上の者と長期不眠を呈する者の割合を示します。夜間排尿三回以上の者は、六〇歳代では約5％ですが七〇歳代で11％となり、八〇歳を越えると32％にもなっています。同時に、長期不眠を呈する者もそれぞれ7％、10％だったものが、八〇歳を越えると18％にも増加しています。高齢者においては、長期の不眠症状を引き起こす要因に、夜間の頻尿が強く関わっていることが判ります。サーカディアンリズムが正常であれば、抗利尿ホルモンが夜間に分泌され睡眠中に排尿が生じないことが知られています。サーカディアンリズムの振幅低下や異常を生じた高齢者で、夜間での抗利尿ホルモンの分泌が低下し夜間排尿回数が増えるのです。夜間の重大な骨折事故は、お手洗い覚醒時に多いことが知られています。夜間排尿回数が増えるほど、夜間の骨折事故を引き起こすリスクが、高齢者で増大します。

5　睡眠健康の悪化によるＱＯＬの低下

骨折事故のような重大な障害以外にも、睡眠時での排尿回数の増大は、夜間には不眠を引き起こします。夜間の不十分な睡眠状態は、日中の耐え難い眠気を引き起こし、それにより生活に支障をきたすことにもなります。**図5**は、高齢者限定でありませんが、二一～七五歳の男女二一二名において、睡眠健康の障害とＱＯＬとの関係を検討したものです。ピッツバーグ睡眠質問票（ＰＳＱＩ）は、過去一ヶ月の睡眠の質的状態を判定するために、国際的に広く用いられている標準化された質問紙です。ＰＳＱＩで測定した睡眠健康悪化

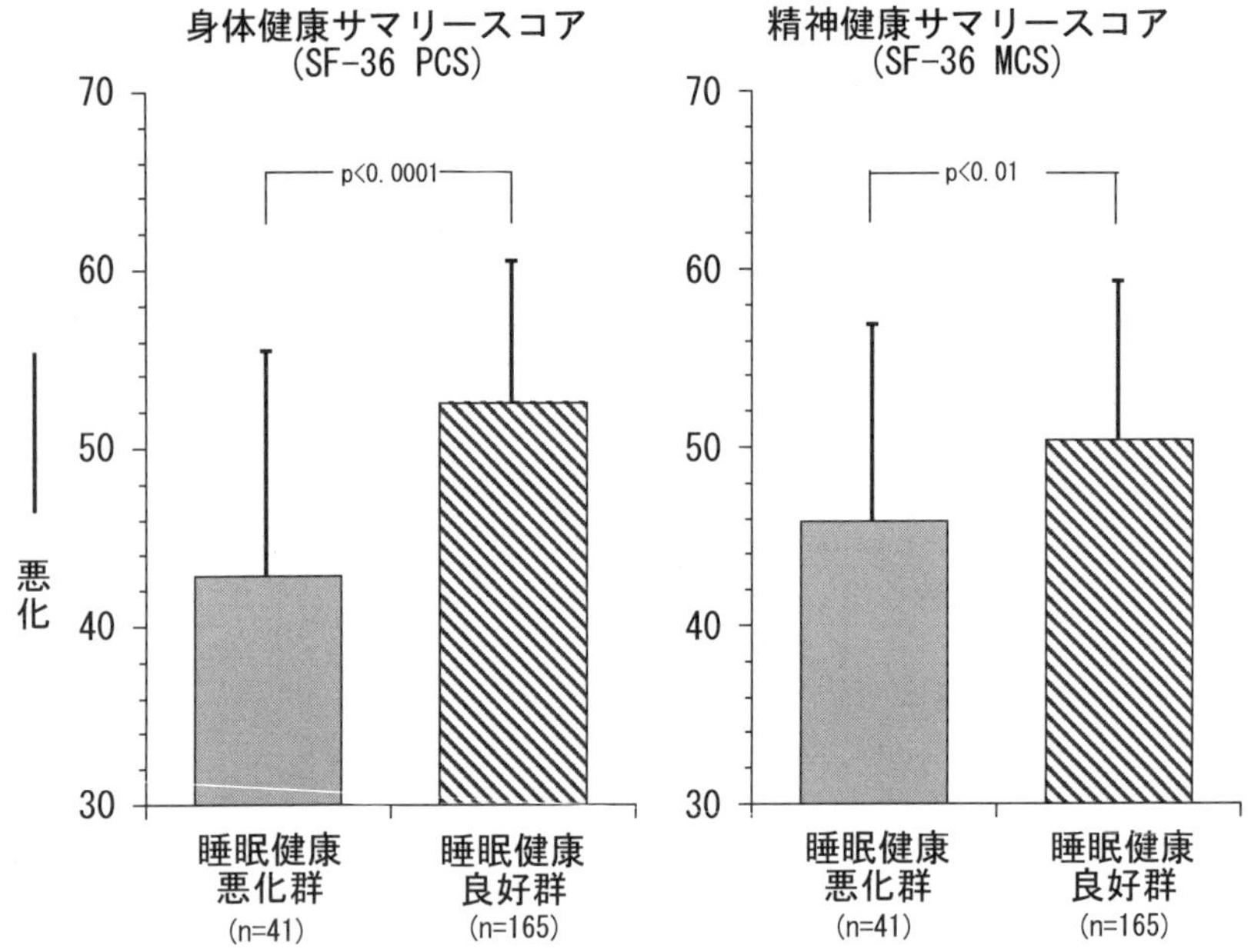

図5　睡眠健康の障害とQOL（Quality of life）

群と良好群で、ＳＦ-36＊を用いてＱＯＬを比較し、身体健康と精神健康のサマリースコアを図5に示しています。身体健康と精神健康のＱＯＬは、両者ともＰＳＱＩの睡眠健康悪化群で明らかに悪化しています。即ち、身体、精神両面の健康に関連したＱＯＬを悪化させ、生活に支障をもたらしているのです。

日本の高齢者の30％以上には、睡眠健康の悪化が認められています。睡眠健康の悪化は、意欲を低下させ社会的活動を阻害し、ＱＯＬを悪化させる原因となります。また、記憶・学習機能が低下し、アルツハイマー型認知症の発症リスクを増大させます。注意・維持機能や姿勢制御・運動機能などの脳機能を低下させ、家庭内外での骨折などの事故発生のリスクを増大させます。生体の修復機能と防御（免疫）・維持機能が低下することから、感染や癌発生のリスクを増大させます。さらに、循環器系への影響も知られており、多発性脳梗塞などの血管性認知症、高血圧や虚血性心疾患などの重要な要因の一つとなっています。余命と睡眠についても調べられており、平均を大きくはずれた五時間以下や一〇時間以上の睡眠時間の高齢者では、死亡率が七～八時間の個体と比べ極端に高いのです。なお、正常範囲外の睡眠時間を示す高齢者は、多くは睡眠障害に罹患しています。不眠患者の50％が、一二ヶ月以内に睡眠障害以外の何らかの医療的治療にかかっていることも、ＷＨＯの国際共同研究で確認されています。睡眠健康は、高齢者の身体と心の健康を維持するための重要な要因ですが、日本ではほとんど認識されていないのが現状です。

ＳＦ－36
　ＱＯＬを測定するために国際的に広く用いられている質問紙。身体機能、日常役割機能（身体）、体の痛み、全体的健康感、活力、社会生活機能、日常役割機能（精神）、心の健康の八因子に分類され、身体健康と精神健康のサマリースコアに集約される。

6　高齢者の脳機能

高齢者の認知機能障害も、高齢社会の大きな問題です。認知機能の障害については他章にゆずりますが、高齢者の前頭葉機能について興味深い報告がなされています。前頭連合野背側部の第Ⅲ層錐体細胞のシナプス密度について、新生児から高齢者まで年齢ごとに調べられています。シナプス密度は四～五歳でほぼピークとなり、その後急激に減少します。ピークに達するまでの時期は、シナプス形成期と呼ばれます。シナプス形成がピークに達すると、その後は不必要なシナプスが刈り込まれ減少します。不必要なシナプスの刈り込みは、シナプスの密度が安定する二〇歳前後まで続きます。二〇歳前後の安定したシナプス密度は、八〇歳頃までほぼ変わらない状態を維持します。認知機能の主たる部分は、前頭連合野が担っています。この報告は、高齢者での前頭連合野の構造には、若年者と大きな差異のない可能性を示しています。類似の現象はサーカディアンリズムにおいても見られています。サーカディアンリズムを示す顕著な指標の一つにメラトニン分泌リズムがあります。メラトニンは、脳内の松果体から分泌される性腺発達抑制ホルモンで、抗酸化作用を持ち、睡眠の維持・安定性に関与しています。これまで、高齢者では加齢の影響により夜間のメラトニン分泌が少なく、それがサーカディアンリズムのメリハリを低下させていると思われてきました。高齢者の中に夜間メラトニン分泌が少なく、不眠症状を示す者が知られています。最近、このような不眠症状を示す高齢者に、日中に十分な量の光を補充すると、若年者と変わらないほど夜間のメラトニン分泌が増大し、不眠症状も改善されることが報告されました。高齢者の生活パターンがこのような状態を引き起こしていたのであり、加齢により高齢者の有する機能が低下していたものではないことが、明らかにされたのです。認知機能についても、生活パターンや他者との社会的接触など、加齢以外の要因が強く影響する可能性のあることが、これらの科学的事実より考えられるのです。

7　自殺死亡率の上昇

図6上段に示すように、二〇〇三年の全国の自殺死亡率は三二、一〇九人を数え、今後も高いままで推移すると予測されています。しかし、現時点では高齢者の自殺死亡率は年々減少しており、大きな問題とはなっていません。一方で、**図6**下段左図に示すように、男性人口一〇万人当たりの五〇～五四歳の自殺死亡率は、七〇～七四歳では減少しているのに対し、近年急激に増加しています。特に、二〇〇〇年頃よりその増加率はめだって急増しているのです。一方で**図6**下段右図のように、女性には男性に見られるような年次変化は認められておりません。二〇〇〇年頃に五〇～五四歳であった世代は、戦後のベビーブームの世代であり、団塊の世代です。激烈な競争にさらされ、親の持つ社会的価値が逆転し人生に対する確固たる価値観を持てないままに育てられ、急成長の経済社会の中で高ストレスにさらされ続けてきた世代です。また、年金による生活保障や保健による医療保障にかげりが見え、将来に確固たる安心感を見いだせない世代でもあるのです。一〇年後に

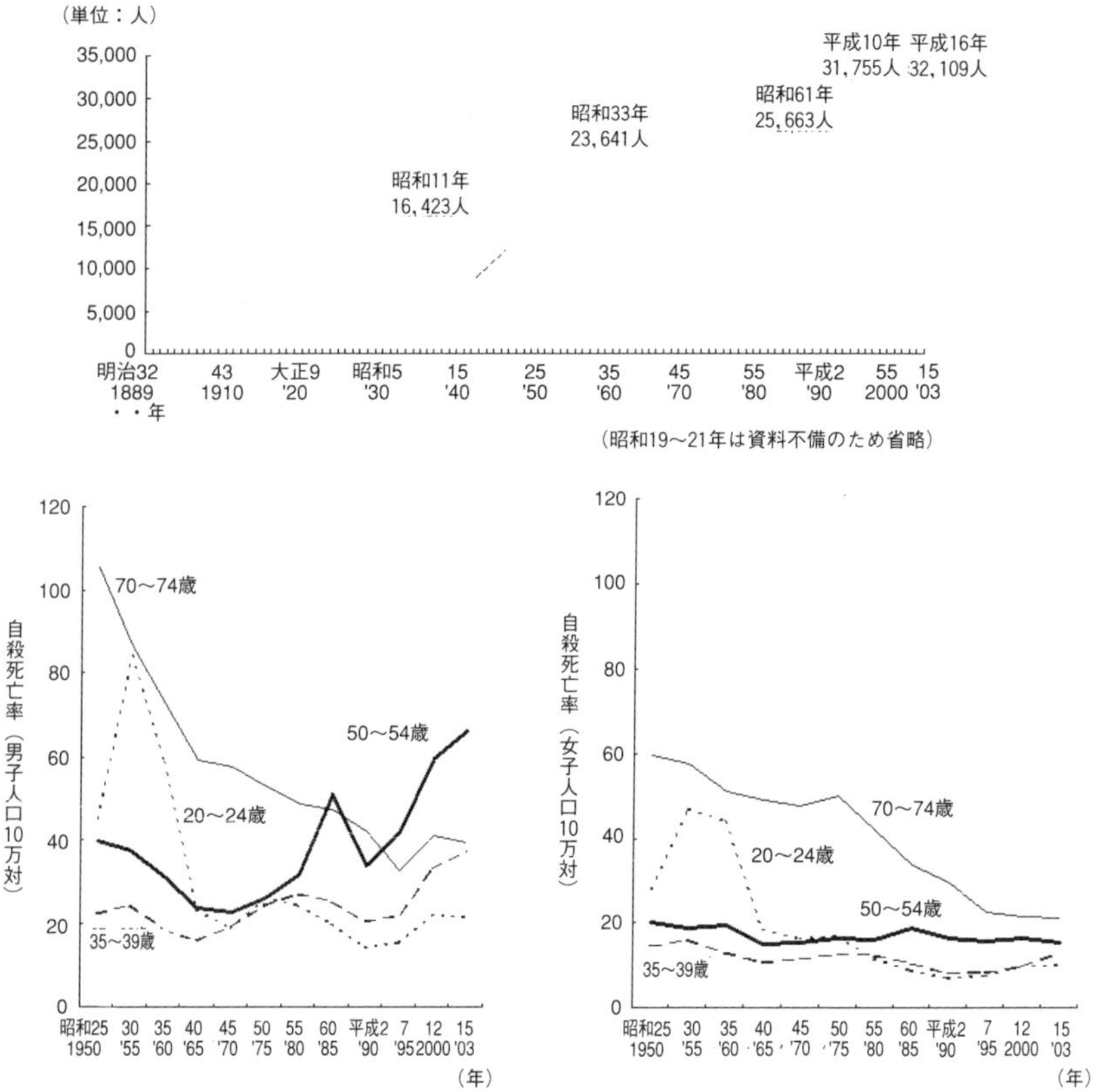

図6　自殺死亡数と性・特定年齢別自殺死亡率（人口10万対）の年次推移
（厚生労働省　自殺死亡統計の概況　2006年）

は団塊の世代が高齢社会の一員となります。その自殺死亡率が二〇〇〇年前後の七〇代のような低いレベルではなく、この状態のまま推移し、一九五〇年頃の七〇代のような高いレベルを示し、今後の高齢社会の大きな課題となる可能性も高いと思われます。

8　高齢社会対策と今後の課題

高齢社会への移行は、国際的にも重要な問題となっています。一九九一年に国連総会は「高齢者のための国連原則」を採択し、高齢者における自立、社会参加、家族および共同体からのケアの享受、自己実現、尊厳の権利についてのアピールが出されています。高齢者化に関する国際行動計画が一九八二年に策定され、第二回の高齢化に関する世界会議が二〇〇二年にマドリッドで開催され、「高齢化に関するマドリッド国際行動計画二〇〇二」が作成されました。日本でも、国際的な動きに対応し、高齢社会対策基本法が制定され平成七年一二月一六日より施行されています。高齢社会対策基本法に基づいて、高齢社会への総合的な対策が、高齢者の就業・所得、健康・福祉、学習・社会参加、生活環境を中心に推進されています。介護保険法の一部改正も検討され、予防重視型システムへの転換、地域密着型サービスの創設など、治療から予防へ、一律のサービスから個々にカスタマイズされたサービスへ変わろうとしています。

高齢者では、若年者と比べ個体差が増大することを、既に述べました。また高齢者では、身体の健康がこころの健康に強く影響します。具体例として夜間頻尿を例にあげ、それが睡眠を障害しＱＯＬを低下させることを示しました。こころの健康については、生育環境や生活環境、生活習慣、経済力が、高齢者では大きく異なってきます。このような状況でサポート体制を充実させるには、大量の人的労働力が必要になってきます。福祉に十分な税金が使えなくなる将来、今後迎える高齢社会で適切なサービスを提供していくことは容易なことではありません。団塊の世代が高齢化する頃には、高齢者をサポートする者も、高齢者になっている可能性も高いのです。

高齢者の身体的ケアや食指導、運動指導については、専門家の指導の元にさまざまな高齢者向けのスクールが開催されています。しかし、こころの健康の維持・増進や障害予防についての知識の普及は、専門家の育成すら十分ではなく、適切な高齢者向けのスクールもほとんど存在しないのが現状です。

高齢者の認知機能やこころの健康に重大な影響を及ぼす睡眠について考えてみましょう。睡眠健康の悪化は、高齢者の前頭連合野機能を低下させ、場合によってはうつ状態や認知機能障害を引き起こします。睡眠健康が障害された場合の適切な治療薬は開発されておりません。最も効果的な対策は、睡眠健康を悪化させないように予防することなのです。前頭連合野機能は、注意維持機能、記憶・学習機能、意欲、自己評価、感情のコントロールと、まさに人間のこころを形作る働きを司っています。涙もろくなったり怒りやすくなったりと、周囲との協調性に問題が生じやすくなります。心理的ストレスの消去もうまくいかず、不適切な行動を抑制することも困難になります。睡眠健康の悪化は、このように高齢者のこころの健康に大きな影響を及ぼす生命現象ですが、精神医学、臨床心理学、社会福祉学の専門家でも、大多数は情報を適切に伝えられず、高齢者の多くも必要な知識を得られないていないのが現状です。

こころの健康について、高齢者が必要とする情報を上手に伝えることは、相当に難しいことです。日本人は目に見える物については敏感です。しかし、目に見えないものについては、鋭敏に感じ、微妙な変化もこころの中では抽象的に把握しているにもかかわらず、言語化しにくいという特性を持っています。吉川は、こころについてわかりやすく伝えることが、これからの精神保健において重要な課題であると述べています。わかりやすいこと、それは理解につながり、自己のこころの健康の維持・増進や障害予防に応用できることになります。急速に進歩を続ける脳科学研究からの果実も、わかりやすく生活者に伝える努力を怠れば、高齢社会においては無用の長物ともなりかねません。自己のこころを知る元気で自立した高齢者を育て、こころの健康が障害された高齢者をサポートする仕組み、地域や家庭で高齢者が自己の役割・責任・期待を持てる社会の仕組み、このようなシステムが高齢社会では必要になってきます。高齢者を対象としてこころの健康についてわかりやすく講義できる人材、高齢者とともに地域で活動しこころの健康についての知識を共有できる人材、こころの健康について高齢者の持つ能力や知識を地域で生かしうるシステムを設計できる人材、このような人材の育成が、こころを言語化する訓練を受けていない日本の社会では、高齢社会において最も重要なのです。

（白川修一郎・駒田陽子・高原　円）

引用・参考文献

Huttenlocher, P. R. & Dabholkar,A.S.　1997　Regional differences in synaptogenesis in human cerebral cortex. J Comp Neurol, 387, 167-78.

厚生労働省　2006　「自殺死亡統計の概況」厚生労働省ホームページ（http://www.mhlw.go.jp/toukei/saikin/hw/jinkou/tokusyu/suicide 04/index.html）2006.06.15.

内閣府（編）2005　『平成一七年版高齢社会白書』ぎょうせい

白川修一郎　2005　「高齢者の睡眠障害と夜間頻尿」『ウロロジービュー』第3号 18-22p.

白川修一郎・石束嘉和・大川匡子　1996　「老年者のサーカディアンリズム」『日本薬剤師会雑誌』第48号　341-350p.

白川修一郎・駒田陽子・水野　康　2003　「高齢者の睡眠障害とメラトニン」『綜合臨床』第52巻第2号　273-280p.

白川修一郎・田中秀樹・水野　康・駒田陽子・渡辺正孝　2003　「アルツハイマー病の予防に係わる睡眠の役割と改善技術」Cognition and Dementia　第2巻第2号　116-122p.

吉川武彦　2001　「生活者から見た精神保健」吉川武彦・竹島　正（編）『これからの精神保健』南山堂　21-49p.

第2章　高齢者の脳と心

1 はじめに

人の心の座が脳にあることを疑う人はいないでしょう。ただし、現在のところ、脳と心の関係に関する研究はまだその途に付いたばかりで、明らかになっていることは限られています。しかし、近年脳研究の手法は著しく進歩し、脳の生理的な機構や脳と心の関係、そして脳の加齢変化やそれが認知機能や精神状態に与える影響についての知見が提供されつつあります。本章の目的は、脳の生理的な加齢を概観し、脳の加齢が認知機能や精神状態に与える影響について紹介することですが、はじめに、脳と心の研究方法について簡単にふれたいと思います。

脳と心の関係の探索には、古くから患者の死亡後に実施する脳の剖検が利用されてきました。運動性言語野として知られるブローカー領域*が、発語に問題のあった患者の脳の剖検により同定されたことは、代表的な例と言えるでしょう。また、脳の剖検によってアルツハイマー病の発症までの脳の変性が明らかにされており［Braak et al., 1991］、病気の発症や進行過程の解明に大きな貢献をしています。剖検は病変や変性を詳細に観察できると

ブローカー領域

脳の左前頭後部に位置し、言葉の表出を司る領域。この領域が障害を受けると言葉を流暢に話せなくなったり、文法の誤りなどが生じる。

ちなみにこの患者は発語に問題を抱え、「タン」としか発語できなかったのでタンさんと呼ばれていた。

いう利点がありますが、病気のない一般の高齢者を対象に*データを収集したり、経過観察をしたりすることは困難です。近年では非侵襲的に脳の構造や活動の様子を観察できる脳画像が利用されるようになってきました。*特に、磁気を利用し脳の構造を立体的にとらえることのできる磁気共鳴画像法（MRI：Magnetic Resonance Imaging）は比較的簡便にデータを収集できるので、わが国においても、一般高齢者を対象とした大規模な脳画像のデータベースも整備されつつあります［Sato et al., 2003］。また、放射線を付加した薬剤を脳に送り込み、その集積を観察する陽電子放射断層撮像法（PET：Positoron Emission Tomography）やMRIを応用し脳の血中の酸素濃度から脳の活動状態を測定するfMRI（Functional MRI）などは、精神活動中の脳の活動の様子を観察できるため、認知機能の加齢研究においても利用されるようになってきています［Cabeza et al., 2005］。

2　脳の生理的加齢

(1)　健常加齢と病的加齢

脳の加齢変化には、大きな病変が見られない健常加齢と、脳に何らかの病変が見られる病的加齢という大きく分けて二つの状態が存在すると言われています。しかし、病的加齢と健常加齢を明確に線引きすることは難しいことです。なぜならば、病的加齢は健常加齢の延長線上にある状態像かもしれないからです。この一見矛盾するような仮説は、脳の病

*脳疾患以外の原因で死亡した人を健常な対象者とすることが多い。

*同一人物を対象に繰り返し測定することが可能なので、縦断的な変化をとらえることができるという利点もある。

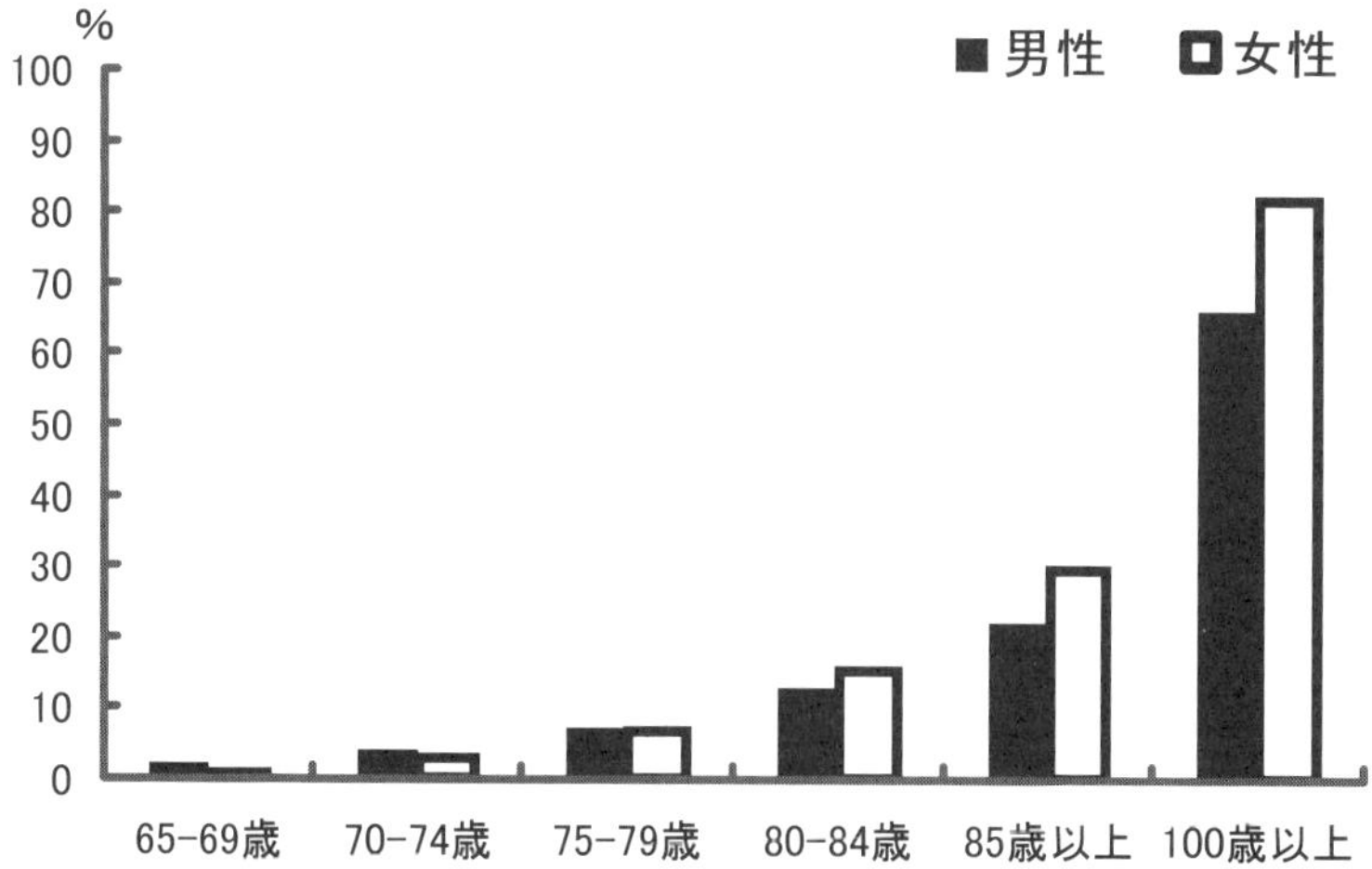

図1　年齢と認知症の有病率の関係

下方［2005］と権藤ら［Gondo et al, 2006］から作成

的加齢によって生じる認知症の有病率と年齢との関係で説明するとよくわかります（**図1**）。**図1**に示されるように、認知症の有病率は年齢とともに増加します。* そして、一〇〇歳以上になると約七割の人が認知症を患うことになるのです。逆説的に述べると、脳に病的な変化を持たずに一〇〇年間生きることができる人は、約三割しか存在しないのです。調査によっては、一〇〇歳以上の調査参加者の全員が、もしくは一〇五歳以上の人全員が認知症であったと報告されています。これらの結果を見ると認知症はなん人にも避けられない疾患のように思えます。もちろん、一〇〇歳以上の人が必ず認知症になるわけではありませんが* [Gondo et al., 2006]、一〇〇歳まで生きた人であっても平均余命は二年あるので、将来認知症を発症する可能性もありますし、認知症を患わず亡くなった人でも、その原因疾患がなければ認知症を発症していた可能性も考えられます。このような立場に立つと、人によって進行速度に個人差はあるものの、年齢を重ねていけば最終的には脳は病的状態に移行すると考えられるのです。

一方、一二二歳まで生きた世界最長寿者であった女性*は死の直前まで認知症の症状は見られなかったと報告されていますし、脳の剖検例からはスーパーノーマルと呼ぶべき、病的な変化がほとんど見られない健常な状態を示す一〇〇歳の例も報告されていることから [水谷、2003]、生涯にわたって健常な脳を維持することも可能なのかもしれません。現在、脳の生理的加齢において、健常加齢、病的加齢をどのように考えるかに関する最終的な結論は出ていませんので、今後の超高齢者を対象とした研究の進展を待つ必要があるでしょう。本章では、便宜上健常加齢と病的加齢とを分けて扱っていくことにします。

＊我が国におけるデータであるが、世界的に同様の傾向が見られる。

＊認知症でない人の割合が五割程度とする研究も存在する。

＊フランス人女性、ジャンカルマンさん。一九九七年に一二二歳で死亡。一一八歳の時に認知機能の検査を受けているが、認知症の症状は観察されなかった。

(2) 脳の健常加齢

加齢にともなう脳の生理的変化の第一の特徴は、年を取ると体が小さくなるのと同様に小さく軽くなることです。では、実際にどの程度の変化が見られるのでしょうか。脳の萎縮*の機序は神経細胞の減少によるのか、細胞容積の減少によるのか明らかではありませんが、神経細胞の減少に関しては、部位によっては約50％減少すると報告されていたこともあり、比較的最近まで加齢の影響は非常に大きいと考えられてきました。しかし、神経細胞を数える標準的な手法が開発されたことや、病態の解明にともないアルツハイマー病などの脳疾患の症例を分析対象から除くようになった結果、最近では神経細胞の減少は10％程度だとされています［Pakkenberg et al., 1997］。また、脳の萎縮という観点から見ると、加齢にともなった変化はだいたい三〇歳ぐらいに始まり、一〇年で2％程度だとされています［Raz, 2000］。また、興味深いことに健常加齢では脳の萎縮は皮質の層の厚さの変化ではなく、表面積の減少という形で現れます。大脳皮質は異なる役割をもった細胞の集団によって六層の構造からなり、脳の活動を支えていると考えられていますが、層構造が維持されることが、健常な精神活動を支えるようです［水谷、2003］。

次に脳の構成要素や部位ごとの脳の萎縮の様子を紹介しますが、その前に人の脳の全体像について確認していきましょう。**図2**には大脳を左横方向から見た図を、**図3**には二〇歳、五〇歳、七〇歳の脳の平均的MRI画像を上部から見た画像を示します。**図2**に示すように、大脳は大きく分けて、脳の前後を隔てる中心溝より前方で上下を隔てるシルビウ

＊本稿では、神経の減少、容積の減少両者とも萎縮と表現する。

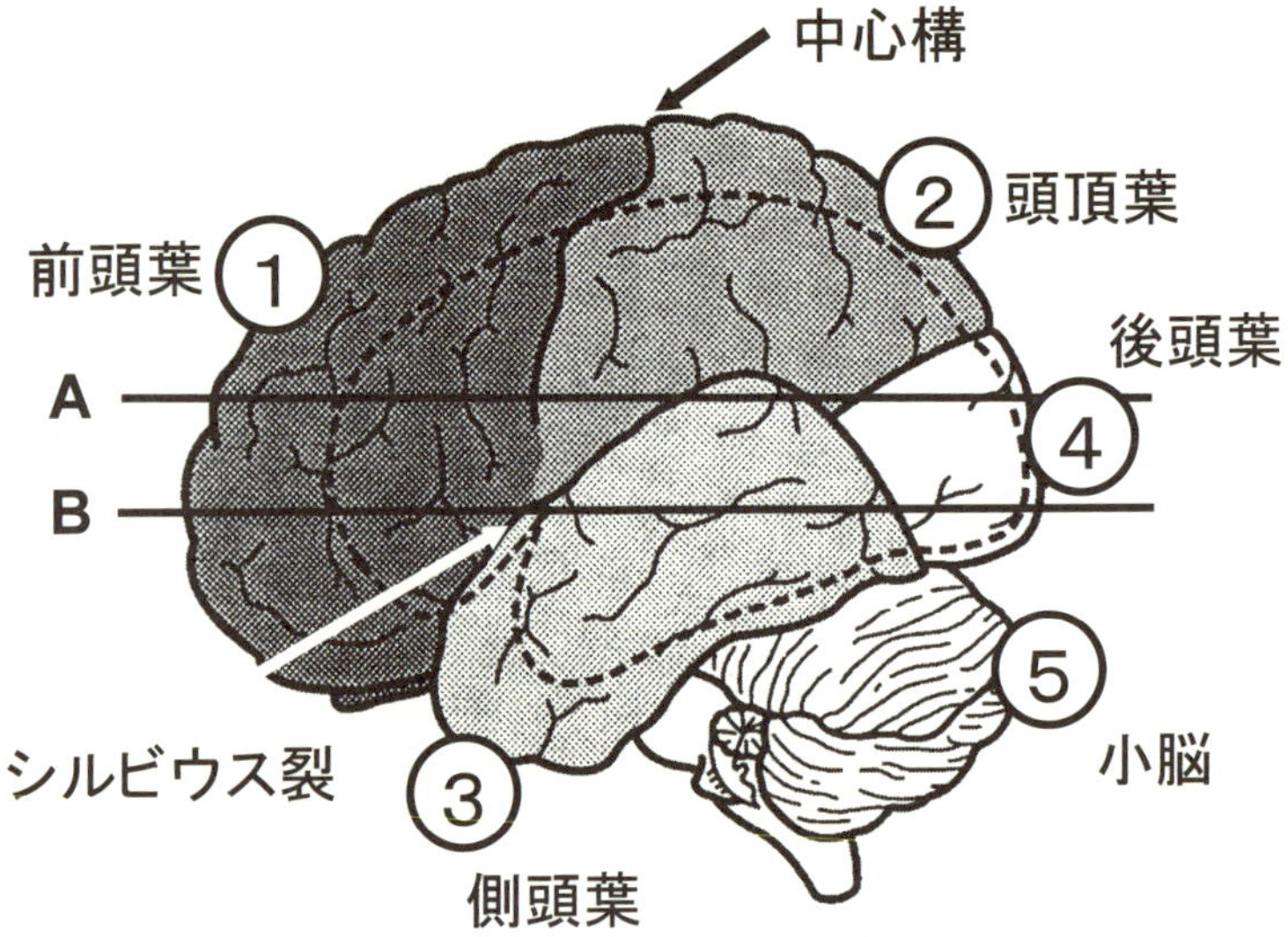

図２　大脳を横から見た図

（辰巳格　東京都老人総合研究所公開講座資料　1998より）

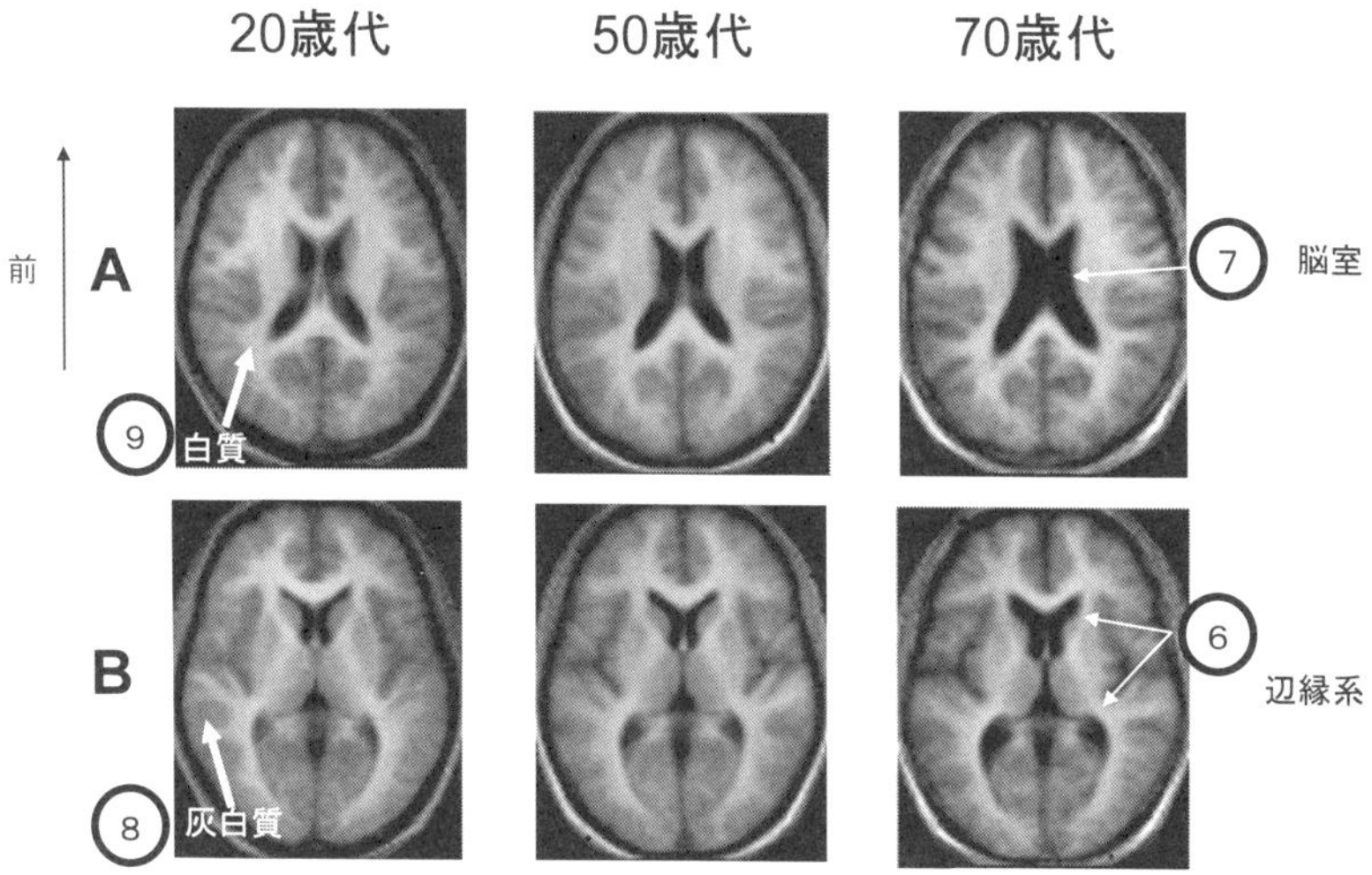

図３　年齢群ごとに見た、健常高齢者の脳の MRI 画像

A、Bはそれぞれ図１のラインの位置を示す。上部が前。各年齢群の画像は訳10名の平均像
画像提供　東京都老人総合研究所（石井賢二医師）

ス裂より上方に位置し、さまざまな精神活動を担う前頭葉*（①）、シルビウス裂より上方後方に位置し、主に空間的情報処理を担う頭頂葉（②）、シルビウス裂より下方に位置し、主に形態の認識や言葉や意味や記憶情報の保持と関係する側頭葉（③）、脳の後方に位置し、主に視覚情報の低次な処理に関係する後頭葉（④）およびその最下方に位置し運動制御に関係する小脳（⑤）に分けることができます。図3には、脳を図2のA、Bの線で輪切りにしたMRI画像を示します。脳の内側には記憶や情動に関係する海馬を中心とした大脳辺縁系（⑥）が、中心部には脳室（⑦）とよばれる空洞が見られます。なお、脳の皮質は大きく分けて、脳の表面にある灰色に見える灰白質と呼ばれる部分（⑧）と、内側にある白く見える白質と呼ばれる部分（⑨）から構成されています。灰白質には神経細胞が多く分布し、脳の高次な情報処理を担当しています。一方、白質は主に神経細胞をつなぐ神経繊維から構成されており、皮質間の情報の伝達を行う役割を担っています。

加齢にともなう脳の萎縮は部位間で異なり、前頭葉で最も大きく、側頭葉と頭頂葉で中程度に見られ、後頭葉や中心溝付近に位置する運動野では小さくなります［Kemper, 1994／Raz, 2000］。また、最も特徴的な変化は脳室の拡大として観察され、辺縁系の海馬体や海馬傍回の萎縮として現れます。図3のMRI画像でも、二〇歳代と比較して七〇歳代で、前頭葉を左右に分ける脳溝の広がりと脳室の拡大が顕著であることがわかるでしょう。最近の知見では脳の萎縮は単純に部位間で速度に違いがあるだけではなく、萎縮開始の年齢や萎縮が進行しやすい年齢が異なることがわかってきました。例えば、ソウエルら［Sowell et al., 2003］によると、皮質の萎縮を生涯発達的に分析した結果、頭頂葉周辺の萎縮は

*認知機能と関連が強いのは前頭前野であるが、本稿では前頭葉と表現する。

高齢期以降に進行しますが、前頭葉周辺の萎縮は五〇～六〇歳で顕著に見られ、以降はあまり進行しないことなどが報告されています。脳の皮質は灰白質と白質で構成されています。剖検による知見から加齢の影響は灰白質で大きく白質で小さいことが知られていましたが、近年のＭＲＩを用いた研究でも同様の傾向が確認されています［Liu et al., 2003／Sato et al., 2003］。このように、健常加齢においては神経細胞が減少し脳の萎縮が進行しますが、それらの程度は大きくありません。また、マクロ的にもミクロ的にも脳の構造には極端な変化は見られずバランスよく萎縮すると評されます［水谷、2003］。

(3) 脳の病的な加齢

脳の病的な加齢に関しては、多様な病態があり、すべてを紹介することは難しいので、ここでは、脳の血管障害に起因する例である脳梗塞と脳の変性に起因する例であるアルツハイマー病*を中心に紹介していきます。

① 血管の障害によって引き起こされる変化

人は血管とともに年を取るといわれます。加齢にともない血管の内側にはコレステロール*が沈着し血管が細くなりますし、喫煙などの影響で柔軟性が低下し堅くなってしまいます。このような症状は動脈硬化と呼ばれ、脳内出血や脳梗塞が引き起こされやすい状態を作り出します。脳梗塞の原因は狭くなった血管が詰る脳血栓と、心臓の不調（心房細動や不整脈など）のためなどで作られる小さな血の固まりが脳の血管を塞ぐ脳栓塞に分けるこ

*四〇～五〇歳代に発症する場合は、若年性アルツハイマー病と呼ばれる。

*コレステロールには低密度リポ蛋白（ＬＤＬ）と高密度リポ蛋白（ＨＤＬ）の二種類あるが、沈着するのはＬＤＬコレステロールで、悪玉と呼ばれＨＤＬコレステロールはそれを除去する機能をもつので善玉と呼ばれる。

とができます。いずれの場合も、詰まった先の細胞に酸素や栄養が送られない虚血状態を引き起こし脳の組織が死滅します。脳梗塞では、言語障害や運動障害などの重篤な後遺症が残る場合がありますが、軽度な場合は一過性の手足のしびれ、発語障害や意識障害などの症状が現れるだけですむ場合もあります。しかし、皮質の広範囲に小さな梗塞が多数存在する多発性脳梗塞は脳血管性の認知症*を引き起こす原因にもなります。

一方、梗塞が発生しているにもかかわらず、自覚症状がまったくない無症候性梗塞と呼ばれる現象があります。例えば小林ら［Kobayashi et al., 1991］は、認知症やその他の精神的疾患のない高齢者において五〇歳代で12％、六〇歳代で25％、七〇歳代で30％の無症候性梗塞が観察されたと報告しています。これらの梗塞は直ちに認知的に重篤な問題を引き起こすわけではありません。しかし、無症候性梗塞があると全般的に認知機能は低く、加齢にともなった認知機能の低下速度は速いですし［Prins et al., 2005］、将来的に認知症を発症するリスクは高くなります［Vermeer et al., 2003］。ただし、同じ研究においても新たに梗塞が出現しない場合には認知機能の低下は生じないことも報告されています。無症候性梗塞が増加傾向にあるということは、病的な加齢が進行している状態なので、認知機能低下のリスクが高くなるのでしょう。

② 脳の変性によって引き起こされる変化

脳の変性による病的加齢変化は、脳のさまざまな部位から生じますが、前頭葉を中心に生じるタイプと頭頂葉、後頭葉、側頭葉を中心に生じるタイプに分けることができます。

＊諸外国と比較して我が国では罹患例が多いとされてきたが、食生活の改善と共に減少し現在はアルツハイマー病の割合が高くなっている。

前者には社会規範が守れなくなるなどの精神的変化が主症状のピック病、後者には記憶障害が主症状のアルツハイマー病が含まれます。アルツハイマー病による変性に関しては多くの研究があり、その経過が明らかになっています。アルツハイマー病の特徴は大脳皮質全体に老人斑と呼ばれる色素の沈着と神経原繊維変化と呼ばれる皮質細胞の変性が生じることだと言われていますが、* 最も重要な変化は、側頭葉の内側に位置し辺縁系を構成する海馬傍回および海馬体に変性が生じることです。ブラークら［Braak et al., 1991］は剖検例からアルツハイマー病の重症度に関して六段階の病理学的判断基準を提唱しています。神経原線維の変化がほとんど見られないステージ0と、内嗅領皮質とよばれる側頭葉皮質と海馬傍回にまばらに変化が見られるステージ1—2では行動的に認知症の症状はほとんど認められません。神経原線維の変化が内嗅領皮質から海馬にかけて中程度に広がったステージ3—4になると軽度の認知障害が認められ、内嗅領皮質、海馬、側頭葉皮質に高度に広がったステージ5—6では重度の認知低下状態となります。アルツハイマー病の主症状は記憶障害ですが、これは病理的な変化が記憶と関連する海馬から側頭葉にかけて進行することからも納得できます。

＊これらの変性は認知症の原因ではなく、脳の変性の結果だと考えられている。

3　脳の老化と認知機能

筆者も含めて人は失敗や物忘れをすると「脳細胞が死んでいるから」とか「脳が縮んでいるから」などと脳の形態的な変化を原因にする傾向がありますが、これは、ある意味で正しく、ある意味で間違いだといえます。確かに脳の加齢変化と認知機能の間には健常加齢、病的加齢を問わずある程度の対応関係が見られますが、脳の生理的加齢は必ずしも認知機能に影響しないからです。以下では、脳の健常加齢と認知機能の関係について紹介していきます。

(1) 脳の生理的加齢と認知機能

加齢にともなってさまざまな認知的側面は低下していきます*。特にエピソード記憶と認知的課題の遂行に関与する前頭葉機能の低下は代表的なものだといえます。エピソード記憶は文字どおり「昨日食べたご飯」や「昨日会った人」に関する情報を長期間保持する記憶機能を意味します。運動学習に関わる手続き的記憶（procedural memory）、言葉の意味や知識を指す意味記憶（semantic memory）および短い時間だけものを憶えておく短期記憶（short term memory）とは異なりエピソード記憶に対する加齢の影響は大きいものです［Zacks et al., 2000］。記憶と脳の関係については、動物の学習実験（海馬の破壊実験など）や人の症例から海馬を中心とした大脳辺縁系との関係が強く支持されています。例えば有名な症例であるH・Mさんはてんかんの治療のために海馬および海馬傍回を切除した結果、切除以降新しいエピソードが覚えられなくなってしまいました*。しかし、加齢にともなう海馬の萎縮とエピソード記憶の関係には、それを支持する報告がある一方［Mungas et al., 2005／Walhovd et al., 2004］、関係が見出せなかったとの報告もあり、三三の研究を対象に行ったメタアナリシス*でも一貫した結果が見られません［Van Petten, 2004］。

*最も顕著な現象は認知処理速度が低下することであるが、脳の特定の部位との関連づけが難しいために本稿では言及しない。

*しかしながらH・MさんのIQは高く普通の日常生活を送ることができた。

メタアナリシス
すでに発表されている同じテーマの研究をまとめ、再度解析したのち結論を引き出す研究手法。

前頭葉機能には認知情報処理における多種多様な活動が包含されています。広義には日常生活における問題解決能力を指し、狭義には注意の分配、反応の抑制や行動の計画能力が含まれます。簡単に説明するならばルールを理解し目標にあった行動を遂行する能力といえるでしょう。ウィスコンシンカードソーティングテスト、ストループテスト、トレイルメイキングテスト［Lezak, 1983］などが代表的な課題です。トレイルメイキングテストを簡単に紹介します。テストはA課題とB課題に分かれており、困難度の高いB課題では紙の上に数字とひらがながランダムに並べられています。課題は「1」、「あ」、「2」、「い」、「3」、「う」のように数字とひらがなを並び順に交互に線で結ぶことです。つまり、数字とひらがなという二つの異なった刺激属性間で目標が切り替わるというルールを意識し、両者に注意を振り分けながら課題をこなさなければなりません。作業記憶［Baddeley, 1992］も前頭葉が関与する認知機能です。作業記憶は、認知情報処理の過程で必要な情報を一時的に保持し、長期記憶や意味記憶と関連づける働きをします。* 例えば、長い文章を読む時には、一度に全文を読むことはできないので、文節ごとに頭に入れながら（記憶しながら）読んでいきます。そして、文章をすべて読み終わった時には、文章全体の意味は把握できていても、読んだ文章を一言一句すべてを憶えているわけではないと思います。作業記憶はこのような場面を想定したリーディングスパン課題*［Daneman et al., 1980］やN―BACK課題*［Dobbs et al., 1989］などで評価されます。

　高齢者における前頭葉機能や作業記憶の低下は多くの研究で支持されており［Dobbs et al., 1989／Park et al., 2002／Salthouse et al., 1995］、前頭葉の萎縮との関係が強く疑われて

＊記憶と名づけられているが、むしろ情報処理を行う一つのシステムとして考えた方がわかりやすい。

＊「昨日、朝日を見た丘は美しかった」「娘は、友達と一緒に学校へ行った。」という文章を読みながら下線の部分の単語を覚えるように求められる。

＊一定間隔をおいて連続して呈示される刺激をN個遅れで「文字通りN個前の数字」を再生発語する課題である。

います。実際に、比較的多くの研究で前頭葉の萎縮とこれらの課題の成績との関係が支持されています［Gunning-Dixon et al., 2003／Head et al., 2002／Raz et al., 1998］。しかし、課題の成績には、前頭葉だけでなく他の部位も含んだ広範な脳の萎縮や［Mungas et al., 2005］、基底核におけるドーパミン受容体の減少［Volkow et al., 1998］が関係することも指摘されています。また、前頭葉の萎縮とは関連していなかったとの報告もあり［Van Petten et al., 2004］、加齢にともなう前頭葉機能の低下は前頭葉の萎縮だけでは単純に説明できないようです。

なぜこのように加齢にともなう脳の萎縮と認知機能の関係に関して一致した見解が得られないのでしょうか。その理由として、まず、脳研究では分析ターゲットになる脳の範囲が研究によって異なることや実験課題が一貫していないことがあげられます。また、それ以上に重要な点として認知情報処理は脳の単一の部位で行われるのではなく、白質の神経線維によって結ばれたさまざまな部位がネットワークを形成し相互に協調することで実現していることがあげられます。エピソード記憶の想起中には、海馬辺縁系だけではなく右の前頭前野の活動が観察されます［Tulving et al., 1994］。また、次節で紹介しますが同じ課題を行った場合に高齢者では右だけでなく両側の前頭前野が活動することが報告されています［Cabeza et al., 1997］。このような年齢による脳の活動状態の違いが脳の萎縮と認知機能の関係を不明瞭にしているのかもしれません。また、先に紹介した無症候性梗塞が白質で生じた場合や、基底核の加齢変化も認知機能の低下と関連するとも指摘されていることからも、加齢にともなった脳の生理的加齢と認知機能の関係は、さまざまな要因を考慮し総合的に検討することが必要となるでしょう［Tisserand et al., 2003］。

(2) 脳の生理的加齢に対する適応

最近、鉄棒で大回転を披露する高齢者のコマーシャルが話題になりました。トレーニングを重ねることで加齢による筋力や運動機能の衰えを防ぐことができることは半ば常識としてとらえられています。* では、人の脳でも同じ現象が起こりえるのでしょうか。ここでは、認知症の研究から見出された、認知の蓄え（Cognitive reserve）と呼ばれる現象と加齢と脳機能研究における補償（Compensation）と呼ばれる現象を紹介します。認知の蓄えは、脳が病理的には認知症だと判断されるような状態でも、行動的には認知症の状態にならない人の存在や、学歴や職歴によって認知症の進行速度が異なるといった知見から提唱されました［Stern et al., 1994］。

アメリカの修道女達を対象に行われている縦断研究（Nun study）は、アルツハイマー病に関する研究ですが、認知の蓄えに関しても多くの知見を提供しています［スノウドン、2004］。彼が紹介しているシスターベルナデット*の事例は非常に興味深いものです［Snowdon, 2003］。彼女は、八五歳の時に心臓麻痺で死亡したのですが、剖検の結果、神経原繊維変化が前頭葉にまで達しており、先に紹介したブラークらの病理的判断基準では最も重篤度の高いステージ6に分類されました。ところが、過去数年間に受けた認知テストの成績は非常に高く、認知症の兆候は認められなかったのです。つまり、脳は生理的に認知症の状態であったのにもかかわらず、行動的には健常だったのです。アルツハイマー病発症

*現在、介護予防事業として自治体が運動機能が低下した高齢者を対象に筋肉トレーニングを実施している。

*彼女は修士の学位を持つ高学歴で教師（認知的に複雑な仕事）を二七年していた。

後の病状の進行に関する研究はさらに興味深いものです。アンデルら［Andel et al., 2006］はアルツハイマー病の進行速度と学歴と仕事の複雑さの関係を分析*した結果、高学歴で仕事の複雑さが高度である方が、認知症の症状の進行が急速であることを報告しています。これは、より頭脳を使う環境が発症時期を先送りにした結果だと考えられています。*このように、人の認知機能は必ずしも脳の病的な変化に影響されないこと、そして日常から複雑な認知的な活動を行っていると脳の予備力が高まり、脳の病的な変化に対抗できることを示唆しています。

　加齢研究において補償という言葉は、加齢によって低下した機能を他の機能で補うことを意味します。例えば、高齢者は会話場面で文脈的な手がかりを利用することによって聴覚の低下を補償していることなどがあげられます［Pichora-Fuller et al., 1995］。先に、記憶の想起中に、若年者では右前頭でのみ観察される脳の活動が、高齢者では両側で観察されることを紹介しました。このようにPETやfMRIを用いた研究からは脳のネットワークの使い方が若年者と高齢者で異なるという知見が多く出されています［Daselaar et al., 2005］。**図4**は視覚的な注意課題を実行中の脳の活動をPETで測定し若年者と高齢者で活動部位の違いを比較したものです。***図4**からもわかるように若年者では、視覚情報の低次な処理を担う後頭葉で強い活動が見られますが、高齢者では、視覚情報に対して形態や意味の処理を担う側頭葉でより強い脳の活動が観察されます。*つまり、高齢者は意識せずに、若年者とは異なった方略で脳のネットワークを利用しているのです。この例では、高齢者の成績は若年者よりも悪く、補償が機能していたとは言えません。高齢者における補

＊彼らは年齢、性別や初回の評価時の認知機能のレベルなどを調整し、認知症の重篤度の変化を平均で二・五年追跡した。

＊一見相反するような結果に思われるが、発症から死亡するまでの時間が短縮したと考えるとわかりやすい。認知症は発症してから死亡まで罹患期間は約八年とされているが、認知の蓄えによって、それが短縮するわけである。

＊筆者らが行った実験、若年者一一名、高齢者一二名の比較。

＊これは、高齢者は若年者よりも視覚情報に対する処理が進んだ段階で反応を判断するためだと考えられる。

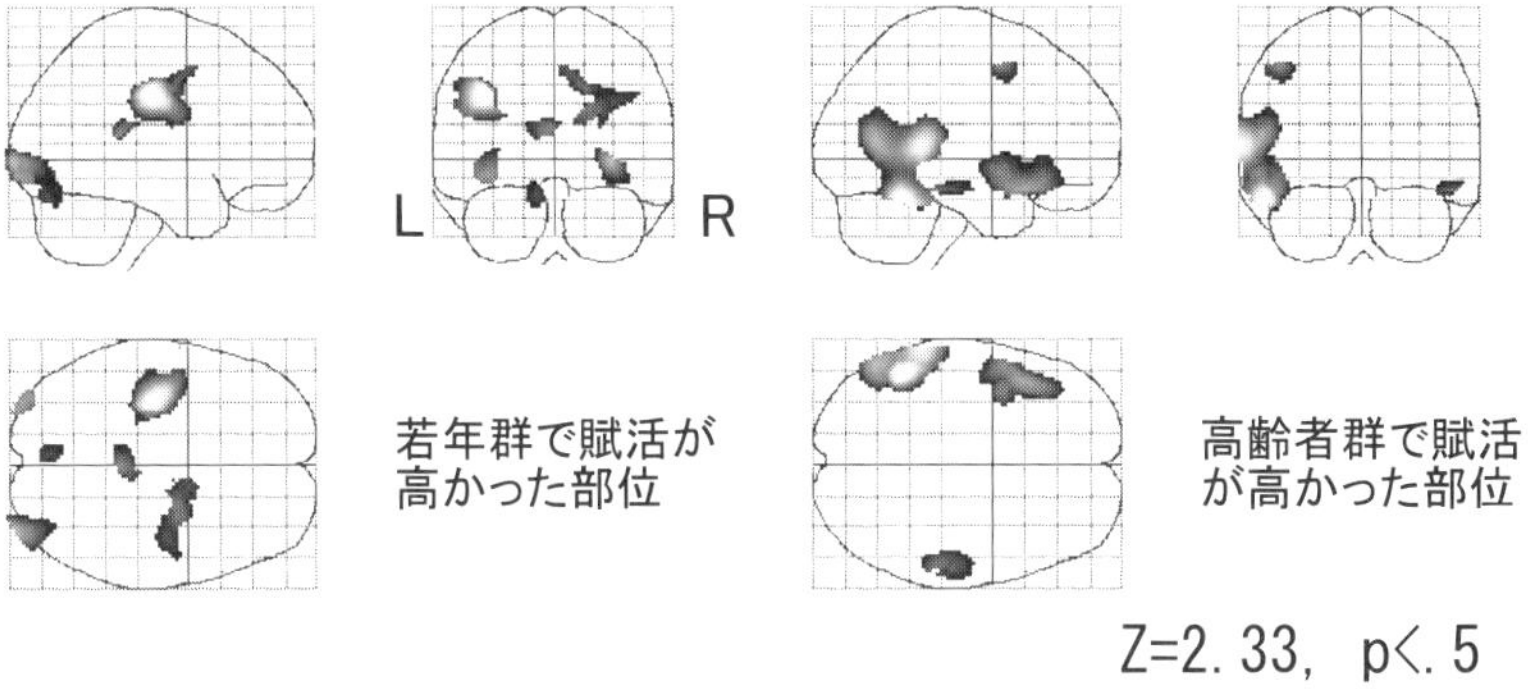

図４　視覚的注意課題における、若年層と高齢者の脳の活動部位の違い

償の効果を、若年者との直接的な比較では検出することは困難です。そこで、カベサら[Cabeza et al., 2003]は、高齢者の記憶成績における個人差を利用しました。彼らは、記憶課題の成績によって高齢者を高成績群と低成績群に分け、課題実行中の脳の活動を若年者と比較しました。その結果、低成績の高齢者では、若年者と同じ右前頭葉の活動のみが観察されましたが、高成績の高齢者では左右の前頭葉の活動が観察されたのです。このことは、良い補償方略を取ることができれば、脳の生理的加齢の影響が低減できる可能性があることを示唆するものです。このように認知の蓄え、認知作業中の脳における補償と呼ばれる現象は、人の脳が生理的加齢に柔軟に適応できることを強く支持しているのです。

4　脳の生理的加齢に影響する要因

脳の生理的加齢に影響する要因は、遺伝要因と環境要因に分けることができます。それぞれの影響は伝統的に双子研究*（Twin study）によって検討されてきました。脳の生理的加齢に関してもこれまでにいくつかの報告がなされており、遺伝的要因の寄与が指摘されています［Carmelli et al., 2002／Pfefferbaum et al., 2000］。そして、個々の遺伝子に関しては、認知症の発症に関わる遺伝子が多く報告されています［川上ほか，2003］。中でもアポリポ蛋白を合成する遺伝子ＡＰＯＥは、多くの研究でアルツハイマー病との関係が支持されています。ＡＰＯＥ遺伝子には、ε2、ε3、ε4という三種類の型が存在しており、ε4型を持つ人では、アルツハイマー病の発症のリスクが高くなるだけでなく、中年期

双子研究
古くから身体機能のみならず、性格や認知機能などの行動に対する遺伝や環境の影響を検討する手法。二〇世紀の前半に開始された双子研究の参加者が現在高齢者となり、認知機能や脳の生理的加齢に関しても研究報告がなされるようになって来た。双子研究では統計的に一卵性双生児と二卵性双生児の類似性を比較することで、遺伝的要因の関与と環境要因の関与を分離する。

以前にすでに脳の糖代謝に低下が観察されることから、脳の変性に強く関与していると考えられています［Bookheimer et al., 2000］。一方、環境要因として生活習慣が与える影響も小さくはありません。先に述べたように、喫煙は動脈硬化を促進し脳梗塞のリスクを高めますし、高い血圧や飲酒は皮質の萎縮を促進します［Taki et al., 2004］。逆に、エアロビクスは脳の萎縮を抑制する効果がありますし［Colcombe et al., 2003］、余暇活動や対人交流が多いことで認知症のリスクが低減するのも、脳の生理的加齢が抑制されるためだと考えられます［Fratiglioni et al., 2004／Karp et al., 2006］。

米国で地域住民を対象に長期縦断的に実施されているフレミンガム研究では、認知症の発症が確認される一〇年以上も前に抽象的な思考と記憶課題の成績が低下することが報告されています［Elias et al., 2000］。健常な認知機能状態から認知症への移行期の状態は、健常高齢者よりも若干認知機能が低下した状態を意味するＭＣＩ（Mild cognitive impairment）と呼ばれます。環境が脳の生理的加齢に与える影響を考えると、このような認知機能の微細な変化を検出し、早い段階で脳に対する働きかけを行うことで、脳が健常加齢から病的加齢に移行するのを抑制できるかもしれません。現在、我が国においても、認知症予防の取り組みがなされており、成果が期待されています［矢冨、2005］。

5　おわりに

近年、脳研究および脳の加齢研究は急速に進歩しています。しかし、加齢という非常に長い時間経過で生じる生理的な変化を意識することは困難ですし、多くの人は意識しないままこの変化に適応しています。この適応のプロセスが脳の生理的加齢が認知機能に与える影響を不明瞭にしていると言えます。一方でこの適応プロセスこそが人間の脳が持つ秘めた可能性を感じさせます。現在、遺伝要因と環境要因を比較すると、認知機能に与える影響は遺伝要因で大きいと考えられています。しかし、今後さらに脳の生理的加齢に関する知見が積み重ねられると環境要因の重要性が強調されていくのではないでしょうか。

（権藤恭之）

引用・参考文献

Andel, R., Vigen, C., Mack, W. J., Clark, L. J. & Gatz, M. 2006 The effect of education and occupational complexity on rate of cognitive decline in Alzheimer's patients. ***J Int Neuropsychol Soc,*** 12（1）, 147-152.

Baddeley, A. 1992 Working memory. ***Science,*** 255（5044）, 556-559.

Braak, H. & Braak, E. 1991 Neuropathological stageing of Alzheimer-related changes. ***Acta Neuropathol***（Berl）, 82（4）, 239-259.

Cabeza, R., Grady, C. L., Nyberg, L., McIntosh, A. R., Tulving, E., Kapur, S. et al. 1997 Age-related differences in neural activity during memory encoding and retrieval: A positron emission tomography study. ***J Neurosci,*** 17（1）, 391-400.

Cabeza, R., Locantore, J. K. & Anderson, N. D. 2003 Lateralization of prefrontal activity during episodic memory retrieval: Evidence for the production-monitoring hypothesis. *J Cogn Neurosci,* 15 (2), 249-259.

Cabeza, R., Nyberg, L. & Park, D. 2005 Cognitive neuroscience of aging: Emergence of a new discipline. In R. Cabeza, L. Nyberg & D. Park (Eds.), *Cognitive neuroscience of aging : Linking cognitive and cerebral aging.* New York : Oxford University press.

Carmelli, D., Swan, G. E., DeCarli, C. & Reed, T. 2002 Quantitative genetic modeling of regional brain volumes and cognitive performance in older male twins. *Biol Psychol,* 61 (1-2), 139-155.

Colcombe, S. J., Erickson, K. I., Raz, N., Webb, A. G., Cohen, N. J., McAuley, E. et al. 2003 Aerobic fitness reduces brain tissue loss in aging humans. *J Gerontol A Biol Sci Med Sci,* 58 (2), 176-180.

Daneman, M. & Carpenter, P. 1980 Individual differences in working memory and reading. *Journal of Verbal Learning and Verbal Behavior,* 19, 450-466.

Daselaar, S. & Cabeza, R. 2005 Age-related changes in hemispheric organization. In R. Cabeza, L. Nyberg & D. Park (Eds.), *Cognitive neuroscience of aging : Linking cognitive and cerebral aging.* New York: Oxford University Press.

Dobbs, A. R. & Rule, B. G. 1989 Adult age differences in working memory. *Psychol Aging,* 4 (4), 500-503.

Elias, M. F., Beiser, A., Wolf, P. A., Au, R., White, R. F. & D'Agostino, R. B. 2000 The preclinical phase of alzheimer disease: A 22-year prospective study of the Framingham Cohort. *Arch Neurol,* 57 (6), 808-813.

Fratiglioni, L., Paillard-Borg, S. & Winblad, B. 2004 An active and socially integrated lifestyle in late life might protect against dementia. *Lancet Neurol,* 3 (6), 343-353.

Gondo, Y., Hirose, N., Arai, Y., Inagaki, H., Masui, Y., Yamamura, K. et al. 2006 Functional status of centenarians in Tokyo, Japan：Developing better phenotypes of exceptional longevity. ***J Gerontol A Biol Sci Med Sci,*** 61（3）, 305-310.

Gunning-Dixon, F. & Raz, N. 2003 Neuroanatomical correlates of selected executive functions in middle-aged and older adults：A prospective MRI study. ***Neuropsychologia,*** 41（14）, 1929-1941.

Head, D., Raz, N., Gunning-Dixon, F., Williamson, A. & Acker, J. 2002 Age-related differences in the course of cognitive skill acquisition：The role of regional cortical shrinkage and cognitive resources. ***Psychol Aging,*** 17（1）, 72-84.

Karp, A., Paillard-Borg, S., Wang, H. X., Silverstein, M., Winblad, B. & Fratiglioni, L. 2006 Mental, physical and social components in leisure activities equally contribute to decrease dementia risk. ***Dement Geriatr Cogn Disord,*** 21（2）, 65-73.

川上秀史・丸山博文・森野豊之　2003　「孤発性アルツハイマー病の連鎖解析、相関解析」『老年精神医学雑誌』第14巻第11号　1361-1364p.

Kemper, T. 1994 Neuroanatomical and neuropathological changes during aging and dementia In M. Albert & J. Knoefel（Eds.）, ***Clinical neurology of aging*** 2 nd. New York：Oxford University Press.

Kobayashi, S., Okada, K. & Yamashita, K. 1991 Incidence of silent lacunar lesion in normal adults and its relation to cerebral blood flow and risk factors. ***Stroke,*** 22（11）, 1379-1383.

Lezak, M. 1983 ***Neuropsychological assessment.*** New York：Oxford University Press.

Liu, R. S., Lemieux, L., Bell, G. S., Sisodiya, S. M., Shorvon, S. D., Sander, J. W. et al. 2003 A longitudinal study of brain morphometrics using quantitative magnetic resonance imaging and difference image analysis. ***Neuroimage,*** 20（1）, 22-33.

水谷俊雄　2003　「老化の形態学」『神経病理形態学』

Pakkenberg, B. & Gundersen, H. J. G. 1997 Neocrotical neuron number in humans : Effect of sex and age. *The Journal of Comparative Neurology,* 384 (2), 312-320.

Park, D. C., Lautenschlager, G., Hedden, T., Davidson, N. S., Smith, A. D. & Smith, P. K. 2002 Models of visuospatial and verbal memory across the adult life span. *Psychol Aging,* 17 (2), 299-320.

Pfefferbaum, A., Sullivan, E. V., Swan, G. E. & Carmelli, D. 2000 Brain structure in men remains highly heritable in the seventh and eighth decades of life. *Neurobiol Aging,* 21 (1), 63-74.

Pichora-Fuller, M. K., Schneider, B. A. & Daneman, M. 1995 How young and old adults listen to and remember speech in noise. *J Acoust Soc Am,* 97 (1), 593-608.

Prins, N. D., van Dijk, E. J., den Heijer, T., Vermeer, S. E., Jolles, J., Koudstaal, P. J. et al. 2005 Cerebral small-vessel disease and decline in information processing speed, executive function and memory. ***Brain,*** 128 (Pt 9), 2034-2041.

Raz, N. 2000 Aging of the brain and its impact on cognitive performance : Integration of structural and functional findings. In I. Fergus & T. Salthouse (Eds.), ***The handbook of aging and cognition*** (2 nd ed.). Mahwah, NJ : Lawrence Erlbaum

Raz, N., Gunning-Dixon, F. M., Head, D., Dupuis, J. H. & Acker, J. D. 1998 Neuroanatomical correlates of cognitive aging : Evidence from structural magnetic resonance imaging. ***Neuropsychology,*** 12 (1), 95-114.

Salthouse, T. A., & Meinz, E. J. 1995 Aging, inhibition, working memory, and speed. ***J Gerontol B Psychol Sci Soc Sci,*** 50 (6), 297-306.

Sato, K., Taki, Y., Fukuda, H. & Kawashima, R. 2003 Neuroanatomical database of normal Japanese brains. ***Neural Netw,*** 16 (9), 1301-1310.

Snowdon, D. A. 2003 Healthy aging and dementia : Findings from the Nun Study. ***Ann Intern Med,***

139 (5 Pt 2), 450-454.
スノウドン・デヴィッド　2004　『一〇〇歳の美しい脳—アルツハイマー病解明に手をさしのべた修道女たち』ＤＨＣ社
Sowell, E. R., Peterson, B. S., Thompson, P. M., Welcome, S. E., Henkenius, A. L. & Toga, A. W. 2003 Mapping cortical change across the human life span. *Nat Neurosci,* 6 (3), 309-315.
Stern, Y., Gurland, B., Tatemichi, T. K., Tang, M. X., Wilder, D. & Mayeux, R. 1994 Influence of education and occupation on the incidence of Alzheimer's disease. *Jama,* 271 (13), 1004-1010.
Strojwas, M. H., Cohen, M. S., Saunders, A. M., Pericak-Vance, M. A., Mazziotta, J. C. et al. 2000 Patterns of brain activation in people at risk for Alzheimer's disease. *N Engl J Med,* 343 (7), 450-456.
Taki, Y., Goto, R., Evans, A., Zijdenbos, A., Neelin, P., Lerch, J. et al. 2004 Voxel-based morphometry of human brain with age and cerebrovascular risk factors. *Neurobiol Aging,* 25 (4), 455-463.
Tisserand, D. J. & Jolles, J. 2003 On the involvement of prefrontal networks in cognitive ageing. *Cortex,* 39 (4-5), 1107-1128.
Tulving, E., Kapur, S., Craik, F. I., Moscovitch, M. & Houle, S. 1994 Hemispheric encoding/retrieval asymmetry in episodic memory: Positron emission tomography findings. *Proc Natl Acad Sci U S A,* 91 (6), 2016-2020.
Van Petten, C. 2004 Relationship between hippocampal volume and memory ability in healthy individuals across the lifespan: Review and meta-analysis. *Neuropsychologia,* 42 (10), 1394-1413.
Van Petten, C., Plante, E., Davidson, P. S., Kuo, T. Y., Bajuscak, L. & Glisky, E. L. 2004 Memory and executive function in older adults: relationships with temporal and prefrontal gray matter volumes and white matter hyperintensities. *Neuropsychologia,* 42 (10), 1313-1335.
Vermeer, S. E., Prins, N. D., den Heijer, T., Hofman, A., Koudstaal, P. J. & Breteler, M. M. 2003 Si-

lent brain infarcts and the risk of dementia and cognitive decline. *N Engl J Med,* 348（13）, 1215-1222.

Volkow, N. D., Gur, R. C., Wang, G. J., Fowler, J. S., Moberg, P. J., Ding, Y. S. et al. 1998 Association between decline in brain dopamine activity with age and cognitive and motor impairment in healthy individuals. *Am J Psychiatry,* 155（3）, 344-349.

Walhovd, K. B., Fjell, A. M., Reinvang, I., Lundervold, A., Fischl, B., Quinn, B. T. et al. 2004 Size does matter in the long run：Hippocampal and cortical volume predict recall across weeks. *Neurology,* 63（7）, 1193-1197.

矢冨直美　2005　「認知症予防活動の効果評価と課題」『老年社会科学』第27巻第1号　74-80p.

Zacks, R. T., Hasher, L. & Li, K. 2000 Human memory In F. Craik & T. Salthouse（Eds.）, *The handbook of aging and cognition*（2 nd ed.）. Hilsdale, NJ：Lawrence Erlbaum

百歳、元気高齢者の生活の質とライフスタイル——全国調査からみえてくるもの——

高齢になっても心身の機能が維持できていて、自由で自立した生活を営めることは万人の願いでありましょう。しかし現実には、寝たきりや認知症などによる要介護高齢者の増加、高齢期のうつ病や自殺が問題となっています。

わが国の一〇〇歳以上の高齢者（以下、百寿者といいます）は老人福祉法が制定された一九六三年には一五三人でしたが、一九九八年には一万人［厚生省、1998］、二〇〇三年には二万人を超えています［厚生労働省、2003］。誰もが一〇〇歳に到達できる可能性が拡がりつつあるといわれています（図1）。

このような時代にあっては、「長く生きる」という生命の量だけでなく、いかに充実した日々を送るか、生活の質（ＱＯＬ：Quality of Life）を高く保つことが大切になってきます。高齢者のＱＯＬについて考えた場合、「健康」であることは重要な要素です。しかし、必ずしも疾病がないことだけを重要視すべきでないという意見があります。たとえなんらかの疾病を抱えていたり、治療を行っていても、日常生活において身の回りのことが自分で行えたり、家族や周囲の人と意思の疎通ができたり、社会的活動や他者との交流などが保持されていたり、さらには高齢者が自身の健康や生活についてどのように評価しているのか、などという満足度などを重視すべきではないかという考えです。

百寿者は長寿（長命）の代表ですが、読者の皆さんは百寿者というと、どのようなイメージをお持ちでしょうか？　金さん・銀さん姉妹を思い浮かべますか？　二〇〇〇年にわが国の百寿者を対象とした全国調査［健康・体力づくり事業財団、2001］が行われました。一、九〇七名（男性五五六人、女性一、三四一人）に面接し、健康状態や日常生活の様子、生活習慣などについて聞き取り調査が実施されました。ここでは、一〇〇歳を超えてもなお高いＱＯＬを保っている百寿者のライフスタイルや心身の健康、生活環境の特徴［尾崎・萩原・内山ほか、2003］から、私たちが高齢期を

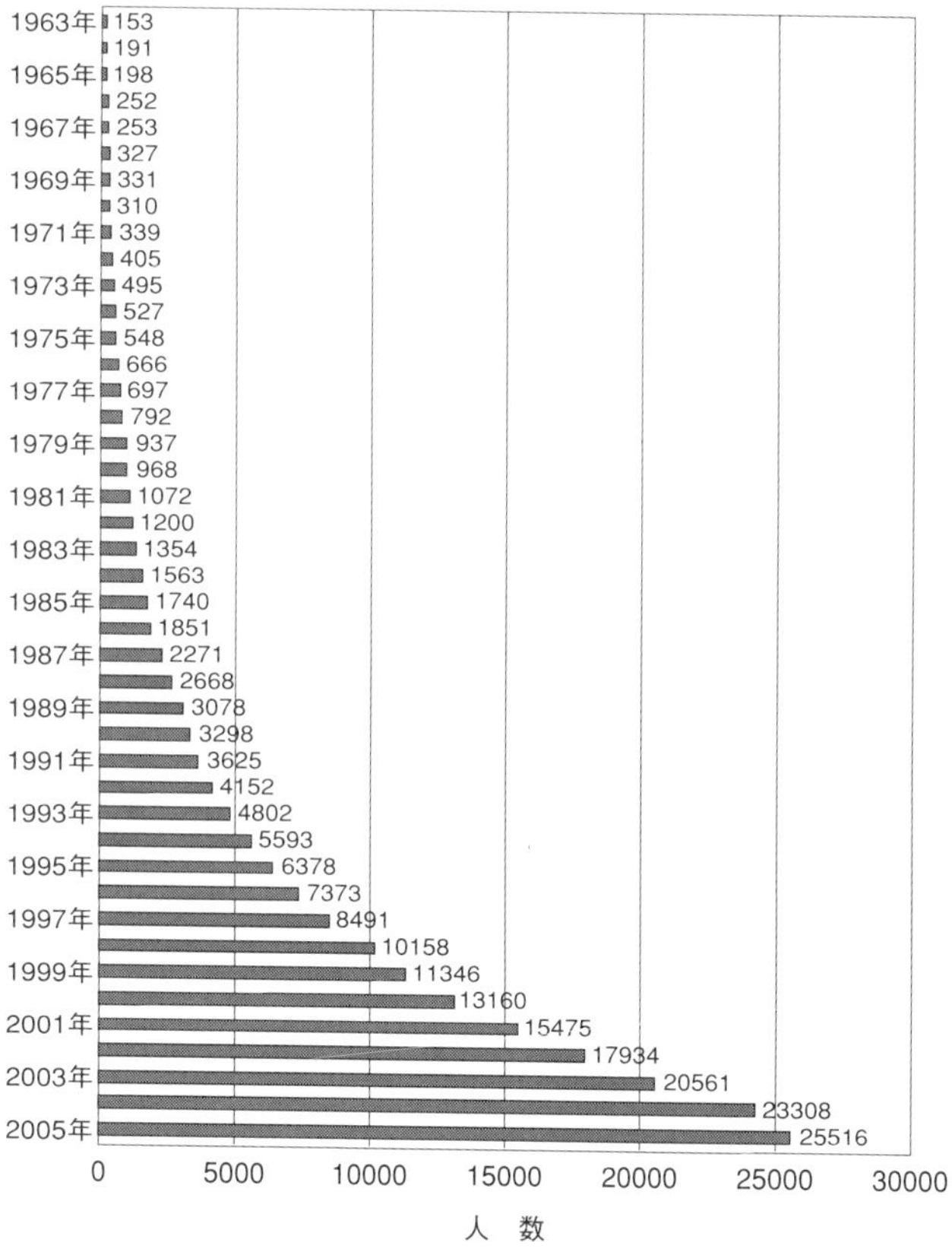
1963年 153
191
1965年 198
252
1967年 253
327
1969年 331
310
1971年 339
405
1973年 495
527
1975年 548
666
1977年 697
792
1979年 937
968
1981年 1072
1200
1983年 1354
1563
1985年 1740
1851
1987年 2271
2668
1989年 3078
3298
1991年 3625
4152
1993年 4802
5593
1995年 6378
7373
1997年 8491
10158
1999年 11346
13160
2001年 15475
17934
2003年 20561
23308
2005年 25516
0
5000
10000
15000
20000
25000
30000
人 数

図1　百寿者数の推移

心身ともに元気で過ごすための秘訣について考えみたいと思います。

まず、一〇〇歳以降も高いＱＯＬを保っている人がどの位いるのか、ということについて述べたいと思います（**図2、3、4**）。この調査では、食事やトイレなどの日常生活動作がほぼ自立している百寿者は18.7％（男女別では男性百寿者の30.9％、女性百寿者の13.6％）でした。家族や周囲と意思の疎通ができる百寿者は42.3％（男性では58.1％、女性では35.6％）、心の健康度が高い百寿者は30.5％（男性では39.2％、女性では26.8％）でした。これら三つをすべて満たしたＱＯＬの高い百寿者は、10.4％（男性では18.2％、女性では7.2％）でした。すなわち、百寿者の約一〇人に一人がＱＯＬが高い百寿者であることがわかりました。

そして、これらのＱＯＬが高い百寿者のライフスタイルや身体機能、生活環境について次のような特徴が見られました。視力が保持されている、ふつうの硬さの食事が食べられる、たんぱく質をほぼ毎日摂取している、運動習慣がある、いつも定時に自分から目が覚める、家族と同居している、でした（**表1**）。

目や耳などの感覚器の問題は生活に直接大きな影響を及ぼします。視力障害は、行動範囲や人との付き合いを著しく制限します。この調査では、「大きい活字がやっと見える」程度以上の視力が保たれていることが高いＱＯＬを保っていることと最も強く関連していることがわかりました。デンマークの調査［Andersen-Ranberg, Schroll & Jeune, 2001］によれば、百寿者の約四分の一が片眼または両眼の白内障手術を受けているとされています。スウェーデンの調査［Samuelson, Nordbeck, Bauer, et al., 1997］では、視力の程度が百寿者の生活満足度に大きな影響を与える要因であると報告されています。このことは、高齢期も定期的に眼科を受診し、白内障や緑内障などを早期に発見し、視力低下を予防することの重要性を示していると考えられます。

ふつうの硬さの食事を食べている百寿者は、軟らかくした食事や流動食を食べている百寿者に比べ、ＱＯＬが高い人が多いという結果が得られました。摂取できる食事の硬さは歯の残存状態と関係があります。加齢にともなって歯を失

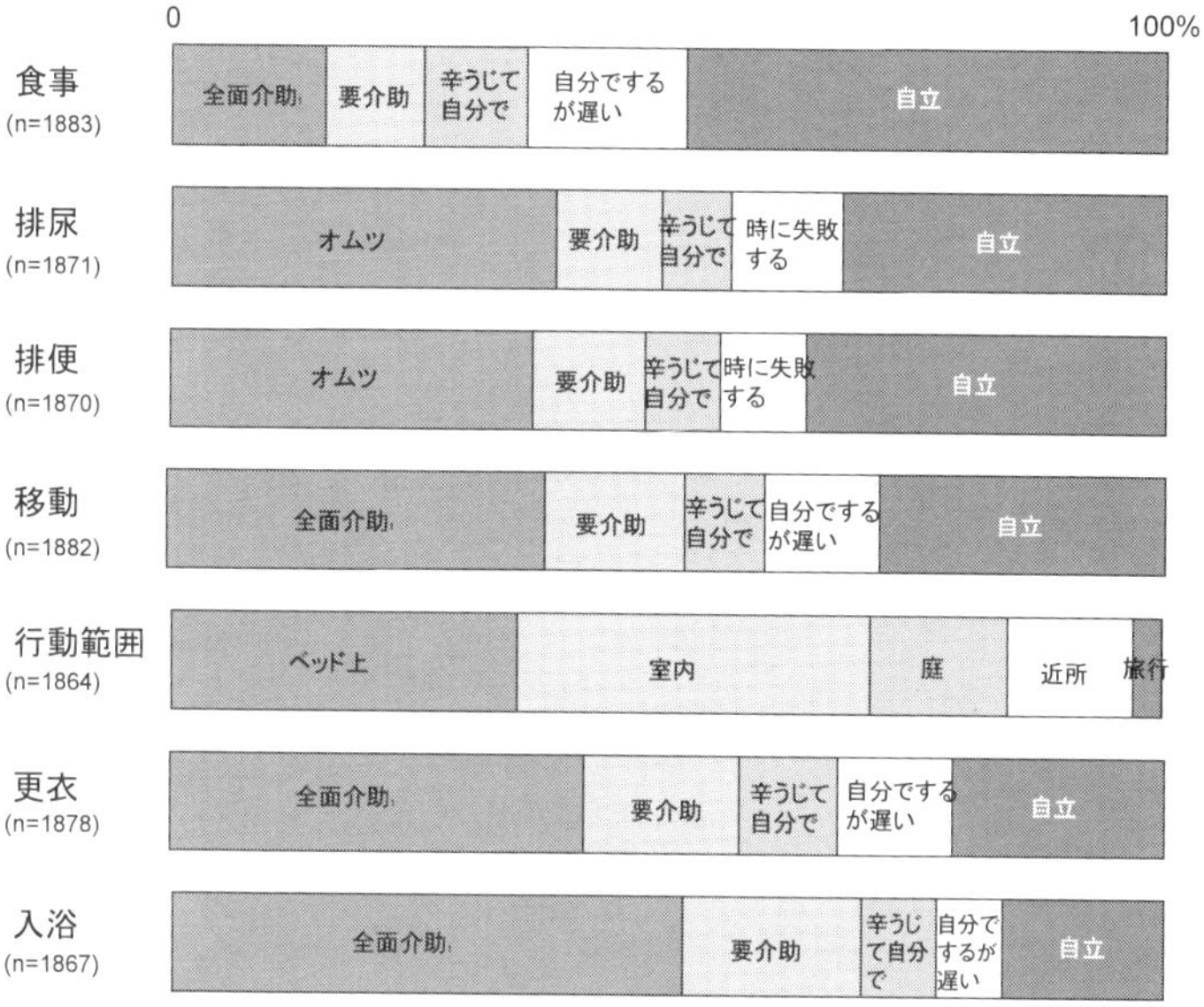

図２　百寿者の日常生活の自立度（健康・体力づくり事業財団調査結果より作成）

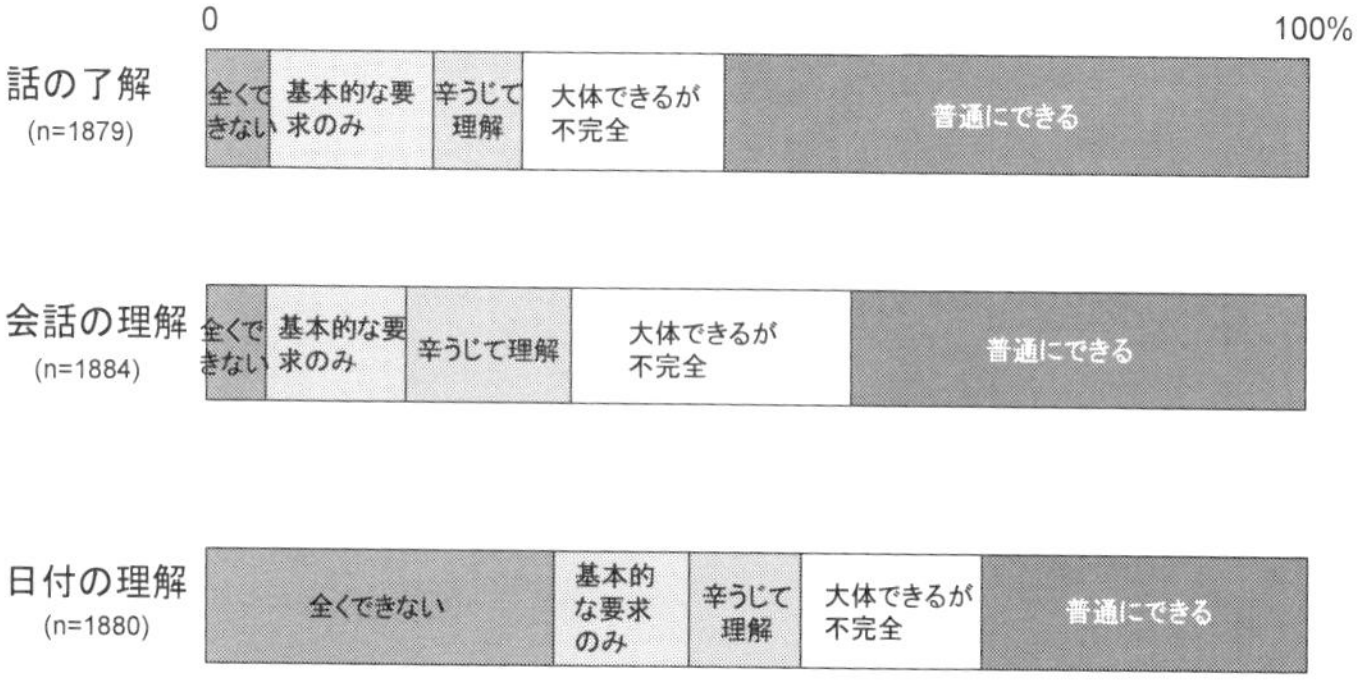

図３　百寿者の認知機能（健康・体力づくり事業財団調査結果より作成）

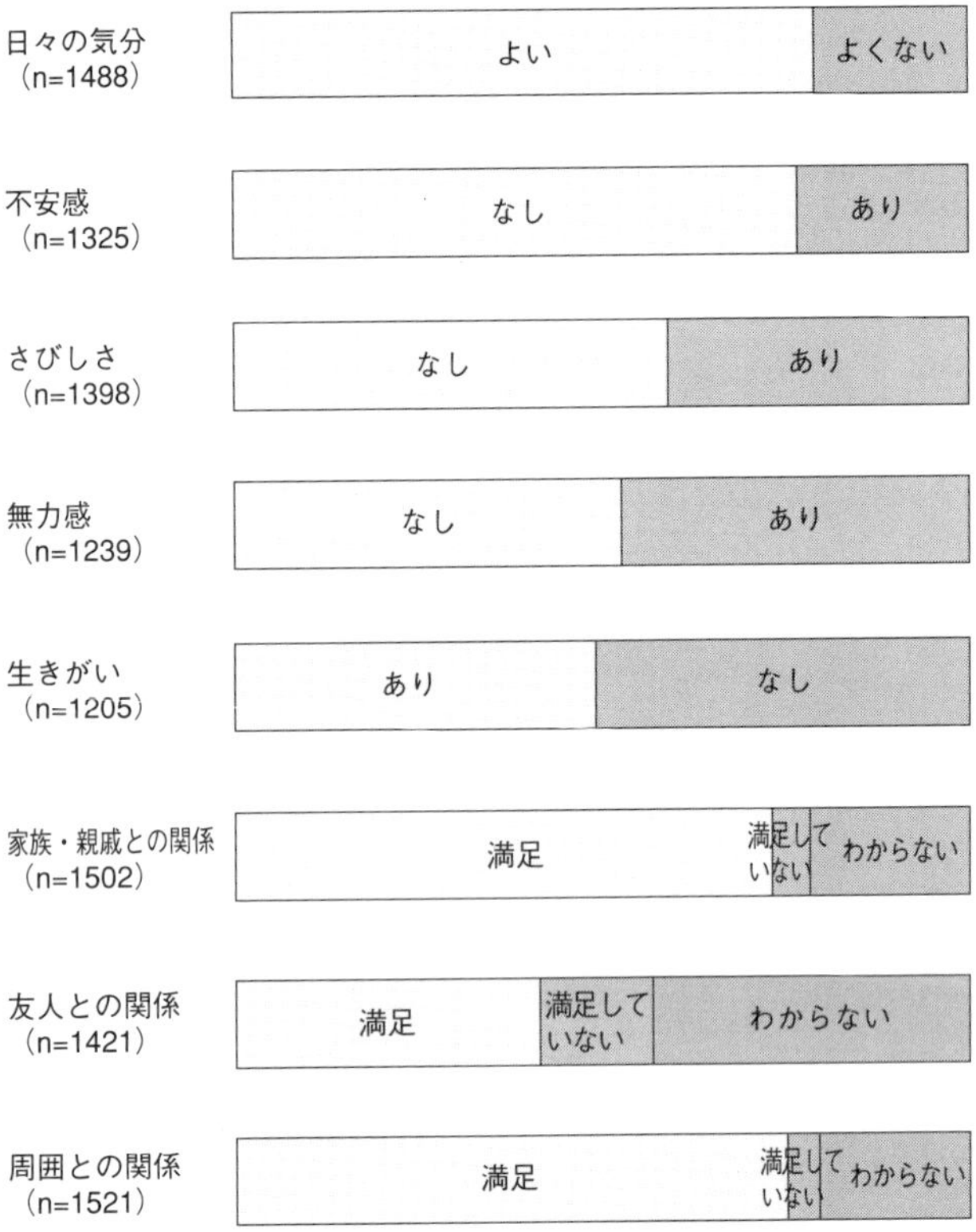

図 4　百寿者のこころの健康（健康・体力づくり事業財団調査結果より作成）

表１　生活の質の高い百寿者のライフスタイル・心身の健康の特徴

視力が保持されている
普通のかたさの食事が食べられる
たんぱく質をほぼ毎日摂取している
運動習慣がある
いつも定時に自分から目が覚める
家族と同居している

う人は増加します。七〇歳以上の約半数は残存歯が一〇本以下となっています［和辻ほか、1999］。歯の数が減少すると、摂取できる食品が制限されます。和辻氏らは歯の数と食品摂取との関係を検討しています［和辻ほか、1999］。歯が一〇本以下になると、ピーナッツ、いか刺身、たくあん、くらげ、酢だこ、なまこ、生あわび、するめなどの食品を食べることのできる人が減少し、咀嚼《そしゃく》に不自由を感じる人が増えます［寺岡ほか、1995］。寺岡らは咀嚼《そしゃく》能力が低くなると、魚介類の摂取が減り、パン、肉、油脂類が多くなりがちになると述べています。荻原ら［2000］は、百寿者の約30％が歯肉のみになっており、日常生活動作が自立していない百寿者に歯肉のみの人が多かったと報告しています。高齢百寿者に対する追跡調査［柳生・伊藤、1997］では歯の残存数と寿命との間に関連があることがわかっています。高齢になるまで自分の歯と歯周組織を健全な状態で維持することが重要であると考えられます。

たんぱく質の摂取はＱＯＬと関連がありました。肉・魚・大豆・乳製品のいずれかをほぼ毎日摂取している百寿者は、そうでない百寿者にくらべ、ＱＯＬが高い人が多いという結果でした。野崎ら［1998］は、日常生活動作が自立していない百寿者の血清アルブミン値[*1]は、自立している百寿者に比べて低かった、つまり低栄養であったと報告しています。これまでたんぱく質の摂取は長生きに関連しているという多くの研究がありますが、この調査はたんぱく質摂取が長寿だけでなく、長寿達成後にＱＯＬを高く維持する上でも重要であることを示しています。

＊1　血清アルブミン　肝臓で合成される分子量六万六千の蛋白質。ターンオーバーが比較的短い蛋白質で、栄養状態を示す重要な指標。肝障害、栄養不良などで血清アルブミン値が減少。

高齢期以降に定期的に運動していた百寿者は、そうでなかった百寿者と比較して、趣味を持ち、友人付き合いも活発で、日常生活動作も良好であったという報告［健康・体力づくり事業財団、1994］があります。この調査では、ＱＯＬの高い百寿者が行っている運動は散歩が最も多く、次いで体操、庭仕事の順でした。高齢期以降も運動を続けていることは、後期高齢期のＱＯＬを高く保つために重要です。

毎朝定時に自然に目が覚める百寿者にＱＯＬが高い人が多いことが、この調査で初めて明らかになりました。一般に自分から定時に目が覚めることは、その人が昼夜のメリハリのついた生活をし、規則的な睡眠・覚醒パターンを持っていることを示すものと考えられます。アルツハイマー型痴呆や寝たきりの高齢者では、睡眠・覚醒リズムが崩れがちで、昼夜のメリハリが消失しているという報告［Mishima et al., 1997］があります。しかし、百寿者で不規則型睡眠・覚醒リズム障害が起こりやすくなるのかどうかについての報告は現在のところありません。この研究では、ＱＯＬが高いことが規則的な睡眠・覚醒パターンをもたらすのか、毎朝定時に目覚めるという習慣がＱＯＬを高く保つのかについては、この調査から結論を下すことはできません。今後の研究が必要です。

家族と同居している百寿者は、入院や施設に入所している百寿者と比べ、ＱＯＬが高い人が多いことがわかりました。家族と共に暮らすことは、百寿者に生きがいや生活の張りをもたらし、何ものにも代え難いことでありましょう。一方、施設に入所している高齢者や入院中の高齢者の多くは、日常生活に介助が必要だったり、病気のために入所・入院しているので、自宅にいる高齢者よりも自立度や健康状態が低いと考えられます。わが国の家族の在宅介護の現状を考えると、百寿者のＱＯＬが高いゆえに家族と同居できていると考えるのが適切でありましょう。

喫煙や飲酒はＱＯＬとは関連がありませんでした。高齢者を対象とした多くの研究で、喫煙は男女とも、過度の飲酒は男性で寿命を縮めることが示されています。一九九三年に行われた全国の百寿者を対象にした調査［萩原ほか、2000］で、一度も喫煙したことのない百寿者の数は一般高齢者よりも男女ともきわめて少ないことがわかりました。これらのことから遺伝的に喫煙・飲酒によって健康、ＱＯＬに影響を受ける体質を持つ人は一〇〇歳に達する以前に死亡し、この調査の対象とならなかったため、喫煙、飲酒はＱＯＬと関連が見いだせなかったものと考えられます。

長寿家系であることとＱＯＬは関連がありませんでした。百寿者のなかに遺伝的に長寿家系の人が含まれていること

topics

はほぼ明らかです。しかし一〇〇歳以降のＱＯＬにはこれまで述べてきたような視力や生活習慣が影響を与えていると考えられます。すなわち、遺伝的要因は長生き（生命の量）に関連しますが、生活の質には遺伝要因よりも環境要因が重要であることを示していると考えられます。

以上、長寿の代表である百寿者のうちＱＯＬが高い人々の生活習慣や健康状態の特徴について述べました。長寿が現実のものとなった今日、いかに質の高い高齢期を送ることができるのか、これらのことがお役に立てれば幸いです。

（尾崎章子）

引用・参考文献

Andersen-Ranberg, K., Schroll, M. & Jeune, B. 2001 Healthy centenarians do not exist, but autonomous centenarians do : A population-based study of morbidity among Danish centenarians. *J Am Geriatr Soc*, 49, 900-908.

荻原隆二・前田　清・辻林嘉平ほか　2000　「悉皆調査によるわが国の百寿者の生活実態」『日本公衆衛生雑誌』第47巻第3号　275-282p.

健康・体力づくり事業財団　1994　「長寿と生活習慣、特に運動習慣との関係に関する研究」『平成五年度健康づくりに関する特別研究』

健康・体力づくり事業財団　2001　『全国100歳老人の1/2サンプルの横断的研究』

厚生省　1998　『全国高齢者名簿　平成一〇年度版』

厚生労働省　2003　『全国高齢者名簿　平成一五年度版』

尾崎章子・荻原隆二・内山　真ほか　2003　「百寿者の Quality of Life 維持とその関連要因」『日本公衆衛生雑誌』第50巻第

8号 697-712p.

Mishima, K., Okawa, M., Satoh, K., Shimizu, T., Hozumi, S. & Hishikawa, Y. 1997 Different manifestation of circadian rhythms in senile dementia of Alzheimer's type and multiinfract dementia. *Neurobiol Aging,* 18, 105-109.

野崎宏幸・野原由美子・瑞慶覧涼子ほか 1998 「百寿者の日常生活自立度と結成アルブミン濃度に関する研究」『日本老年医学雑誌』第35巻第10号 741-747p.

Samuelson, S. M., Nordbeck, B., Bauer Alfredson, B. et al. 1997 The Swedish centenarian study : A multidisciplinary study of five consecutive cohorts at the age of 100. *Int J Aging Human Dev,* 45, 223-253.

寺岡加代ほか 1995 「高齢者の咀嚼能力と口腔内状況ならびに食生活との関連について」『老年歯学』第10号 11-17p.

和辻敏子ほか 1999 「地域高齢者における各種食品の摂取可能状況からみた咀嚼力」『栄養学雑誌』第57号 355-632p.

柳生聖子・伊藤 隆 1997 「百寿者の追跡」田内 久・佐藤秩子・渡辺 務（編）『日本の百寿者―生命の医学的究極像を探る』中山書店 284-293p.

第3章　美容と肌健康——いつまでも若々しく——

1　はじめに

一〇年程前、若い男性用の化粧品が話題になったことを覚えていらっしゃる方も多いかと思います。一時的なブームという見方もありましたが、多くの美容・化粧品メーカーの参入もあり、現在では、コンビニエンス・ストアを中心に日本中に確実に浸透していることがうかがえます。さらには、子ども専用の化粧品やグッズも発売され、雑誌やテレビで話題になるに至っては、そのような消費行動をいぶかる諸氏も多いかと思います。「男性が化粧するなんて」、「子どもに化粧させたら肌に良くない」など、当時テレビでもその賛否を問うような内容の番組が放送されていました。このような社会現象は、少子化による家族構成の変化が消費経済へ影響しているとの見方もあり、単に時代の流れと一笑するには、済まされないいろいろな話題を提供しているものと考えられます。

ところで、化粧行為自体を歴史的に見れば、古代エジプトでは、男性であるファラオや神官は、自己の権力を誇示するためばかりでなく、魔よけの意味からも化粧を施していたと言われていますし、現代でもニューギニア奥地の部族は、男性が祭りや戦いのときに着飾り、化粧をしています。このように、化粧や着飾るという行為は、美的に印象を高めること以上に政治的、宗教的に重要な意味を持っていました。また、生物学的には（特に鳥類などは）、一般に雌は目立たない容姿ですが、雄は我が身を精一杯着飾っています。これは、雌の気をひき、子孫を残すためだと言われています。このように文化人類学的な視点、さらには生物の本能的な営みとして見れば、男性が化粧をしたり、女性以上に貴金属で身を飾る行動も理解できます。

２　年齢を重ねるということ

肌のお手入れに関する相談を受けていると「久しぶりに友人に会った時、同年なのに何歳も違ったように感じて愕《がく》然とした」、「肌のお手入れをしてもぜんぜん変わらない気がする」などということをよく耳にしますが、このように早く歳をとりやすいとか、ちゃんと肌のお手入れをしているのに良くならないということがあるのでしょうか。これらの点についてまず考えてみたいと思います。

図１の女性の写真は、モーフィングという画像技術を使って日本人女性の各世代二〇～六〇代の平均顔を作ってみたものです［小島、1999］。コンピュータで作為的に作ったのではなく、実際に協力いただいた女性の顔写真（各年代二〇〇名程度）から作成した平均顔です。ご自身や知人と比べてどのような印象を持たれますか。実際に見ていただいた女性の方々からは、「これくらい若かったら、いいのにね！（五〇代の方）」「四〇代でこん

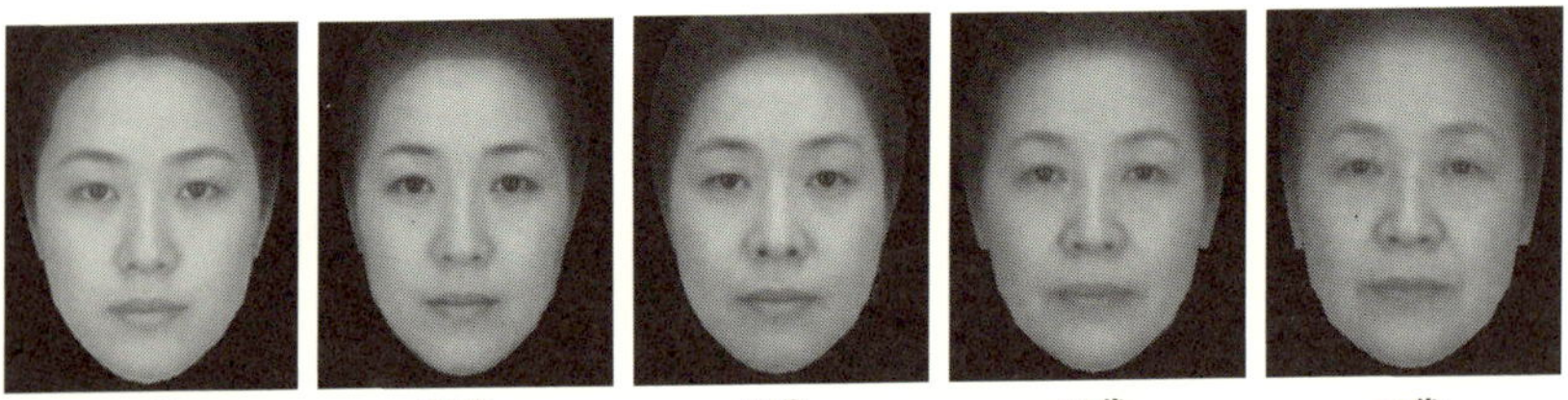

図１　モーフィングによる日本人女性の各世代平均顔

なに若く見える人は、いないでしょう？（四〇代の方）」など驚きとともに落胆の声も聞かれました。

このように実年齢顔とモーフィング顔との印象の差が、どうして起こるのかを考えてみましょう。その要因として、ここにあげた平均顔の印象と現実との違いは、長年の実生活の結果（生活老化）と生物としての老い（自然老化）とのギャップを示していると考えられないでしょうか。長い年月の間に全身に現れる老化は、生物として避けがたい老化（自然老化）と実生活や環境によって起こる老化（生活老化）の二つに大きく分けることができます。すなわち、自然現象として起こる老化は、誰しも避けることができず、年々身体に刻まれていく老化現象としてとらえることができますが、一方、生活老化とは、環境（暑さ、寒さ、紫外線など）や食生活の内容や取り方などによって日々起こる老化と考えられますので、長期間の変化から見れば、どのような生活を送ってきたかで差異が出てくると考えられます。特に顔面は、衣服で守られた体とは異なり、生まれた時から外環境に晒《さら》されてきた部位なので、特に生活老化の影響が出やすいと言えます。そこで二〇代から七〇代の日本人女性（計測人数約五〇〇人）の顔面、特に目尻のシワの深さを計測してみました。**図2**にそれらの計測結果を示しました。

この図からも明らかなように、加齢にともなって目尻のシワは深くなっていきますし（五〇代平均の目尻のシワの深さは、0.5ミリメートル）、肌のハリも確実に失われていきますが、ここで肝心なことは、年齢を重ねるにしたがって、個人差が大変大きくなっているということです。たとえば、四〇代でもシワやハリの程度が五〇代から六〇代ぐらいの方も

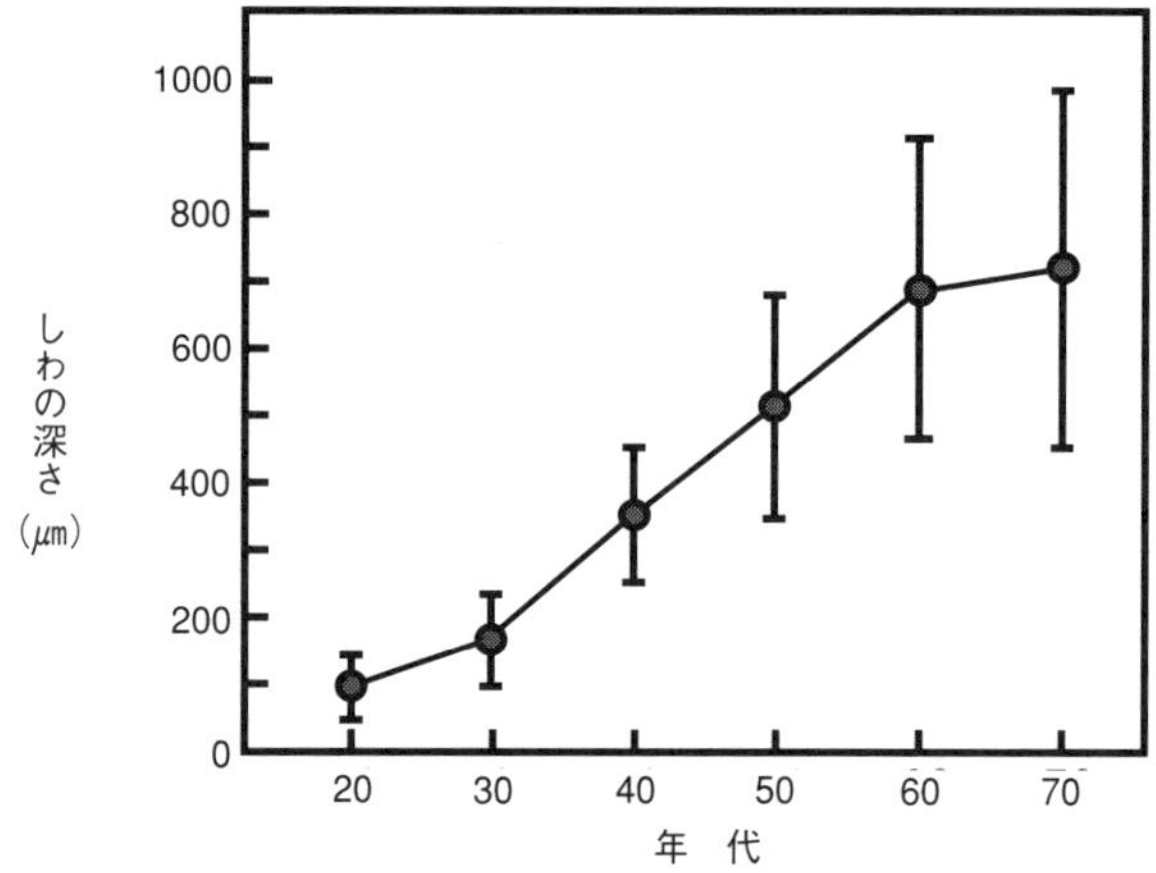

図２　日本人女性の目尻のしわ（深さ）の計測

いらっしゃいますし、逆に六〇代でも四〇代半ばぐらいの肌を維持されている方もいらっしゃるということです。ややもすると私たちは、肌や身体に表れた老化現象を「年だから」という言葉で片付けてしまって、あまり注意を払わずに過ごしてしまいがちですが、前記のような結果を見てみますと、「元気に生活する」、「健康に過ごす」、「美しく老いる」などは、私たちの希望と言うよりもむしろ、私たち一人一人の日常の心がけ、取組みがいかに大切かを示唆しているように思います。つまり、最近話題の言葉で言うところの「セルフケア」、「セルフメディケーション」、自分自身の健康状態を知り、適切な対応（食事、運動、入浴、さらには、睡眠など生活習慣の改善）を早期に取ることで健康を維持したり、病気の予防、早期発見、易快などにつながっていくものと思います。このような意味からすると、肌の老化現象に個人差があるということは、ちゃんとした肌のお手入れ（スキンケア）をすれば、十分に回復したり、老化を予防することができることを暗示していると思います。

3　肌の構造と働きを知ろう

自分自身にあった肌のお手入れをすることが、とても大切であることは、多くの方々に納得していただけると思いますが、その方法を十分に理解されている方は、少ないように思います。そこでまず肌のお手入れ方法についてお話する前に、肌そのものの機能や構造など基本的な仕組みを理解した上で話を進めたいと思います（この節では、すこし専門的なお話をしますので、肌を皮膚という言葉に置き換えるのとあわせて皮膚科学的な専門語を使用して説明します)。

皮膚は、私たちの頭頂から足の裏まで全身をくまなく覆っている組織ですが、全部を合わせると肝臓よりも大きく(全身の皮膚を広げると成人で約1.6~1.7平方メートルの大きさになります)、身体の中でもっとも大きな組織だと見ることができます。そして、汗をかかない快適な環境でも、皮膚表面からは一時間あたり約15~20グラム/平方メートルの水分の蒸散があります。このように身体に感じない水分の蒸散を不感蒸泄《せつ》と言います。従って、成人では、安静にしていても一時間あたり約25~35グラムの水分が蒸散していることになります。*

この水分蒸散、すなわち経皮水分蒸散量は、通常、肌が極度にかさついていて皮膚のバリア能(外部の刺激から守る機能)が著しく低下した時以外は、ほとんど変化せず安定していて、その数値にもあまり大きな個人差がありません。従って、この経皮水分蒸散量を計測することで、皮膚のかさつき、さらには皮膚のバリア能の程度が判定できます。例えば、近年のストレス社会やダニなどによるアレルギー反応が原因の一つとして考えられているアトピー性皮膚炎では、皮膚のバリア能が低下し、この経皮水分蒸散量が有意に多いことが報告されていて、診断の基準や治療の評価にも利用されています* [川島、2005]。そのような意味で、経皮水分蒸散量は健康状態のバロメーターとして機能していると言ってもよいでしょう。

このように身体の機能を維持するため、乾燥や暑さ、寒さなどの影響から身体内部を守

*寝ている間に牛乳瓶一本分、約200ミリリットル以上の汗をかくとよく言われるが、(正確にはこれは汗ではなく、この不感蒸泄の量を示しており、専門的には経皮水分蒸散量と言う)、この水分蒸散のことを示している。

*皮膚は、外部の刺激から生体を守る働き以外にも、免疫防御の最前線としての働き、消化器官や循環器官などの機能不全や病気に由来する発疹・かゆみなど身体内部の状態を示す働きがあることも知られている。

ることが皮膚の重要な機能ですが、皮膚も生体の一部ですので、その構成は、ほかの組織と同様に多数の細胞からでき上がっています。その中でも表皮細胞（ケラチノサイト）と線維芽細胞（フィブロブラスト）、そして血管内皮細胞（エンドセリアルセル）の三種類が主な構成細胞です。*

図3は皮膚の構造を示しています。皮膚の表面から約0.1〜0.2ミリメートルまでの厚さの部分を表皮と呼びますが、表皮細胞があたかも煉瓦《れんが》積みのように、規則正しく密に重なりあっています。表皮よりさらに下部を真皮と呼びます。表皮と真皮の境界に基底層と呼ばれる層があり、この基底層の表皮側にメラニン産生を行うメラノサイトが局在していて、産生したメラニン顆《か》粒を回りのケラチノサイトに受け渡します。メラニン顆《か》粒を受け取ったケラチノサイトは、約二八日前後かけて上層に次第に移動し、角（質）層になります。その過程でメラノサイトから受け取ったメラニン顆《か》粒は分解され、メラニンがケラチノサイト内に分散します。そして種々のたんぱく質や成分の分解・合成が繰り返され、最終的にはケラチノサイト自らの核も分解され、角層になる準備を行います。この一連の過程をケラチノサイトの「分化」と言います。角層になったとき、ケラチノサイトはすでに死んでいますが、この分化の過程で特に重要なことは、肌のうるおいやバリア能に必要とされるケラチン（たんぱく質の一種）や脂質のセラミド類（アミノ酸や脂肪酸類も作られます）などが多数産生されることです（その働きについては、4節で詳しく述べます）。このようにケラチノサイトは、最終的には、死んで角層になることでその細胞本来の役割を果たす珍しい細胞です。*

＊その他、皮膚の免疫機能に関係すると言われているランゲルハンス細胞や脂肪組織を形作る脂肪細胞、さらには、血液由来の細胞や免疫系の細胞などが存在する。

＊ケラチノサイトのように遺伝子レベルで制御されている計画細胞死を「アポトーシス」と言う。

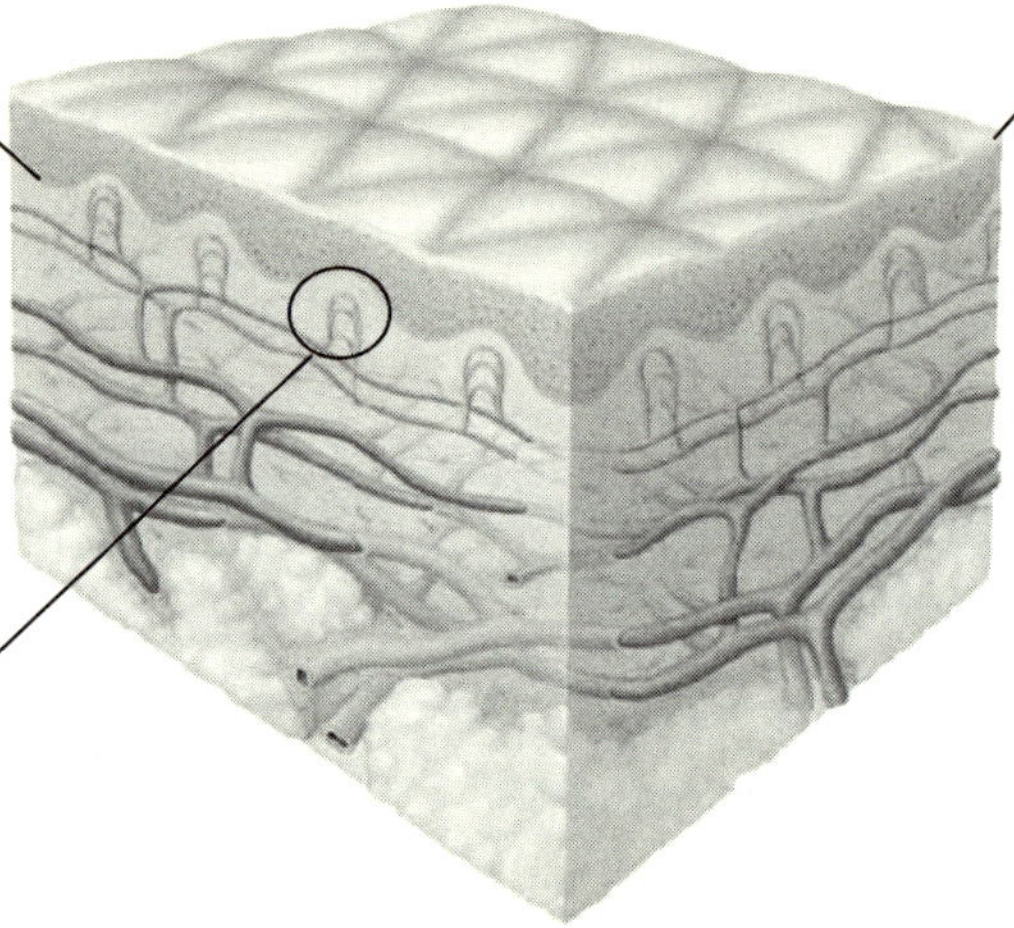

図3　皮膚の構造

4 どうして肌がかさついたり、シミやシワができるのか?

話を皮膚の内部に戻しましょう。基底層より下部の真皮は、約1～2ミリメートル（表皮の厚さの約一〇倍程度）の厚さがあります。この組織は表皮と違ってそのほとんどがコラーゲン線維（たんぱく質の一種で、寄り集まって線維のような構造を形成している）で満たされており、中にはエラスチンなどの弾性線維も存在しています。このような線維のネットワーク内に、これらの線維を産生した線維芽細胞（フィブロブラスト）が点在していて、線維ネットワークを保持しています。したがって、加齢や紫外線（特に紫外線A：UVA）によってネットワークあるいは、フィブロブラスト自身がダメージを受けてこれら線維の変性が起こったり、線維の産生が低下すると次第にハリの低下、シワの形成が起こってしまいます。

肌の潤いやバリア能は角層によって維持されていることを述べましたが、これらの機能に最も重要な成分は、角層中のケラチンと角層外のセラミドであると言われています。ケラチンは角層のほとんどを占めるたんぱく質ですが、このたんぱく質の周りに水分を抱え込むことで柔軟な角層が形成されます。*しかし、ケラチンが保持している水分の多くは、皮膚が乾燥すると容易に失われてしまいます。一方、角層と角層の間には、前述したセラミドという脂質の他に、コレステロールエステルや遊離脂肪酸、遊離アミノ酸などの成分も存在します。これらの成分は、生体由来の保湿因子（NMF：Natural Moisture Factor）

＊長時間入浴したり水仕事をすると、指先の皮膚がふやけたように感じるが、これは角層中のケラチンが多量に水分を吸入したため。

として機能しています。セラミドの基本構造は、スフィンゴシンと脂肪酸が結合した構造（**図4**）であり、脂肪酸の鎖長の長短や種々の官能基の違いによって現在、一〇種のセラミドが知られています［Takagi et al., 2000］。

近年、セラミドが肌の潤いやバリア能の維持に重要であることが明らかになり、化粧品にも配合されるようになりました。ところで以前、セラミドの加齢変化を調べていたところ、加齢とともにセラミドが有意に減少していることがわかりました。このようなセラミドの減少の原因を考えてみますと、セラミドの合成が減少したためか、分解が亢進したためと考えることができます。これまですでに、セラミドの合成や分解にはスフィンゴミエリナーゼとセラミダーゼという酵素がそれぞれ関与していることがわかっていますので、これらのセラミド合成活性や分解活性が変化している可能性が考えられます。その合成、分解の経路を**図4**に示します。そこで若年から高齢者の方々の角層中のこれら酵素の活性を測定してみました。その結果、年齢とともにセラミドを分解するセラミダーゼの活性が上昇していることが明らかになりました（スフィンゴミエリナーゼの活性は、変化ありませんでした）。すなわち、加齢ともにセラミダーゼ活性が上昇するために、角層中のセラミドが分解され、減少し、角層の本来の保湿力やバリア能が低下したと考えることができます。

ただどうして加齢とともにセラミダーゼ活性が上昇するのか、十分に解明されているわけではありません。以前、表皮のセラミダーゼを世界で始めて精製した際に、この酵素の至適pH*（ペーハー）を測定したところ、弱アルカリ域にありました［Yada et al., 1995］。

至適pH
酵素が活性を発揮するのに最適なpH範囲のこと。

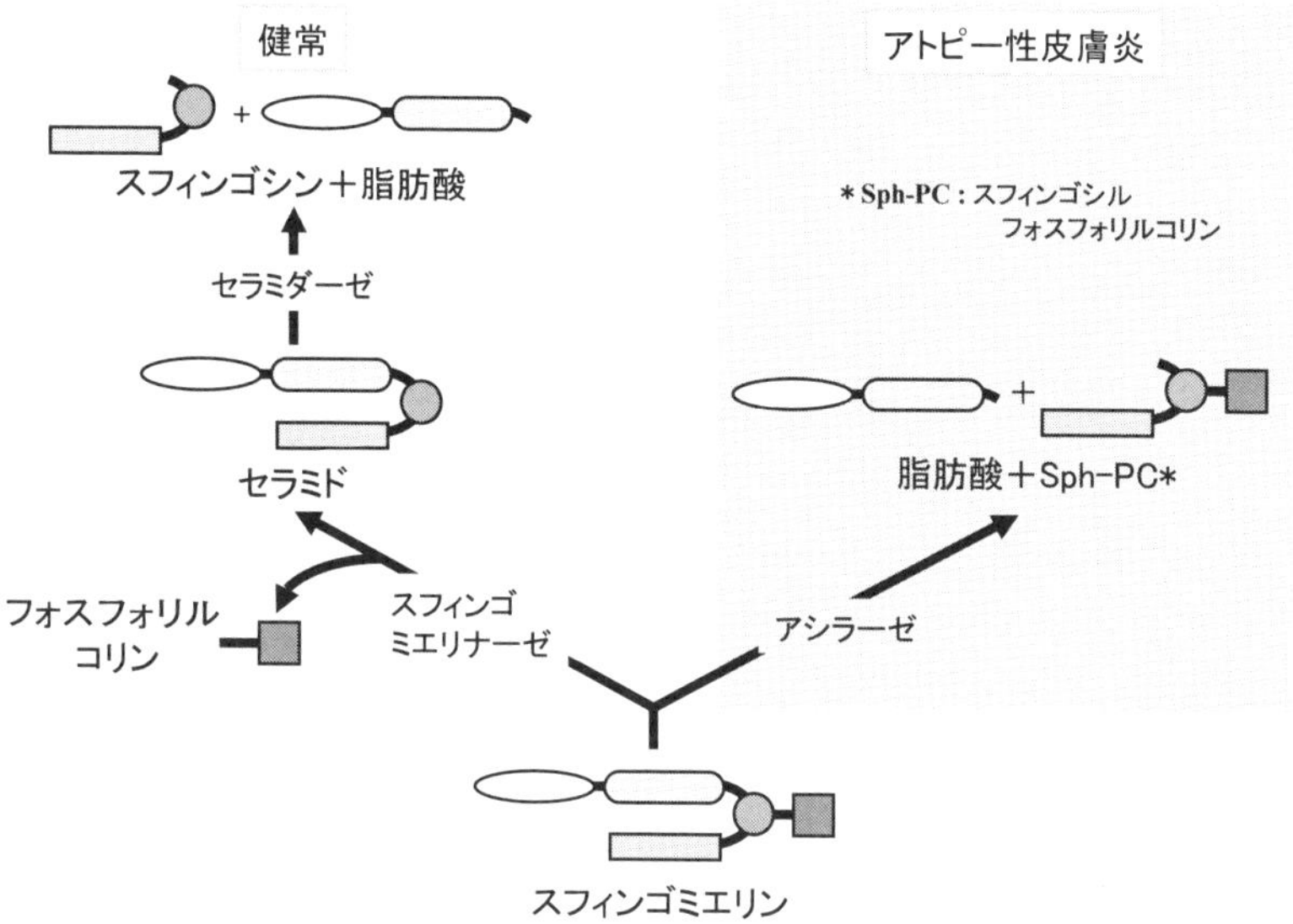

図４　セラミドの代謝（健常とアトピー性皮膚炎）

すなわち、セラミダーゼはアルカリ域において活性化され、セラミドを分解するようになるのです。しかし通常、健康な肌のpHは弱酸性ですから、この酵素はほとんど活性化されていない状態にあると考えられます。しかし、加齢とともに汗腺や皮脂腺の機能低下、肌水分量の低下が起こり、次第に皮膚のpHがアルカリになることによって、不活性化していたセラミダーゼが活性化されたと考えられます。このようにセラミドの減少は肌の潤いやバリア能の低下につながっていることが考えられるのです。

またアトピー性皮膚炎においても、セラミドが有意に減少していることが報告されています。合成の擬似セラミドを塗付するとその症状が改善することが明らかになっていることから、セラミドによるアトピー性皮膚炎のスキンケアが注目されています[高木、2003]。アトピー性皮膚炎のセラミド減少の原因は、加齢で観察された現象と同様に、セラミダーゼのセラミド分解活性が活性化されたためと考えられました。しかし、アトピー性皮膚炎患者の皮膚セラミダーゼ活性を測定したところ、健常人とほぼ同様の活性を示したため、アトピー性皮膚炎では、加齢とは異なった原因によってセラミドの減少が起こっていることが示唆されました。

そこで改めて詳細な分析を進めたところ、通常スフィンゴミエリンからセラミドとフォスフォリルコリンが産生される経路とは異なる新規の経路（図４）の存在があり、その経路においてスフィンゴミエリンからスフィンゴシルフォスフォリルコリン（Sph-PC）という成分が産生されていることが明らかになりました［Murata et al., 1996］。ということは、このような成分を産生するための酵素が存在することを考えなければなりません。酵素学的には、もしこのような酵素が存在するならばデアシラーゼという酵素に分類されるものだと考えられますが、これまでそのような酵素が皮膚に存在することは報告されていませんでした。なお、健常人の角層および接触性皮膚炎患者の本酵素（デアシラーゼ）活性を測定したところ、アトピー性皮膚炎患者と比較すると数十分の一程度しかありませんでした［Hara et al., 2000］。その後、表皮組織からアシラーゼ様の酵素の性状解析と精製を検討したところ、本酵素の存在を確認し、その部分精製にも成功しました［Higuchi et al., 2000］。

なぜアトピー性皮膚炎では本酵素（デアシラーゼ）の活性が高いのか、その理由についてはまだ明らかではありませんが、Ｓｐｈ-ＰＣが線維芽細胞の分裂を引き起こすことが報告されていますし［Desai et al., 1993］、この成分を培養した表皮細胞に添加すると炎症に関連する細胞を遊走する因子がケラチノサイトの細胞表面に多数発現することも確認されています［Imokawa et al., 1999］。これらの結果を総合すると、アトピー性皮膚炎のセラミドの減少と皮膚炎症の原因は、特異的に活性化されたデアシラーゼによりセラミドの産生が抑制されることと、Ｓｐｈ-ＰＣが産生されることによる可能性が推察されました。このような新知見は、まだ十分な解析が行われていないので、今後の研究の進展が期待されます。

5　太陽の光の恩恵と被害

太陽光の良悪については、これまでさまざまな意見が言われていますので、まずそれについてお話しようと思います。われわれにとって生理学的に良い、あるいは、必要であると言われる現象として、太陽の光によって皮膚組織内で骨の形成に必要なビタミンD３が産生されることをあげることができます。ビタミンD３が作られないと「くる病」になります。この病気は一〇〇年以上前、産業革命によって世界で最も発展を遂げていた英国で多発しました。産業革命の最中であった当時の英国では、工場の煙突から出る煙が日中の太陽光をさえぎり、人々が十分な太陽光を浴びることができなかったため、くる病が多発したと言われています。これが公害の始まりです。

なお、骨の形成に必要なビタミンD３は、太陽光からだけでなく食品からも摂取することができますので、ミルクなどの食品に添加することで予防できるようになりました。その後、小児学や母子保護学的な観点から、日本でも特に戦後、子どもを乳幼児期に太陽に当てることが推奨されました。*

しかし、一九八〇年代中頃から太陽光の弊害、すなわち、太陽光の中に含まれる紫外線の害が多く報告されるようになりました。*また、太陽光に当たると体の免疫力が高まるどころか、かえって免疫力を弱めることが明らかになり、現在では育児指導書などの育児関連書籍にも、子どもを太陽光に当てる旨の内容は記載されていません（オーストラリアで

＊骨の形成を助ける、免疫力を高め風邪などの病気にかかりにくくするという目的のために推奨され、育児指導書や母子教室でも指導が行われていた。

＊欧米では、皮膚癌を始めとする皮膚疾患が白人系住民に多発することが疫学的に明らかにされるなど、冷却用に多用されていたフロンガスが地球の周りにあるオゾン層を破壊し、ホールが形成され、有害な紫外線が地球に降り注ぐことによる被害が懸念されている。

は太陽光による障害を防止するため、児童の日中の戸外での運動や学校行事を法律で禁止し、太陽光の弊害を未然に防ぐ活動が行われています）。また太陽光の紫外線は白い壁（約25％）や地面（アスファルトで約８％）で反射され、強度が高まりますので、注意が必要です。また冬季のスキー場では、雪により約80％も紫外線が反射されますし、高度が三〇〇メートル上がると約４％ずつ強くなりますので、夏季と同等の対策が必要です。最近、スキーやスケートボードなどのウインタースポーツを楽しむ人たちが増えていますが、それにともなって冬季の肌トラブルや雪盲*が急増しています。

近年、太陽光の弊害が叫ばれるようになり、太陽光（特に紫外線）から体を守るという考えが広く一般に浸透していく一方で、太陽光の本来の重要性に着目した活動も行われています。欧米を中心に日照時間が短くなる冬季にはうつ病（季節性うつ病）が増えることが報告されていますが、太陽光、特に朝日を浴びることによって一日の生理的なリズム（サーカディアンリズム）が整うことから、不眠の緩和や痴呆性夜間徘徊の改善、さらには、日常生活の質（ＱＯＬ：Quality of Life）の改善を目的に積極的に光を利用する試みも行われています。

私たち人間の体が持つサーカディアンリズムは、一日二四時間（地球の自転）より一時間多い二五時間です。この一時間の差（余裕と言った方が適当かもしれません）は、朝日を浴びることで調整されると言われています。しかしながら前述しましたように、太陽光には紫外線に起因する弊害もありますので、その状況や目的に合わせてうまく太陽光を利用していくことが大切です。光によるサーカディアンリズムの調整においては、最近、紫

雪盲
スキー場などで強烈な太陽光により眼球の視神経や水晶体などにダメージを受けて視力が著しく低下する症状のことで、早急の手当てが必要である。なお、サングラスの使用により予防できるので必ず、サングラスの使用を心がける。

外線をほとんど発生しない人工光の利用が行われており、注目を集めています。

6　紫外線の肌への影響と生理反応

次に太陽の光について詳しく見てみましょう。太陽光を波長で大別してみると私たちが日常色として眼に見える部分、約400ナノメートルから700ナノメートルの波長（1ナノメートルは、1ミリメートルの100万分の1の長さ）を可視光と言います。この可視光の波長よりも長い波長域を赤外線*と言いますが、この領域の波長のものは体に当たると深部まで浸透し、熱を発生する性質があるので、血流を高める効果が知られています。現在では、医療機関で関節痛や腰痛の痛みを和らげる療法として広く利用されていますので、病院などで利用された方も多いと思います。

一方、短い波長の領域を紫外線と呼びますが、これは赤外線に比べ、私たちの体への利点よりも害の方が問題です。紫外線はその波長によって、短い方から紫外線C（波長280ナノメートル以下の波長域）、紫外線B（波長280～320ナノメートルの波長域）、さらにもっとも長い紫外線A（波長320～400ナノメートルの波長域）の三種類に分けられています。また、波長の短いほど私たちの体への悪影響は強く、特に紫外線Cは私たちの体を作り上げている細胞へ強いダメージを与え、死に至らせるほどの作用がありますが、幸いなことに地球の大気、特にオゾン層がそれらを吸収・反射するため、地表には到達せず私たちの体に直接的な影響はありません。そのため実際私たちの生活や体に影響を与えているのは、紫外

赤外線
色として認識できないので、赤外光というよりも赤外線と言われる。

線BおよびAということになります。紫外線Bは短時間で皮膚にダメージを与えますが、海や山で遊んだ時に一日で皮膚が赤く日焼けするのは、この紫外線Bの影響によるものです。なお、紫外線Aは、紫外線Bのような急激な日焼けは起こしにくいのですが、エネルギーとしてはBの数十倍もあり、波長が長いために皮膚の深部にまで到達し、真皮線維を変性させることが明らかになってきました。最近では、この紫外線Aがシワやたるみといった肌の老化を促進しているということがわかってきました［Tsukahara et al., 2004］。

ところで、どうして紫外線が肌に当たると皮膚が黒くなるのでしょうか。その生理現象を解明するために、これまで世界中の研究者が調査をしてきました。生化学の発展、評価技術の進展などにより、一九八〇年代になってメラニン合成を促進する生理活性物質の候補がいくつか見出され、その最有力候補は当時すでに炎症起因物質として注目されていたプロスタグランディンでした。すなわち、長時間太陽光に当たると皮膚が赤くなる、水疱ができるなどの皮膚炎症にも、プロスタグランディンが関与していると考えられました*。しかしながら、その後、①培養したメラノサイトや癌化細胞の培地にこれらの成分を加えてもメラニン産生にほとんど変化がない、②日焼け後に肌が黒化した部位やシミになってしまった部位に炎症を強力に抑える成分（抗炎症成分）であるインドメタシンや抗ヒスタミン剤を塗布してもあまり効果がない、③炎症は数日から一週間ぐらいの比較的短時間で回復するのに対し、肌の黒化とその後のシミは長期間継続してしまうことが説明できない、などの理由からこれらの成分の関与が疑問視されました。

一九九〇年に入って私どもは、エンドセリンというペプチドホルモン*が、紫外線、特に

*それ以外に、ヒスタミンなど他の炎症関連成分も、メラニン合成の活性化→肌の黒化に関与する成分として考えられた。

ペプチドホルモン

アミノ酸が数個から数十個連なったホルモンのこと。エンドセリンは、二一個のアミノ酸がつながった構造をしたペプチドホルモン。

紫外線Bによる肌の黒化に関与していることを明らかにしました。エンドセリンは、その二年前、当時つくば大学に在籍されていた柳沢博士らにより、血管内皮細胞が産生する強力な血管収縮ホルモンとして発見されました［Yanagisawa et al., 1988］。その当時、どのような時にこのホルモンが血管内皮細胞から産生されるかは明らかではありませんでしたが、発見当時より高血圧の原因成分ではないかと注目を集め、このホルモンの作用を抑制する成分（下圧剤：血圧を下げる薬剤）のスクリーニング（ふるい分け）が多くの製薬メーカーや研究者によってなされました。

一方、私たちは、紫外線により炎症が起こった時に血管からこのホルモンが産生され、産生されたエンドセリンがメラノサイトを刺激することで、メラニンの合成やメラノサイト自身の増殖が促進されるのではないかと推察しました。そこで、ヒトメラノサイトの培地に10～100ナノモラー（nM）程度の低濃度エンドセリンを加えて培養したところ、メラノサイト自身の増殖の促進とメラニン合成が活性化されることを初めて確認することができました［Yada et al., 1991］。そこで、次に紫外線による肌の黒化を検証するため、メラノサイト自身や血管内皮細胞、さらには表皮の細胞であるケラチノサイトなどの細胞に紫外線を当てて培養し、その培養液をメラノサイトの培地に添加してメラニン合成や増殖に対する影響を調べたところ、ケラチノサイトに紫外線Bを当てた後の培地を加えた時だけ、直接エンドセリンを加えた時と同様にメラノサイトの増殖とメラニン合成を促進しました。その後、詳細な解析を進めたところ、以下のようなことが明らかになりました［Yada et al., 1998］。

紫外線Bが皮膚に当たると皮膚表面、表皮を形成する細胞ケラチノサイトからインターロイキン1という成分が産生されます。この成分は、産生したケラチノサイト自身を刺激*することでビックエンドセリンという不活性の前駆体が産生され、これが活性型のエンドセリンになります。この成分がメラノサイトの細胞表面にあるエンドセリン受容体（R）に結合し、その刺激が細胞内に伝達されることで、最終的にメラノサイトの増殖とメラニン合成が促進されます。その後、この一連の反応が細胞レベルだけでなく、人でも起こっていることが明らかになりました。それらを**図5**に示します。このように個々の細胞の機能がまわりの細胞の機能にも影響を与え合うことで、細胞同士の連携（細胞間情報伝達システム）がうまくバランスを取りながら組織としての機能を発揮し、さらには生体としての営みを何十年にもわたって維持しているという機構の巧みさには、改めて驚嘆するばかりです。

＊生理活性成分を産生した細胞自身が、その産生された成分によって活性化される反応で自己活性化反応、オートクリン反応とも言う。

7　男性の肌ケアについて

冒頭でも述べましたように、歴史的に見て男性の化粧や着飾る行為は宗教上、あるいは権威の象徴としても重要な意味を持っていました。ぜひ現代でも、男性にも自分自身の健康維持の意識と同じように肌へのケア、すなわちスキンケア意識を持っていただき、スキンケアは自分自身で始められる健康管理のための重要な第一歩になることを理解していただきたいものです。女性に比べ、男性はどうしても、自分の肌に触れたり、見たりする機

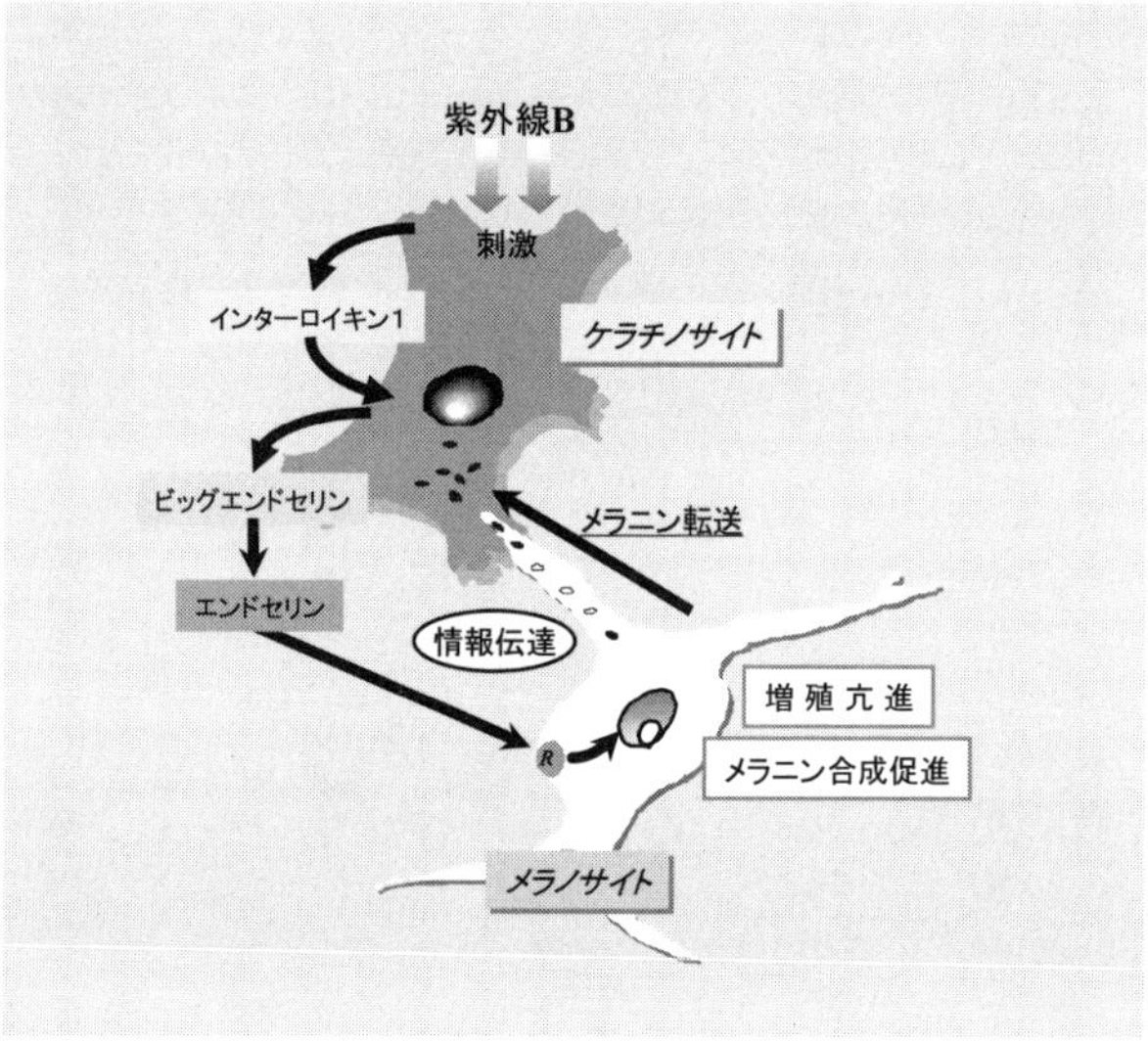

図5　紫外線Bによるメラニン合成促進作用

会が少ないですし、紫外線や乾燥に対しても無頓着な方が多いようです。例えば、男性は男性ホルモンの作用によって皮脂の分泌が多いために、あまり肌のかさつきを感じにくいはずなのですが、スキンケアをしている同世代の女性よりも肌がかさついていることがよくあります。それでは、どのようにスキンケアをすれば良いのでしょうか。しっかりしたケアをいきなり行うのは、大変ですし、なかなか継続できないものです。自分自身で行える方法で始めて、継続することが何より大切なことです。まず、紫外線対策や肌のかさつきに注意して生活を見直してみることから始めてみましょう。例えば、日常外出するときは、ＳＰＦ*20程度の紫外線防御効果を持つ紫外線吸収剤入りのスキンケア品を使用する、釣りやゴルフなど長時間外で過ごす場合は、ＳＰＦ50程度の紫外線防御能の高いものを使用する（初めて使用したり、肌トラブルが出やすい人は、紫外線吸収剤が配合されておらず無機粉体で紫外線を防御する子ども用のスキンケア品を使用する）ことなどに留意することが大切です。また紫外線への対策は、夏季だけと考えている方も多いようですが、冬季でも日中は夏季の50〜60％程度の紫外線がありますし、春秋季は、気候が良いため長時間外での活動ができますので、肌への総紫外線量は、結局、夏季よりも多いことになります。そのような意味からも、紫外線対策は一年を通して行うべき大切なケアです。

また、肌のかさつきについては、洗顔直後に保湿性の高いスキンケア品（女性や子ども用のものでも構いません）を使用することが大切です。基本的に肌のかさつきに対するケアには、男女差はないと言えます。また、加齢とともに身体、特に手指部や脛部のかさつき、かゆみ（かさつきによる刺激がかゆみを増長します）が悪化しますので、顔ばかりで

ＳＰＦ
Sun Protection Factorの略。紫外線Ｂの防止効果を表す数値で、当該の薬剤を使用した上で直射日光にさらされ続けて、皮膚に紅斑（こうはん）ができるまでの時間と、何も使用しないときに皮膚に紅斑が現れるまでの時間の比から算出される。通常、夏の海辺で日光浴をした時、何も塗らないと二〇〜二五分で肌は赤くなり始めるが、たとえばＳＰＦ43の日焼け止めなら、きちんと塗って二〇〜二五分×四三倍で約一四〜一八時間、肌が赤くなるのを防ぐことができる。

なく、身体での保湿ケアも大切です。かさつきがひどい場合は、洗顔料や全身洗浄剤をより低刺激のものに変えるとか、化繊でできた洗いタオルは避けること、また、保湿性の高い乳液やクリームなどを使用することなどが大切です。また、症状が悪化したり、ひどい場合は、皮膚医などの専門医を受診しなければなりませんが、日頃からいろいろ相談できる専門医を持つことも肝要です。このように男性のスキンケアを見てみますと、基本的には女性や子どもたちへの対応となんら変わらないということが判っていただけると思います。男性だから皮膚が強固ということはなく、加齢にともなって乾皮症や尋常性角化症などの発生リスクも高くなりますので、このような疾患の予防のためにも日頃からのスキンケアに心がけましょう。

8 まとめ

これまで述べてきましたように、肌のお手入れをすること、また紫外線や乾燥から肌を守る習慣を身につけることは、肌の生活老化を食い止め、シワやシミのない美しい肌を保つのに大切なばかりでなく、肌のトラブルの予防、身体の健康の維持、さらには生活のハリや気分転換など、日常生活の質の向上にも大きく貢献することと思います。これまで肌のお手入れや健康を考えたことがなかった方は早速、ちゃんとやってきたと思われる方も改めて、ご自身の肌の健康を見直し、肌のお手入れを行っていただきたいと思います。自分自身の肌は、健康のバロメーターなのですから。

（矢田幸博）

引用・参考文献

Desai, N.N. et al. 1993 Signaling pathways for sphingosylphosphorylcholine-mediated mitogenesis in Swiss 3 T 3 fibroblasts. *J. Cell. Biol.,* 121, 1385-1395.

Hara, J. et al. 2000 High-expression of sphingomyelin deacylase is an important determinent of ceramide deficiency leading to barrier distruption in atopic dermatitis. *J. Invest. Dermatol.,* 115, 406-413.

Higuchi, K. et al. 2000 The skin of atopic dermatitis patients contains a novel enzyme, glucosylceramide sphingomyelin deacylase, which cleaves the N-acyllinkage of sphingomyelin and glucosylceramide. ***Biochem. J.,*** 350, 747-756.

Imokawa, G. et al. 1999 Sphingosylphosphorylcholine is a potent inducers of intercellular adhesion molecule-1 expression in human keratinocytes. *J. Invest. Dermatol.,* 112, 91-96.

川島 眞　2005　教育セミナー『アトピー性皮膚炎のスキンケア』日本アレルギー学会第55回秋期学術大会

小島信俊　1999　『大「顔」展　図録』　読売新聞社　29p.

Murata, Y. et al. 1996 Abnormal expression of sphingomyelin acylase in atopic dermatitis：An etiologic ceramide deficiency? *J. Invest. Dermatol.,* 106, 1242-1249.

高木 豊　2003　「角質バリア機能からみたアトピー性皮膚炎と製品開発の展望」『フレグランスジャーナル』第31号　34-40p.

Takagi, Y. et al. 2000 A stimulator of ceramide production eucalyptus extract improves cutaneous barrier and water holding function. *J. Invest. Dermatol.,* 114, 795-799.

Tsukahara, K. et al. 2004 Ovariectomy is sufficient to accelerate spontaneous skin ageing and to stimulate ultraviolet irradiation-induced photoageing of murine skin. British *J. Dermatol.,* 151. 984-994.

Yada, Y. et al. 1991 Effects of endothelins on signal transduction and proliferation in human melanocytes. *J. Biol. Chem.,* 266, 18352-18357.

Yada, Y. et al. 1995 Purification and biochemical characterization of membrance-bound epidermal ceramidases from guinea pig skin. *J. Biol. Chem.,* 270, 12677-12684.

Yada, Y. et al. 1998 Endothelins secreted from human keratinocytes are intrinsic mitogens for human melanocytes. ***Peptide Science,*** 121-124.

Yanagisawa, M. et al. 1988 A novel potent vasconstrictor peptide produced by vascular endothelial cells. ***Nature,*** 332, 411-415.

第4章　加齢に即した運動指導と脳の健康

1　はじめに

人は誕生から成長、老化、そして最後は死、という避けられない過程をたどります。特に中高年以後の老化過程では、さまざまな疾患や機能的な低下・失調に遭遇するため、若年の段階からこれらをできるだけ食い止めようとする抗加齢（アンチエイジング）という考え方も提唱されています。一方、実際に年齢を重ねた高齢者では、大方が何らかの疾患を有し、疾患と付き合いながら日々を過ごしているか、ないしは何らかの疾患から回復した人がほとんどです。逆に何の健康上の問題もなく高齢期に至る人はきわめて稀《まれ》であるとも言えます。種々の生理的・精神的機能は多かれ少なかれ加齢によって低下しますが、特に有疾患者が疾患を理由に非活動的な生活を続けると、加齢による機能低下に上乗せして廃用性の機能低下が引き起こされることとなり、生活の質や活動能力が著しく低下してしまいます。このことから、近年では健常な高齢者はもとより、糖尿病や高脂血症などの生活習慣病、認知症やパーキンソン病などの神経系疾患、および骨粗鬆《しょう》症の患者などにも何らかの習慣的な運動実施が推奨されています。運動の種類も生活習慣病予防を主眼とした有酸素性運動に加え、日常生活動作を余裕を持って行うための抵抗運動、転倒予防を意図した運動などさまざまに発展してきています［藤田・鈴木、2005／辻ほか、2000］。本項では、近年の中高年者に対する運動指導の現状や注意点、および運動の効果について、最新の情報も含めながら解説します。

2　高齢者の生理的および運動機能的特性

人のさまざまな生理的機能は、一般に二〇～三〇歳の間にピークを迎え、その後、加齢とともに徐々に低下していきます。この生理的機能低下は、ある水準以下に達すると日常生活上の活動能力低下に直結し、いわゆる生活習慣病や種々の疾患の危険因子とも関連します。**図1**は、平成一一（一九九九）年の国民栄養調査の結果から、生活習慣病である肥満、高脂血症、高血圧、および高血糖の罹患率を年代別に示したものです［健康・栄養情報研究会、2001］。いずれも加齢とともに罹《り》患率は上がっていきますが、六〇歳代以上の高齢者に着目すると、肥満者が二～三割、高脂血症が約五割、高血圧が約六割、高血糖が約三割存在していることがわかります。この傾向は現在もほぼ同様であり、糖尿病が疑われる高血糖者の人口はむしろ増えているとも言われています。また、一般に五〇歳頃から年間数％の割合で骨量の減少が進行しますが、骨粗鬆《しょう》症患者は現在国内約一、〇〇〇万人以上と考えられており、百数十万人にも達する寝たきりの人口の何割かの主因が骨粗鬆《しょう》症による大腿骨頚部骨折です。このような加齢にともなう有疾患者人口の増大は、健康度全

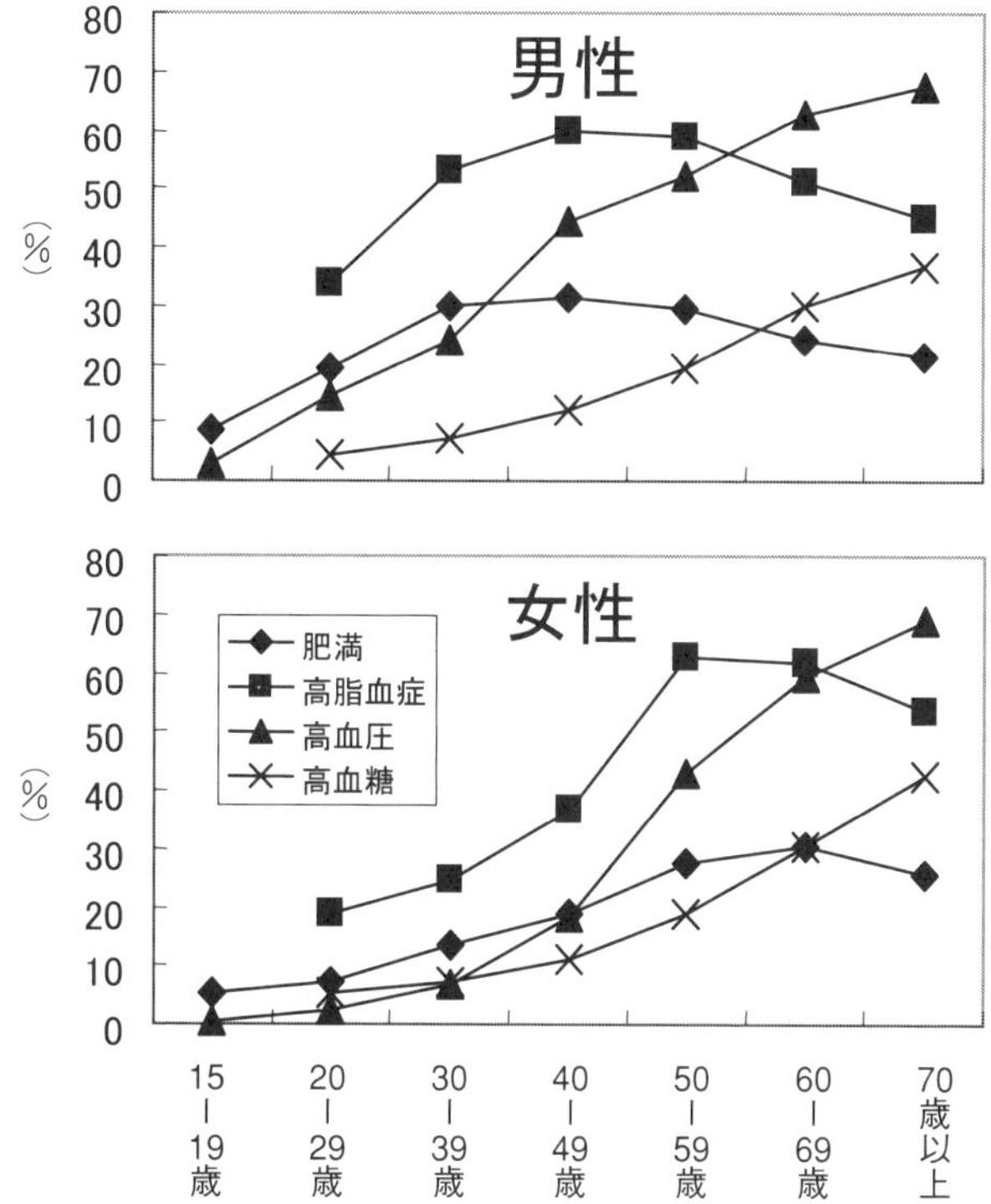

図1　日本人の性別年齢別の生活習慣病罹患率（平成11年度国民栄養調査の結果より）

般が加齢によって低下傾向をたどることと同時に、高齢者では健康度の個人差が大きいことも意味しています。すなわち、若年者層に比して、高齢者の集団は健康度や疾患リスクの均質性が大きく低下した集団であると解することができます。また高齢者では、疾患を有していてもその症候が目に見えて現れてこなかったり、症状が非定型的であったり、ということもしばしばです。近年、肥満（内臓脂肪の蓄積）、高脂血症、高血圧、高血糖をあわせ持つと、たとえそれぞれの症状が比較的軽度であっても脳や心臓血管系の疾患を発症するリスクがきわめて高くなるメタボリック・シンドロームという考え方が提唱されています。また血圧では、たとえ日中の血圧が正常であっても、朝の起床時頃に顕著な血圧上昇がもたらされる〝早朝高血圧〟や、夜間睡眠中の血圧降下のない〝ノン・ディッパー〟などで同様に脳や心臓血管系疾患を発症するリスクの増高することが確認されています［苅尾、2005］。このように、高齢者の健康度や運動実施に際しての安全性を判断する上では、主観的評価および客観的な医学検査結果の両者とも完全でない場合があり、十分に慎重を期する必要があります。

生理的機能や健康度の個人差が大きいことと同様に、高齢者では運動機能の個人差も大きいことが重要な特性の一つです。**図2**は、五〇～八〇歳代の男女計一、四五六名について、握力、および「椅子から立ち上がって目印を歩いて回り、再び椅子に着席する」という動作を四回繰り返した際のタイムを測定した結果です。加齢にともなってどちらの成績も低下する傾向が見て取れますが、それ以上に、特に六〇歳以上の年代における結果のばらつきの大きいことが印象的であり、同年代で最大値に対する最小値の比率が倍～数倍に

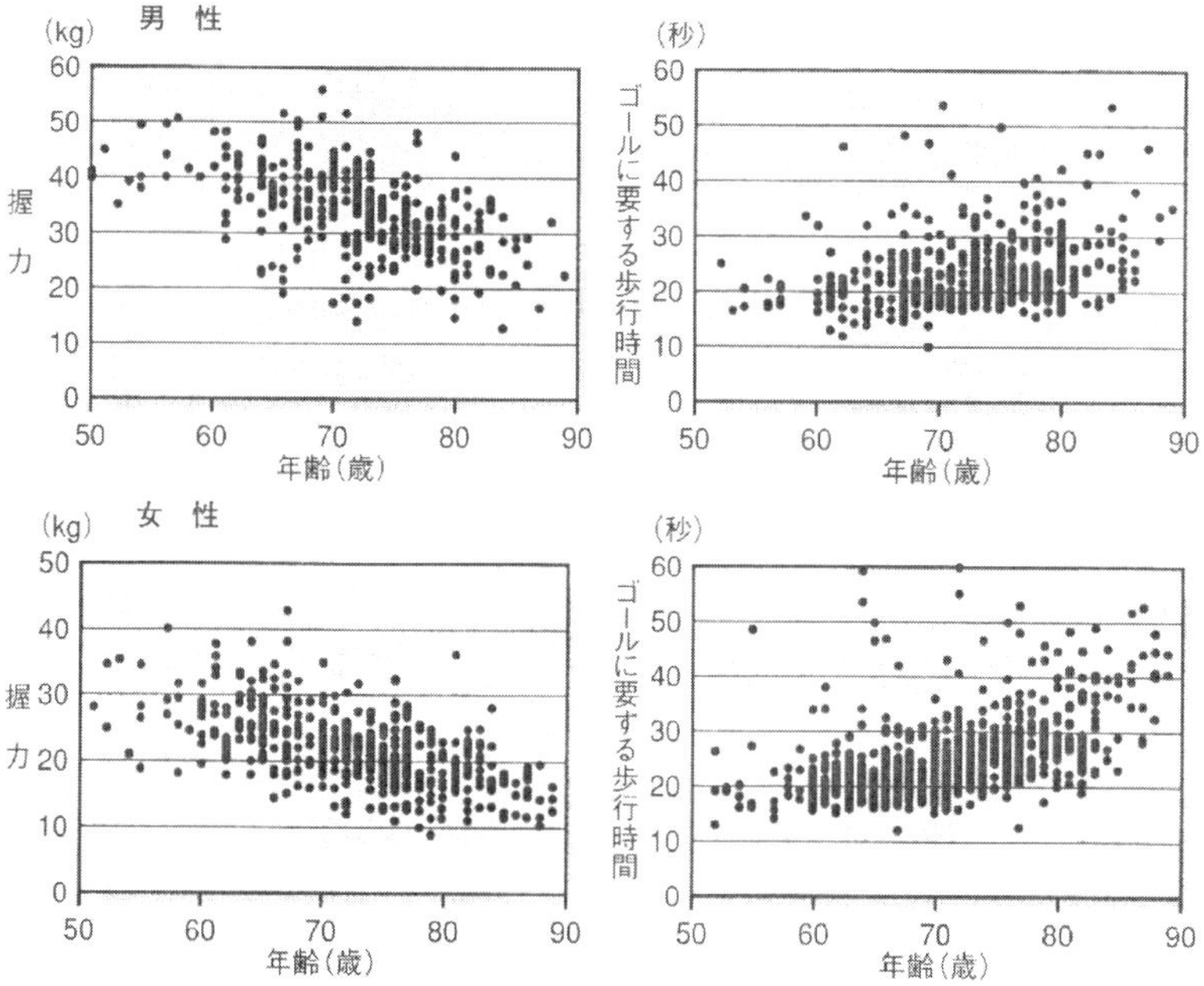

図２　中高年者の握力、歩行時間の成績の個人差

まで及んでいます［重松、2004］。このことは、高齢者に対して運動指導を行う際、画一的ではなく、個人の状態に応じた内容に調整する必要性を強調するものです。

運動機能は、筋力、筋持久力、全身持久力、敏捷《しょう》性、平衡性、柔軟性、および協応性などの要素により構成されますが、加齢によるこれらの機能低下は一様ではありません。**図3**は種々の体力測定項目の加齢にともなう成績低下を示したものです［池上、1995］。二〇歳時の成績を100として示してありますが、最も低下の顕著な項目は閉眼片足立ちであり、五〇歳で二〇歳の40％、七〇歳になると二〇歳の20％程度にまで成績が低下しています。この成績低下は、加齢にともなう平衡機能の低下、および大腿部や下腿部の筋力低下によるものであり、高齢者における転倒事故の発生と直接的に関与する事項です。一方、**図3**の中で最も加齢による低下の少ない項目は握力であり、六〇～七〇歳でも二〇歳時の約八割が維持されています。加齢にともなう筋機能の低下は、一般に上肢よりも下肢において顕著であり、このことは「人は足から老化する」と言われる所以《ゆえん》です。また加齢にともなって筋線維の萎縮が引き起こされますが、その特性として遅筋線維*よりも速筋線維*において萎縮の程度が顕著なため、高齢者では動作の素早さや力強さが失われていきます。これらのことは、**図3**における脚筋力、垂直跳、および反復横跳の成績低下（六〇～七〇歳にかけて二〇歳時の50～70％に低下）として確認できます。高齢者の日常生活上における活動能力としては、歩行機能が重要な意味を持ちますが、歩行機能を支える重要な役割を担うのが、腰椎と大腿骨近位部をつなぐ大腰筋です。大腰筋は、下肢の振り上げ動作の主働筋であり、その他にも背骨を支えて姿勢を維持する役割も果たしています。大腰筋

遅筋線維
筋線維の中で、収縮速度は遅いが持久性の高い特性を有するもの。

速筋線維
筋線維の中で、収縮速度が速く、発揮筋力も大きいもの。

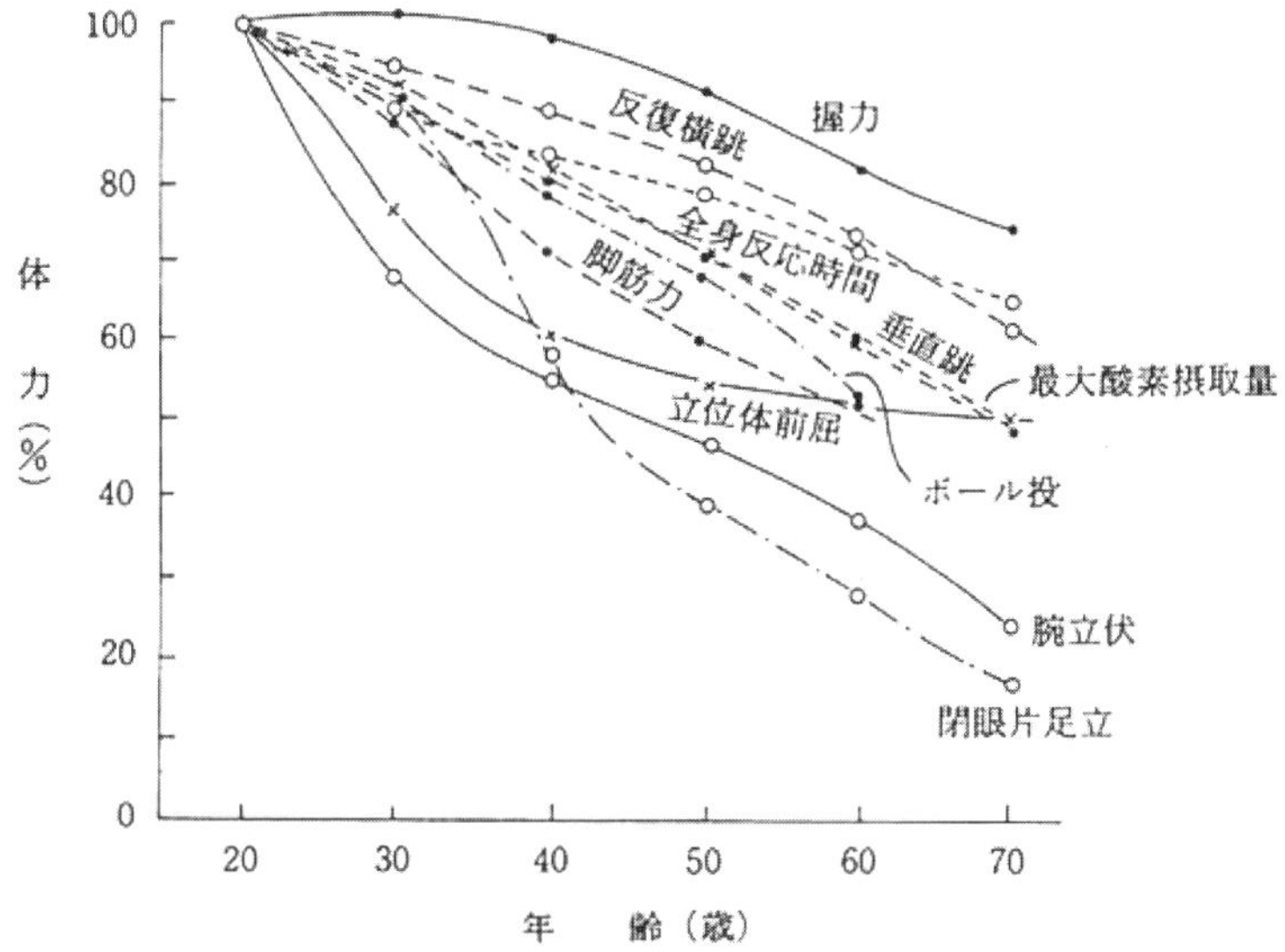

図 3　加齢にともなう種々の体力測定項目の成績低下

の萎縮は、歩行中の歩幅の短縮（歩行速度の低下）や転倒リスクの増大をもたらしますが、二〇歳台に比して六〇～七〇歳台では約70～50％にまで低下することが報告されています［金ほか、2000］。また加齢にともなう大腰筋の萎縮を食い止めるには、日常の歩行運動やジョギングなどの有酸素性運動だけでは不十分なことが確認されており［Kuno et al., 1994］、立位での下肢の振り上げ動作や仰臥位《ぎょうが》での下肢の挙上など、大腰筋を刺激する筋力トレーニングが必要であることも指摘されています。

加齢にともない、肺活量や最大酸素摂取量*などの呼吸循環系機能も低下しますが、運動時の安全管理上における重要事項として、加齢にともなう最高心拍数の低下があります。運動時の心拍数は運動強度に応じて変化しますが、その最高値は概《おおむ》ね「220－その人の年齢」の式に従っています。従って同じ運動時心拍数であっても、高齢者は若年者に比して最高心拍数に対する心拍数の余裕が少なく、すなわち相対的な運動強度が高いことになります。運動中の状態を管理する手段として心拍数のモニターはよく行われますが、対象が高齢者の場合にはこの点の留意が必要で、安全上は予測最高心拍数の85～90％を超えないようにするべきでしょう。また、高血圧症の方が降圧薬としてβ遮断薬*を服用している場合には、運動による心拍数の増加が抑えられてしまいます。この場合には、主観的運動強度（**図4**）を用いて運動強度を無理のないものに調節します。

安全管理上のもう一つの重要事項として、高齢者における体温調節機能の低下があります。運動により産生される熱量は、皮膚血管の拡張を介した皮膚表面からの放射と対流、および発汗した汗の蒸発による気化熱の二つの手段によって放散されますが、高齢者では、

最大酸素摂取量
一分間に消費できる酸素の最大量。自転車エルゴメーターやトレッドミルなどで疲労困憊にいたる負荷漸増運動を実施し、その際の呼気ガス分析から算出される。全身持久性の指標として用いられる。

β遮断薬
心臓の働きを亢進させる交感神経の作用を抑え、心臓の拍動量を減少させることによって血圧低下を図る薬。プロプラノロールなど。

20	
19	Very,very hard（非常にきつい）
18	
17	Very hard（かなりきつい）
16	
15	Hard（きつい）
14	
13	Somewhat hard（ややきつい）
12	
11	Fairly light（楽である）
10	
9	Very light（かなり楽である）
8	
7	Very,very light（非常に楽である）
6	

図4　主観的運動強度

この両者とも機能低下が引き起こされます。さらに環境温度を自覚する能力や、脱水を自覚する能力も低下しているため、暑熱環境下や運動時における熱中症*の発症リスクが高くなります。また高齢者では、寒冷環境に対する体温調節反応である皮膚血管収縮の応答性が遅くなることと、寒さを自覚する能力が低下するため、偶発性の低体温症*の発症リスクも高くなっています。日本の高齢者は寒冷時に暖房を利用せず、厚着をすることで対処する傾向の強いことが特徴ですが、10℃を下回るような環境では、厚着をしていても頭部・顔面部の冷却により心臓血管系に負担のかかった状態になるため、着衣の調節よりは暖房を用いるべきです。その他日本で問題となっているのは、風呂やトイレなど衣服を脱ぐ場所の気温が冬季に特に低いことであり、高齢者の場合には、心臓血管系の事故予防のためにこれらの場所の室温にも配慮した住環境の整備が必要になります。

熱中症
暑熱環境や運動によって引き起こされる高体温下で体温調節機能が失調することにより引き起こされる疲労、めまい、嘔吐、けいれんなどの症状で、重篤な場合には死に至る。

低体温症
深部体温が三五度以下に低下し、運動機能や思考能力の低下、意識混濁を経て、加温措置がとられないと死に至る。

3　高齢者に勧められる運動とその際の一般的留意点

上述したような加齢にともなう生理的機能および運動機能低下を考慮すると、高齢者に運動指導する際の一般的な目的として、①生活習慣病危険因子（肥満、高脂血症、高血圧、高血糖）の低減、②充実した日常生活を送るための運動能力の向上、③骨量の維持・増加、④転倒予防、などがあげられます。これらを達成するためには、有酸素性トレーニング*、筋力トレーニング、バランストレーニングなどを、各個人の必要性に応じて組み合わせながら実施していくことになりますが、特に目的①には有酸素性トレーニング、目的②と③

有酸素性トレーニング
ジョギング、ウォーキング、水中運動など一定の運動強度で数分以上継続できるような運動を有酸素性運動（aerobic exercise）と称するが、そのような運動を用いたトレーニングのこと。

には筋力トレーニング、目的④にはバランストレーニングがほぼ対応します。それまで運動習慣のない中高年者が習慣的な運動を開始する場合には、原則的に医学検査の実施（身長、体重、血圧、心電図、肺機能、尿検査、血液検査など）、および必要に応じて医師による精査が必須となります。その結果から、どの程度の運動が実施可能でかつ必要なのか判断されることになりますが、対象の体力・健康度の状態から、①体力的に良好な者、②体力的に不良で不健康ではあるが自立している者、③体力的に不良・虚弱で不健康であり自立できない者、の大きく三種類に分けて考えられることになります［WHO, 1997］。特に②と③に該当する高齢者の場合には、健康運動指導士や健康運動実践指導者などの専門家のアドバイスを受けたり、専門家の立会いの下で運動を行うことが勧められます。またこれら専門家には、医学検査の結果や自覚症状、および服薬に関する情報を知らせておく必要があります。

運動処方の内容は、実施する運動の種類、時間、強度、頻度、および月単位や季節単位の長期的な運動プログラムの検討、の主に五つの観点から構成されます。一回の運動は、運動前の体調の確認から、ウォームアップ（一〇〜二〇分）→主運動（約三〇分）→クールダウン（約一〇分）という流れが一般的ですが、運動に対する慣れや実施する運動の内容などにより、主運動の時間はより短い場合も逆に長い場合もありえます。体調の確認では、前夜の睡眠、当日の体調、痛み・めまいなどの自覚症状、および食事摂取状況を確認し、可能なら安静時血圧および体重を測定します。安静時血圧は収縮期が140ミリハーゲ（mmHg）、ないしは拡張期が90ミリハーゲを超えると高血圧と判断されますが、運動時には収縮期血圧が200ミリハーゲ前後まで上昇することも稀《まれ》ではありません。血圧は種々の要因の影響を受けますが、心血管系の事故発生を考慮すると、運動前の安静時血圧が収縮期で180ミリハーゲ、ないしは拡張期で110ミリハーゲを超える場合には、その日の運動は見合わすべきです［Goldberg & Elliot, 1994］。体重は、運動の前後で測定すると脱水予防の目安にできます。高齢者は若年者よりも脱水傾向にあり、運動中の脱水の進行に対する自覚も少ないため、運動中には意図的に水分補給を心がける必要があります。使用する体重計の精度にもよりますが、運動後の体重が運動前と同じか数百グラム程度増えるように水分補給をしていれば、脱水の心配はないと言えます。

　ウォームアップでは、まず上肢、下肢、体幹部の全身を徐々に動かしながら、身体の各部に変調がないか確認していきます。そして、歩行、自転車エルゴメーター、簡単なダンス・体操などの低強度の全身運動を実施しますが、運動中に楽に会話ができる程度の強度を目安にします。このことは、運動が有酸素性のエネルギー供給過程でまかなえる強度（無理なく運動を持続できる強度）であることを意味し、より高い強度で筋中に乳酸が蓄積すると、換気量が増大するため会話に困難をきたすようになります。この運動を数分～一〇分程度行い、やや身体が温まった後に主運動で使用する部分や関節可動域を大きくする目的のある部分のストレッチをします。これら一連のウォームアップは、主運動開始時の心血管系の負担を軽減することと同時に、主運動の前に各自の当日の体調をチェックする上でも重要です。主運動は、先述した有酸素性トレーニング、筋力トレーニング、バランストレーニングなどのいずれか、ないしは複数を本人の状態および必要性に応じて行いますが、その際の注意点として、痛みや異常に気を配りながら実施すること、および、特に暑い時や有酸素性運動の実施時には水分補給をこまめに（二〇〜三〇分に一回、コップ一杯弱程度）することがあげられます。また毎回の運動の内容（有酸素性トレーニングの場合には種目、時間、主観的強度、心拍数など。抵抗トレーニングの場合には種目、回数、セット数、主観的強度など）を記録しておくと、トレーニング効果が自覚でき、運動実施への動機付けの向上が期待できます。主運動後のクーリングダウンでは、有酸素性運動の後には、心臓への静脈環流量*が急減しないように徐々に安静状態への回復をはかり、数分間で心拍数が概《おおむ》ね一〇〇拍／分以下になるように運動強度を漸減していきます。主運動が抵抗運動の場合にも、やはり数分間の低強度の有酸素性運動を実施し、使用して張りのある筋肉から乳酸などの疲労物質の除去をはかります。その後、いずれの場合にもストレッチを行いますが、クーリングダウン時のストレッチでは、筋肉が十分使用されて温まっているため、少し強めのストレッチを行うことも可能です。その後、運動終了後の体調チェックを行って、一回の運動が終了となります。

運動習慣のない高齢者が運動を始める場合、最初の数回の運動は導入期としてウォームアップからクーリングダウンに至る流れの把握や、ストレッチの方法・注意点、各運動の正しい動作の習得などに主眼を置くようにします。その後、徐々に主運動の量や強度を増していきますが、最終的に、有酸素性トレーニングでは一回二〇〜三〇分以上の運動を週二〜三回、筋力トレーニングでは一回について下肢を中心とした四種目程度（一〇〜一五回反復できる強度の二〜三セット）を週一〜二回の頻度で実施することを目標にするのが

静脈環流量
静脈から心臓に帰る血液の量。運動中は下肢の筋がポンプ作用をして十分な量が心臓に帰ってくるが、運動を急に止めると拡張した下肢の静脈に血液が貯留して静脈環流量が減り、拍出される血液量が低下して貧血状態を来たすこともある。

一般的です。筋力トレーニングは、マシンを用いたもの、バーベルやダンベルなどを用いたもの、特に器具を使用せずに自分の体重を利用して行うものなど、さまざまな内容を準備することが可能です。高齢者の場合、関節痛他の理由で実行が困難な種目が出てくることもしばしばですが、その際、目的とする筋肉を使用するその人なりの別メニューを工夫することが大切になります。バランストレーニングは、転倒予防を意図した運動であり、つま先立ち、踵《かかと》立ち、片足立ち、後ろ向き歩行など、特別な器具がなくてもできるものや、ウレタンなどの素材を用いた柔らかいマット上を歩行したり、柔らかいボールの上に座ってバランス感覚を養ったりする器具を利用したものなどがあります。これらの実施にあたっては、転倒しないように補助者を準備したり、支えとなる椅子や壁の近くで行うなど安全確保が必要です。また最近、高齢者の転倒原因の一つとして不眠が指摘されており、長期不眠の高齢者では、そうでない高齢者に比して転倒の発生率が一・五倍を超えると報告されています［Avidan et al., 2005］。一方で、不眠治療に使用される睡眠導入剤は、長時間作用型の薬剤では起床後の持ち越し効果として、ふらつき、脱力、頭重感がもたらされるため、この点からも転倒に対する注意が必要となります。

4　高齢者の脳機能に対する運動の効果

加齢にともなう生理的機能および運動機能の低下については上述しましたが、脳機能においても情報処理速度が低下するとともに、作業記憶*、行動の計画性、行動の抑制、およ

作業記憶
ワーキングメモリーとも呼ばれ、短期記憶を一時的に保持しながら思考・判断する能力のこと。

び注意の維持などの実行調節系（executive control）と総称される脳機能が低下します。脳機能低下が進行し、日時、場所、人の認識などの障害（見当識障害）や記憶障害を主たる症状として示す疾患が認知症（痴呆症）ですが、現在、日本国内の認知症患者数は二〇〇万人にも迫ろうとしています。また高齢者では、種々の疾患の発症、退職、近親者の死などをきっかけに、うつ病を発病する場合もあります。うつ病はどの世代でも人口の３～５%存在すると言われていますが、高齢者では、うつ病と認知症の共通の症状である意欲の低下が現れやすいために、うつ病を認知症と誤認することが多いのと同時に、認知症の半数がうつ病を合併するとも報告されています［Lyketsos & Olin, 2002］。

このような脳の問題に対する身体運動の影響については数多くの報告があり、運動習慣のある高齢者と無い高齢者を比較した横断的研究では、反応時間などの認知機能において運動習慣の効果が確認されています［Etnier et al., 1997］。一方、運動トレーニングの前後で脳機能を評価した縦断的研究では、トレーニングの期間や内容、対象の特性（年齢、健康状態など）、評価に用いた指標などにより、必ずしも運動の効果を認めていない報告もあります。縦断的研究の結果から認知機能向上の有効性が確認された運動様式は、有酸素性トレーニングです。有酸素性トレーニングは、肥満、高血圧、糖尿病などの生活習慣病の予防・治療に有効ですが、関連する研究を包括的に検討した結果から、有酸素性トレーニングが特に加齢によって低下する脳の実行調節（executive control）機能を向上させるのに有効とされています［Colcombe & Kramer, 2003］。また同論文から、このような有酸素性トレーニングの効果は、①ウォームアップとクールダウンを含む一回の運動セッションが三〇分以上で、②有酸素性トレーニングに加えて筋力トレーニングや柔軟性トレーニングを実施すると、より顕著であることも示されています。

運動習慣と認知症の関連についても、近年、興味深い知見が報告されています。一九九〇年に七〇～九〇歳の高齢者を対象として身体活動の実施状況調査と認知機能評価（MMSE：Mini-Mental State Examination と呼ばれる認知障害の評価テストを用いています）を実施し、その一〇年後の二〇〇〇年に存命だった二九五人に同様の調査・評価が実施されました［van Gelder et al., 2004］。身体活動の実施状況は、散歩、サイクリング、庭いじり、農作物栽培、スポーツ、アルバイトや趣味活動などを調査するアンケートから運動時間と運動強度を推定し、一九九〇年における運動時間と運動強度でグループ分けをした場合、および一九九〇年から二〇〇〇年にかけての運動時間の増減、および運動強度の増減でグループ分けをした場合のMMSE得点の変化について検討されています。**図5**にその結果を示しますが、一九九〇年の段階ではMMSE得点に運動時間や運動強度の影響は認められません。二〇〇〇年にかけて、MMSE得点は全般に低下し、加齢による認知機能の低下が認められますが、一九九〇年における運動時間でグループ分けをしても二〇〇〇年の結果には差がありませんでした。一方、一九九〇年における運動強度の相違は一〇年後（二〇〇〇年）のMMSE得点に有意な影響を及ぼし、強度が最低（時速約五キロメートル未満のゆっくりとした歩行に相当）の群に比して、それ以上の強度で身体活動を実施していた群では、MMSE得点の低下が抑制されていました。さらに興味深いことに、一〇年後の運動時間および運動強度の増減でグループ分けをすると、運動時間ないしは運

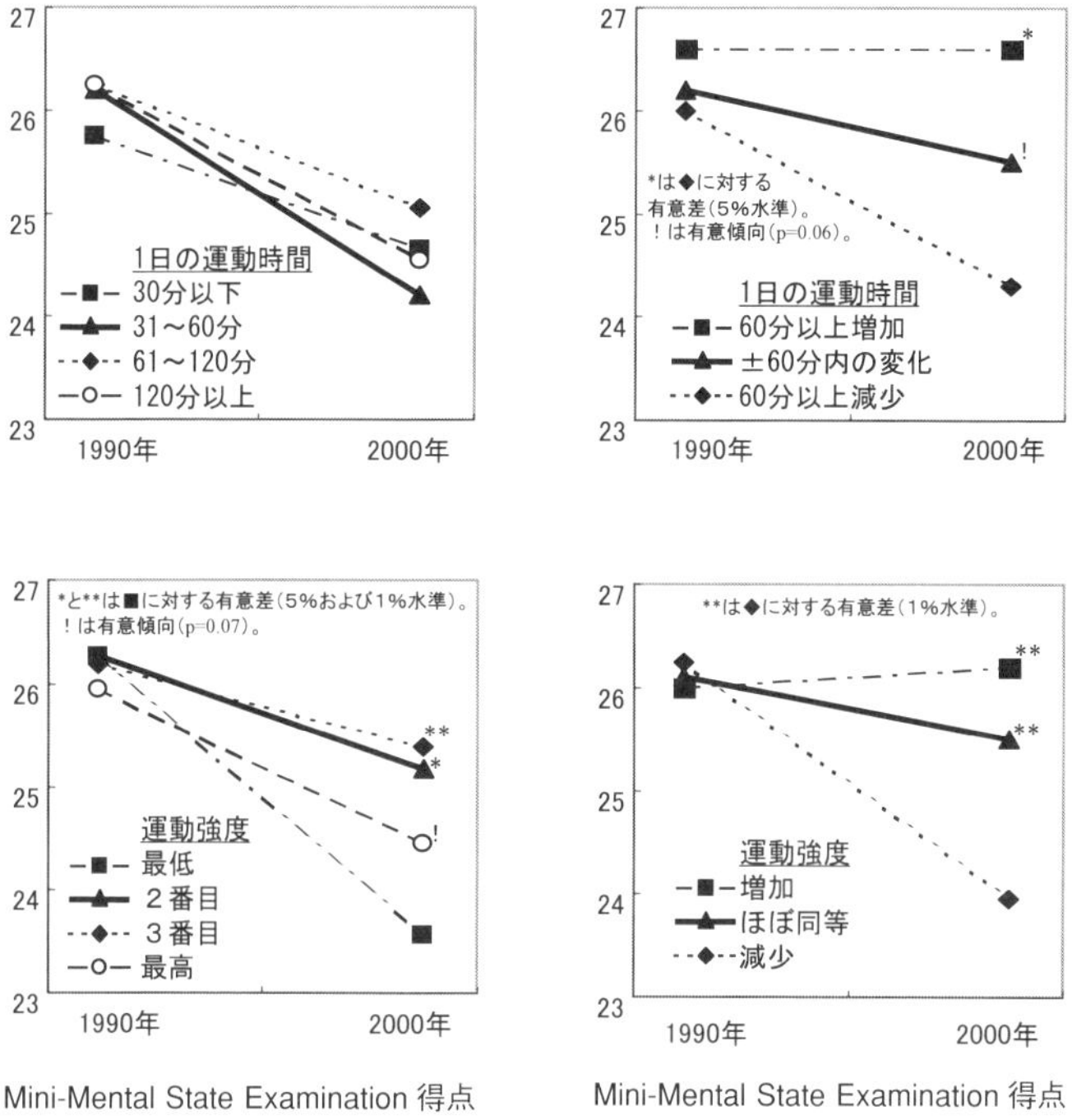

図５　高齢期における認知機能の10年後の変化

同じ対象を、1990年における運動時間（左上）、1990年における運動強度（左下）、1990年から2000年への運動時間の変化（右上）、1990年から2000年への運動強度の変化（右上）、の４つの観点からグループ分けして比較した。1990年における運動強度の、最低、２番目、３番目、最高は、それぞれ、時速約５km 未満のゆっくりとした歩行、時速約５km の歩行、時速約5.3km の歩行、時速5.6km 以上の歩行に相当する。1990年から2000年への運動強度の増加および減少は、歩行速度に換算して時速800m 以上の運動強度の差が生じた場合である。

動強度が増加したグループでは二〇〇〇年のMMSE得点が維持されたのに対し、これらに変化のなかったグループでは得点がやや低下し、これらが低下したグループではより大きな得点低下が認められました。これらのことは、加齢にともなう認知障害発生の予防に散歩（時速五キロメートル程度）〜速歩程度の運動強度が有効であり、高齢期に日常の運動量や運動強度が低下した場合、認知機能低下が加速することを示唆しています。この報告は、運動強度と運動時間の影響について検討したものですが、認知症の発症予防と身体活動の多様性との関連を認めた報告も発表されています［Podewils et al., 2005］。六五歳以上の高齢者三、三七五人を対象に五〜六年間の追跡調査を行い、アンケートによる身体活動状況（種類と活動量）と認知症の発症率を検討したところ、身体活動（ウォーキング、庭いじり、ダンス、体操、水泳など一五種類からの選択）の実施が一ないしは〇種類のグループに比して、四種類以上実施しているグループでは認知症発症のリスクが約半分という結果が示されました。一方、身体活動量で四つのグループ分けをした場合には、最も多いグループの発症リスクは最も少ないグループの発症リスクよりも低かったのですが、その違いは15％に留まり、この研究では運動の量もさることながら、多様な身体活動を行うことが認知症予防により有効であることを示唆する結果となりました。ただこれらの関係は、アルツハイマー病発症リスクの一つであるアポリポ蛋白E－ε4遺伝子を保有している人では当てはまらなかったとのことです。以上の結果から、高齢者の脳機能を維持・向上するための運動は、有酸素性運動を含むと同時に、身体の色々な部分をさまざまに動かして、暮らしの中の身体活動が単調にならないようにすることが大切であると思われます。

脳機能の維持・向上をはかる運動を考える上で、特に高齢者の場合には運動と睡眠の関係に注目する必要があります。睡眠の量・質の低下は、記憶、学習、認知など脳機能の低下やうつ病発症リスクの増大など、脳に種々の悪影響をもたらしますが、睡眠の質は加齢とともに変化し、高齢者では夜間睡眠中の深睡眠が減少し、中途覚醒や早朝覚醒などの発生頻度が増加します［白川ほか、2003］。従って、高齢者の脳機能の維持・向上において睡眠の良否は重要な役割を占めますが、良質な夜間睡眠を確保するための生活上の工夫として、特に高齢者では、午後の早い時間帯に短時間仮眠（三〇分程度）を積極的にとること、および、夕刻以後、夜間主睡眠が始まるまでのうたた寝を避けること、の二点の重要性が指摘されています［白川ほか、2003］。この後者を実行する手段として、夕刻に中強度の有酸素性運動を含む運動を行うことが有効です。逆に有酸素性運動を就床時刻の間際に行うと、運動による高体温や交感神経の興奮が睡眠時間にずれこむこととなって、睡眠が妨げられます。就床前の運動には、リラクゼーションを促進するようなストレッチや軽い柔軟運動が適しています。また高齢者では、起床後の早朝に散歩や体操などを実施する割合が高い傾向にありますが、この時間帯は、心筋梗塞《こうそく》や脳梗塞などの心臓血管系の事故が集中する睡眠後半～起床三時間後の時間帯に該当します。運動を行う場合には十分に余裕を持って行える低強度のものとし、体調に異常を感じたり、前夜の睡眠が不十分な場合には運動を控えるべきです。また起床時の脱水状態を解消するため、運動の前後にコップ一～二杯の水分補給を習慣づけることが必須になります。運動は、種類、強度、実施時刻などにより睡眠を促進する要因にも妨害する要因にもなりえますが、睡眠の質や生理的機能一般が低下する高齢者では、運動が睡眠に与える影響は若年者に比して大きいことが考えられます。高齢期における脳機能の維持・向上を意識した運動指導を考える上で、運動そのものの効果と運動を介した睡眠の質の向上による効果の双方を意識することが大切です。

（水野　康）

引用・参考文献

Avidan, A. Y., Fries, B. E., James, M. L., Szafara, K. L., Wright, G. T. & Chervin, R. D. 2005 Insomnia and hypnotic use, recorded in the minimum data set, as predictors of falls and hip fractures in Michigan nursing homes. ***J Am Geriatr Soc***, 53, 955-962.

Colcombe, S.& Kramer, A. F. 2003 Fitness effects on the cognitive function of older adults : A meta-analytic study. ***Psychol Sci***, 14, 125-130.

Etnier, J. L., Salazar, W., Landers, D. M., Petruzzello, S. J., Han, M & Nowell, P. 1997 The influence of physical fitness and exercise upon cognitive functioning : A meta-analysis. ***J Sport Exerc Psychol***, 19, 249-277.

藤田和樹・鈴木玲子　2005『シニアのための健康づくり運動ハンドブック』東北福祉大学予防福祉健康増進センター（監修）福祉工房

van Gelder, B. M., Tijhuis, M. A., Kalmijn, S., Giampaoli, S., Nissinen, A & Kromhout, D. 2004

Physical activity in relation to cognitive decline in elderly men : The FINE study. *Neurology,* 63, 2316-2321.

Goldberg, L & Elliot, D.L. 1994 ***Exercise for prevention and treatment of illness.*** Philadelphia, F. A. Davis.

池上晴夫　1995　『運動生理学　現代栄養科学シリーズ』朝倉書店

苅尾七臣　2005　『やさしい早朝高血圧の自己管理』医薬ジャーナル社

健康・栄養情報研究会（編）2001『国民栄養の現状平成一一年度国民栄養調査結果』第一出版

金　俊東・久野譜也・相馬りか・増田和実・足立和隆・西嶋尚彦・石津政雄・岡田守彦　2000「加齢による下肢筋量の低下が歩行能力に及ぼす影響」『体力科学』第49号　589-596p.

Kuno, S., Itai, Y. & Katsuta, S. 1994 Influence of endurance training on muscle metabolism during exercise in elderly men. *Adv Exerc Sports Physiol,* 1, 51-56.

Lyketsos, C. G. & Olin, J. 2002 Depression in Alzheimer's disease : Overview and treatment. *Biol Psychiatry,* 52, 243-252.

Podewils, L. J., Guallar, E., Kuller, L. H., Fried, L. P., Lopez, O. L., Carlson, M. & Lyketsos, C. G. 2005 Physical activity, APOE genotype, and dementia risk : Findings from the cardiovascular health cognition study. *Am J Epidemiol,* 161, 639-651.

重松良祐　2004『健康スポーツ科学』文光堂

白川修一郎・田中秀樹・山本由華吏・駒田陽子・水野　康　2003「高齢者における睡眠障害と認知機能および睡眠改善技術」『精神保健研究』第16号　89-95p.

辻　秀一・川久保清・田中喜代次（監訳）2000『中高年者エクササイズ実践指導ブック』文光堂

World Health Organization 1997 The Heidelberg guidelines for promoting physical activity among older persons. *Aging Phys Act,* 5, 2-8.

人生後期の大きなストレスに立ち向かうヒント——中高年者の再就職支援から——

1　はじめに

リストラが社会問題となってからかなり時間が経ちました。リストラとは本来、景気停滞のために企業が事業再編成（restructuring）を行うことを指しますが、事業再編成にともなって人員削減が実施された結果、希望退職や解雇によって退職を余儀なくされた状態を指して、一般的には「リストラ」あるいは「リストラされた」と呼ぶことが多いようです（**図1**）［厚生労働省職業安定局、2002］。

人生後期に生じるさまざまなストレッサー（ストレスを引き起こす原因となる出来事）には、毎日の家事のような小さなものから、配偶者との死別のような大きなものまで、さまざまなものがあることが知られています。それらを心理学では、日常生活に頻発しやすいストレッサーである「日常いらだち事（daily hassles）」［Lazarus & Folkman, 1984］と、普段の生活での発生頻度は低いが、生じた場合に人生上大きなインパクトを与えるストレッサーである「ライフイベント（life event）」［Holmes & Rahe, 1967］に分けて研究しています。ライフイベントのうち、解雇は、配偶者の別居などと並び、ライフイベントの上位にあがっています。従って、突然の解雇であるリストラは、大きなライフイベントの一つであることは明らかでしょう。

本稿では、高齢期の過ごし方に大きな影響を与える、リストラという中高年期の大きなライフイベントについて、行われている支援を紹介します。[*1] 特に、近年成果を上げている新しいタイプの公的な支援事業である「キャリア交流事業」に注目することで、大きなライフイベントを乗り越え、第二の人生を充実したものとするためのヒントについて考えて

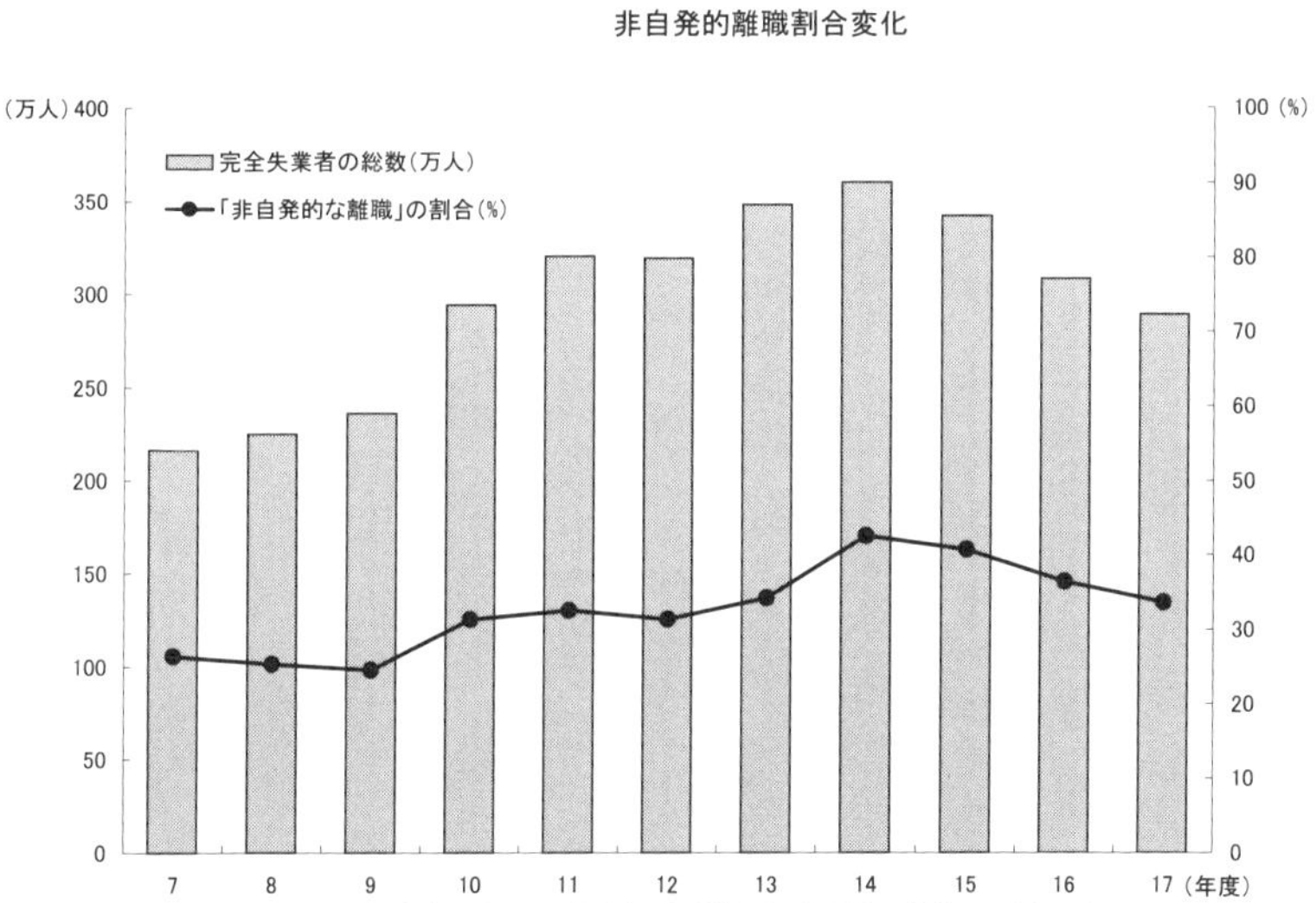

完全失業者の求職理由は①「非自発的な離職」、②「学卒未就職者」、③「その他」に大別される。厚生労働省職業安定局（2002）を参照し、非自発的な離職（定年または雇用契約の満了」と「勤め先や事業の都合」を含む）を、リストラの推定値として使用した。

図１　「非自発的離職」が完全失業者の求職理由に占める割合の変化
（総務省［2006］に基づき筆者が作成）

いきたいと思います。

＊1　本稿は、二〇〇五年の日本健康心理学会シンポジウム「社会問題に貢献する認知行動療法」での発表内容に大幅に加筆して作成しました。

2　中高年者の再就職に対する公的な支援体制

リストラ後、再就職活動を行う人にはどういった支援が行われているのでしょうか。再就職を支援する公的な機関として、公共職業安定所（愛称：ハローワーク）があります。ハローワークは厚生労働省の地方支分部局に位置する行政機関であり、職業安定法と厚生労働省設置法にもとづき、厚生労働省職業安定局の所管のもとに、全国に約六〇〇ヶ所おかれています（出張所なども含む）。一言で言うとハローワークは、地域の総合的な雇用サービス機関として、求職者へ各種のサービスを無料で実施する国の機関です［厚生労働省職業安定局、2005］。具体的には、①窓口での職業相談・職業紹介、②求人情報の提供、③雇用保険の給付、④その他（就職に必要な資格や能力を身につける各種訓練コースの実施など）、といったサービスが提供される場となっています。サービスの特徴を一言で言うと、個人を対象にした、単発の、情報提供と技能開発を中心としたものであることがあげられます。

3　キャリア交流事業

平成一一（一九九九）年、リストラされた中高年への緊急雇用対策として、それまでのハローワークのサービスから一歩踏み込んだ内容であるキャリア交流事業が始まりました［厚生労働省、2005／高年齢者雇用開発協会、2001］。全国一五の主要ハローワークでは、中高年ホワイトカラー求職者などを対象に、求職活動に有用な知識などの教授、経験交流（メンバー間での自由な意見交換や、各自の求職状況の共有を促す場）、キャリア・コンサルティングなどを集中的に実施して、再就職の促進をはかるキャリア交流事業を実施しています。この事業は全国的に高い成果を上げており、参加者の平成一二～一五年度における再就職率は全国平均で55.7％に上り、この値は通常のハローワークにおける就職率よりもかなり高いものになっています［愛知労働局、2003］。

キャリア交流事業では一般的に、専用施設の中で、①就職促進セミナー、②自由参加式のセミナー、③キャリア・コンサルティング（キャリアコンサルタントによる個別の面談）、④経験交流（支援者を交えた同グループの参加者間での定期的な意見交換）、⑤情報提供、⑥職業相談・紹介、⑦求人開拓、⑧中高年長期失業者コースなどのサービスが提供されています。そこで求職者（会員）によるグループが構成され、そのメンバーにて約三ヶ月間、そのグループを一貫して担当する職員（コーディネーター）のサポートを受けながら、再就職活動を行います。

キャリア交流事業が高い効果を上げているのはなぜでしょうか。残念ながらその理由について学術的に検討されたことはありません。そこで、キャリア交流事業に参加した方々の手記をまとめた冊子に掲載された、会員の生の声からヒントを探してみましょう（カッコ内に表記されている数字は、冊子での掲載ページ数です）。[*2]

＊2　冊子は、全国のキャリア交流プラザに寄せられた会員の礼状や手記を集めたもので、一定の調査手続きにしたがって収集されたデータではありません。

4　求職活動にともなう心理的な困難と仲間の重要性

残念ながらわが国では、失業に関する心理学的な研究の蓄積が不十分なため、欧米の研究結果も参照すると、失業が人に与える負の影響は明らかになっています（例えば、［Dooley et al, 1996／尾倉、2000］）。まず、心理的な影響があります。自尊心の低下、不安や抑うつが代表的なものです。場合によっては自殺を企図することも起こりえます。

・不採用の通知を何度ももらうと、本当に自信を無くして暗くなってしまいがちで、家族とも話ができなくなってしまいました（3p.）。
・「今の自分に何が欠けているのか」、「どこに問題があるのか」、と自分に自信をなくしかけていました（21p.）。
・四十年近く、サラリーマン生活をしてきていざ自分は何をしてきたのかと問われたときさっぱり整理もつかず、何の能も無いと、自問するばかりでした（35p.）。
・退職ショックがあった（34p.）。
・ふさぎこみや焦り（5p.）。

心理的な影響以外に、地域社会との関係性の変化、家族関係の変化、あるいは家計の変化といった社会生活への影響があります。これらに加え、喫煙や飲酒の増減や、高血圧・心筋梗塞など身体への悪影響の可能性も指摘されています。

このように、心身面や社会面に大きな影響を及ぼす、リストラというライフイベントに置かれた求職者にとって、キャリア交流事業はどのように役立ち、効果をあげているのでしょうか。手記に掲載された二二名のうち、約六割の方が、「特定のメンバーによるグループで継続して再就職活動に取り組んだこと」をあげています。

・セミナーの内容以上に、私自身、力となったのは他でも在りません、一緒に活動した「仲間達」でした。それぞれの立場や環境は違いますが、思いは一つでありました。互いに励まし合い、時には支え合い、また情報交換をし、それぞれの奮闘振りを目の当たりにしてきました（2p.）。
・始めは心を開く事も出来なかったキャリアプラザでの仲間の皆様との交流がどんなにか心の支えになったか判りません（3p.）。
・置かれている状況はみな同じだとわかり仲間意識が生まれ、セミナーが進むにつれ友達も増え、全員が目標を「再就職」と決め、真剣に語り合う様になりました（5p.）。

・先生方並びに良き仲間との出会いが、何事にも代えがたい貴重な財産となりました（7p.）。
・信頼できる仲間の確保（此の立場の人でないと理解できない、情報交換）（13p.）。
・求職時には、慰めてくれる友と、叱咤激励してくれる友が必要（17p.）。
・仲間との経験交流は自分の人生を考えるのにとても参考になりました（27p.）。
・経験交流の場では、コーディネーターと会員同士、同じ仲間が再就職に向かって話し合うことが非常に有意義でした。聞き合うといった方が正しいかもしれません。この場で、私は自分の分からないところを会員の皆さんに提示し合うことにより学ぶ「将来像が現実のものとなってくる」ということを発見しました。人と会う、人の話を聞く、話をする、という経験交流の場は本当に勇気づけられ参考となりました（29p.）。
・会員二十五人は、同じ境遇の仲間として互いに打ち解け、助け合い、日を追って強力な輪が広がった（31p.）。
・研修中のグループ交流が、終了後もファックスで連絡し合い情報交換し励まし合っている。引っ込み思案になりがちな求職活動の日々の中で、同じ仲間の心配りは今でも忘れることはない（32p.）。
・受講生のいろいろな悩みや経験を交流できる場が設けられており、同じ仲間として再就職の価値観を共有でき心強く感じました（37p.）。
・セミナーではたくさんの仲間と知り合え、（中略）また経験交流会では、仲間の真剣な情報交換も大変いい刺激になりました。同期生とは今後も末永く交流を続けて行きたいと思っています（39p.）。
・プラザでの受講生相互間の情報交換が大いに役立ちました（40p.）。
・経験した面白い話、求職の応募状況、独立開業の可能性など和やかな気持ちで忌憚なく話せる友人ができたことに感謝しています（43p.）。

多くの参加者がこのように大きな長所としてあげているキャリア交流事業の特徴は、集団を対象に、一定期間持続した、人間同士の交流のあるプログラムであるところにあると言えましょう。これは、先述した従来のハローワークでの支援、すなわち個人を対象に、単発の、情報提供と技能開発を中心としたサービスと比較するとわかりやすいのではないかと思います。

5　心理学が貢献できる可能性

日本ではこれまで、求職支援において心理的援助は主要な支援方略として位置づけられていませんでした。しかし近年、求職支援場面で心理学的な援助の重要性が指摘されています［菊地、2004／平野ほか、2003］。すでに述べた通り、失業や求職活動にともなってさまざまな心理的な問題が生じる場合があること、また、仲間との継続した交流をもたらすプログラムが効果を上げていることからは、心理的側面に注目することの重要性が感じられます。

筆者は心理学を専門としており、認知行動療法という心理療法をベースにした実践活動を地域で行っています。中高年の再就職支援に、心理学はどのように役立つことができるのでしょうか。認知行動療法の観点から考えると主に三点あります。すなわち、①問題解決志向のアプローチ、②ストレス管理、③認知行動療法の視点に立ったコンサルテーションです。

第一に、認知行動療法は「現在続いている問題をいかに改善するか」という基本的姿勢をもち、「問題解決のために、具体的な戦略を立てる」、「戦略を立てるための具体的ノウハウ」、「当面の問題に、効果的に対処できるような援助」などに関してさまざまな方法論を蓄積している、問題解決志向型の心理療法です。再就職支援では「現在失職中であり、できるだけ早く再就職をする」という具体的で差し迫った問題を解決する必要があるため、具体的で差し迫った問題解決の場である再就職支援に、問題解決型の認知行動療法の各種技法が役立つと考えられます。

第二に、ストレス管理についての研究と実践は認知行動療法の一分野として発展してきました。従って、リストラによる失職にともなって生じるストレス状態への支援に役立ちます。また、研究という観点から言えば、キャリア交流事業を利用して再就職した方々は、リストラという大きなライフイベントを乗り越えた貴重な経験の宝庫であると言えます。これらの経験を研究の形で深く掘り下げ公表することができれば、中高年期のストレス管理や充実した高齢期にとって有用な知見が得られる可能性が高いと思われます。

第三に、キャリア交流事業のように新しいタイプの求職支援が発展すると、支援者側に新しいスキル、例えばグループを円滑に進める方法や求職者のメンタルヘルスへの配慮などが求められるようになると予想されます。従って、心理学の立場からコンサルテーション（支援者への支援に役立つ面談のこと。コンサルタントがコンサルティ（この場合、支援者であるコーディネーター）に対して実施する）を提供することで、支援者自身が、日頃の業務を新しい視点からとらえ直すことが可能になることが期待できます。その際には、短期で成果を上げるような技法や、理解しやすい概念を提示することがコンサルタント側に求められるでしょう。先にあげた特徴を持つ認知行動療法は、このニーズに応えることが可能な心理療法であると筆者は考えています。

6　おわりに

本稿では、中高年の公的な再就職支援の一例としてキャリア交流事業を紹介しました。この事業は、従来の公的な再就職支援と異なる特徴を持つプログラムであり、その特徴としては対人交流を促すしくみになっていること、また、実際に高い再就職率を達成しているということが、心理学の観点から見てきわめて興味深い活動です（プログラムのどの構成要素がこうした効果を生むのかについては、研究の結果を待ちたいところです）。キャリア交流事業ならびにハローワークにおいて、心理学的な観点から成果を分析し、実践に役立つような研究として論文化することは、今後さらに充実すべき分野でしょう。特に現在、団塊の世代を対象にして、退職後の消極的な再就職ではなく、積極的に第二のキャリアを形成するための支援を実施することが求められています［厚生労働省、2005／団塊世代退職と日本経済に関する研究会、2004］。こうした支援を構築するために、キャリア交流事業の成果を生んだ要因の研究、経験者の声、支援者自身の経験の蓄積などが大きく役立つと思われます。

筆者は、あるキャリア交流事業の卒業生の方々が自主的に形成した会の一つに参加しています。人生設計や生き方そのものを見直さざるをえなくなるライフイベントの一つであるリストラ経験ですが、それを乗り越える際に、自分自身の棚卸ろしをし、仲間との共有体験をすることで、それまでとは違った人生との付き合い方を知り、結果として豊かな老後を迎える準備となっている印象を受けます。また、筆者が実際にお会いしたコーディネーターの中には、ご自身が、一般企業を定年退職後に企業に勤めた経験を生かしてコーディネーターとして再就職した例もあり、この方は求職者にとってよいロールモデルになっていました。

自分の人生で得たキャリアについて肯定的にまとめ、その経験を生かして生じたライフイベントに対応することで第二の人生を拓くという過程は、中高年期に生じるリストラ以外のライフイベントへの対応を考える際にも役立つに違いありません。その経験は、中高年期に第二の人生に関する準備をするうえで貴重な情報であると考えられます。心理学者として、中高年者の再就職やその支援に関して、心理学的な研究や実践活動が今後発展することを希望しています。

（中村菜々子）

引用・参考文献

愛知労働局　2003　『キャリア交流プラザ事業の実績』（http://www.aichi-rodo.go.jp/）2005.05.10.

団塊世代退職と日本経済に関する研究会　2004　『第四回議事要旨（平成一六年二月二五日）：団塊の世代の定年後継続雇用について－企業の準備状況と課題』財務省財務総合政策研究所

Dooley, D. et al. 1996 Health and unemployment. *Annual Review of Public Health,* 17, 449-465.

平野かよ子ほか　2003　「地域保健における自殺予防へのアプローチ」『公衆衛生』第67号　664-666p.

Holmes, T.H . & Rahe　1967　The social readjustment rating scale. *Journal of Psychosomatic Research,* 11, 213-218.

菊地　尊　2004　「ハローワークにおける臨床心理士の役割と課題」『臨床心理学』第４巻第１号　24-29p.

高年齢者雇用開発協会　2001　『再就職への道Ⅱ：キャリア交流プラザに寄せられた手紙から』財団法人高年齢者雇用開発協会

高年齢者雇用開発協会　2002　『高齢者の職業能力発揮とメンタルヘルスのあり方に関する調査研究』財団法人高年齢者雇用開発協会

厚生労働省　2005　『平成一七年度高齢者雇用就業対策の体系：平成一七年四月一日現在』（http : // www. mhlw. go. jp/bunya/koyou/koureisha-taikei.html）2005.5.10.

厚生労働省職業安定局　2002　『事業評価書（事前）：キャリアコンサルティングの充実強化について』（http : // www. mhlw. go. jp/wp/seisaku/jigyou/02jigyou-k/19.html）2005.05.10.

厚生労働省職業安定局　2005　『ハローワークインターネットサービス』（http : // www. hellowork. go.jp/）2005.05.10.

Lazarus, R.S. & Folkman, S. 1984　*Stress, appraisal, and coping.* Springer.（本明　寛ほか（監訳）　1991　『ストレスの心理学：認知的評価と対処の研究』実務教育出版）

尾倉律行　2000　「退職者の健康状況」『産業衛生学雑誌』　第42号　405p.

総務省　2006　『労働力調査：平成17年度平均結果』（平成18年４月28日公表）

topics

第5章　高齢者が安心できる住まいと環境整備のポイント

1　高齢者が安心できる住まいとは

(1)　高齢者が安心して住み続けられる住まい

平成一二（二〇〇〇）年の「高齢者の住宅と生活環境に関する意識調査」［内閣府、2001］によると、過去一年間に六〇歳以上の高齢者では、おおよそ一〇人に一人の割合で転んだ経験があると報告されています。驚くことに、この割合は八〇歳前後では一〇人に二人となり、住み慣れているはずの住宅が必ずしも安心できる住まいとは言えないようです。もう少し詳しく見てみると、転んだ場所は「庭」、「居間・茶の間・リビング」「玄関・ホール・ポーチ」、「階段」の四ヶ所で全体の約七割を占めていました。また八〇歳以上の高齢者は、「浴室」で転倒する割合が高い傾向にあります。これらのことから、日常生活で慣れているはずの「居間」「玄関」「階段」「浴室」での事故が多くなること、一戸建てのように「庭」がある場合には、住居スペース以外での活動にも注意が必要なことがわかります（表1）。

表1　自宅における転倒事故

	転んだことはない	転んだことがある	転倒した場所（複数回答）				
			庭	居間・茶の間・リビング	玄関・ホール・ポーチ	階段	浴室
【総数】							
実数	1950	276					
構成比（%）	87.6	12.4	31.9	15.2	14.5	9.8	4.3
【性別】							
男	91.8	8.2	30.1	10.8	10.8	9.6	2.4
女	84.0	16.0	32.6	17.1	16.1	9.8	5.2
【年齢階級別】							
60～64歳	93.5	6.5	28.6	20.0	11.4	11.4	2.9
65～69歳	90.4	9.6	32.8	18.8	15.6	7.8	—
70～74歳	84.1	15.9	30.1	9.6	15.7	8.4	6.0
75～79歳	81.4	18.6	35.0	13.3	15.0	13.3	3.3
80～84歳	79.0	21.0	30.8	23.1	11.5	7.7	11.5
85歳以上	84.6	15.4	37.5	12.5	12.5	12.5	12.5
【健康状態別】							
良い	94.3	5.7	35.9	20.5	10.3	—	2.6
まあ良い	88.8	11.2	25.0	13.5	11.5	13.5	3.8
普通	87.7	12.3	35.6	8.2	16.4	12.3	2.7
あまり良くない	79.1	20.9	33.3	16.7	15.5	10.7	7.1
良くない	66.3	33.7	25.0	25.0	17.9	7.1	3.6
【住宅の種類別】							
持ち家	88.0	12.0	34.9	14.3	14.7	9.2	4.6
借家	84.6	15.4	13.2	21.1	13.2	13.2	2.6

数値は、実数以外は%、転倒した場所は複数回答
平成12年度　高齢者の住宅と生活環境に関する意識調査（内閣府）を基に作成

このような高齢者に将来住宅の構造・設備として必要な改造の希望を尋ねてみると、約半数が何らかの改造を希望しており、プレ高齢者、前期高齢者と呼ばれる六〇歳代に改造したいと考えている人が多いのが特徴です。そして注目すべきは、改造を希望する高齢者には健康状態が「良くない」と回答したものが多かったことです。これは、高齢者の住まいを考える場合に高齢者自身の健康感と住まいへの意識との関連性を考える必要があることを意味しています。健康であると感じている間は、少々使い勝手が悪いように思えても住環境をあまり意識することはないと考えられますが、健康に何らかの問題を感じた時に「住まい」そのものが、不安や心配事を感じさせる原因になる可能性があります。調査［内閣府、2002］によると、重い物を運ぶ、階段をのぼるという日常活動の中で、そのような不安を感じるようになるようです。そのため、高齢者の「住まい」を考える場合には、住宅改造など住まい構造を検討する前に、対象者の客観的な健康状態を把握するのはもちろんのこと、本人の健康感や効力感*などを聞き出すことも重要だと言えるでしょう。

一般的に言うと、高齢者が安心して住める住環境を整えるためには、大きく二つの視点が必要だと考えられます。一つは、住まいそのものが高齢者にとって安全で快適であること、介護が必要になった場合でも介護者が介護しやすい環境が整備されていることです。例えば歩行移動の際、廊下や階段で転倒予防に配慮した工夫がなされているか、入浴動作では本人の身体の状態に適した浴槽への出入りが考慮されているか、浴室内の床は滑りにくいような工夫がなされているかということなどが必要になります。また火事や地震など緊急を要する場合に、安全に避難できることも重要です。さらに、通気性や採光など快適

効力感

ある行動を起こす前に個人が感じている自己の遂行可能性であり、やりたいことの実現可能性に関する知識あるいは考え。自己に対する有能感・信頼感。効力感が高い状態は、努力すれば好ましい変化を達成できるという自信や見通しを持つだけでなく、それがバネになって意欲的に生き生きと環境に働きかける状態と言える。一般的に加齢や病気などによって効力感が低下することが知られている。

に生活する空間を工夫することも含まれます。

もう一つは、高齢者が望む生活スタイルを実現できる住環境の整備です。一日を主に過ごす部屋はどこなのか、どのような活動を好むのかによって同じ部屋であっても工夫が必要です。外出を好む人であれば、出入りが容易にできるように段差解消機の導入を積極的に検討することも必要になるかもしれません。高齢者が望む住環境を整備することで、活動性の向上、心身の機能の維持につながり、本人の効力感を高め自立を援助していくことにもなります。また生活スタイルに馴染んだ環境は、高齢者がリスクを認識するのにも適した環境と言えます。本人に認知症の傾向があったり、重度な心身の障害があったりする場合など自立して行動が難しい場合にも、本人の生活スタイルを意識した環境作りを行うことによって精神が落ち着くこともあります。

しかし、高齢者や家族が望む生活スタイルを実現することは難しいことです。住宅改修や福祉用具の導入などさまざまな住環境の工夫に関する助言をしても、実際にはまったく改修が行われなかったり、また改修を行っても実際に使用されないケースは少なくありません。が、これは生活のイメージが医療や福祉、建築などのサービス提供者と異なることに原因があるかもしれません。鈴木［2002］は、住環境整備にはプラニングと施工に関する専門的技術を持つスペシャリストと、生活の到達像の設定、住環境整備の必要性と可能性の検討、動機付け、改善後の評価に関する技術を持つジェネラリストの、二つの技術が必要であるとしています。従ってサービス提供者は、まず対象者や家族がどのような面に不安を感じ、どのような生活スタイルをイメージしているかを把握するジェネラリストとしての視点を理解する必要があると言えるでしょう。その上で、一方的ではなく双方向からの視点が生かされた具体的な住環境整備のプランを提案することが望ましいと言えます。

(2) 対象者中心の考え方

高齢者の介護負担の問題が新聞の紙面に登場することは少なくありません(図1)。この問題は「高齢者にしっかりしてほしい」という想いが、最悪の場合、虐待にもつながってしまう危険性があり、たとえ介護が必要になった場合でも高齢者自身の自立度を高め、介護者自身の負担を軽減するための工夫が住まいにも必要だと考えられます。しかし、高齢者介護の問題は、これまで介護者の心理社会的問題としてとらえられることが多く、住環境整備の技術的な側面とは別に論じられてきたと言えるでしょう。

近年、保健福祉の領域で医療人類学*や現象学*、対象者中心の考え方*(client-centered approach)が取り入れられるようになってきました。このような視点は、対象者をひとりひとり個人的な側面からとらえようとすることから、「質的アプローチ」と呼ばれています。この中でも対象者中心の考え方は、我々の価値観だけでなく対象者の価値観に触れていこうとするものだと言えます。

例えば、古山・吉川[2000]は脳卒中により移乗能力が低下した高齢者に対し、カナダ作業遂行測定*(Canadian occupational performance measure)を用いて本人の希望を取り入れた介入を実施することによって介助量の軽減がはかれたと報告しています(表2)。この介入では、最初に本人に日常生活の中で解決したい問題点をいくつか尋ね、その問題点

医療人類学
人類学のなかで、身体に関するさまざまな文化現象、とくに病気と健康保持および病気治療を取り扱う分野のことを言う。

現象学
意識に直接的に与えられる現象を記述・分析する哲学でフッサールによって構想されたもの。対象者を理解する過程において先入観を持たずにひとりひとりにアプローチしようとする立場から保健医療領域では看護学やリハビリテーションの分野で注目され臨床研究が行われている。

対象者中心の考え方
ロジャース(Rogers, C.)によって提唱された、非指示的でかつサービスを受けている対象者によって表現された問題点に焦点をあてる実践についての患者—治療者関係に関する枠組み。対象者中心のアプローチでは、対象者に特定の忠告を与えるものではなく、自分自身の問題を解決するための資源を準備することを促

高齢者虐待

4割が息子から

半数「加害自覚なし」

松戸市調査

家庭内における高齢者虐待の調査結果を、松戸市が発表した。それによると、虐待している人の続き柄は息子が4割とトップ、虐待内容では心理的、身体的虐待の割合が高く、自分が虐待している自覚がない、が5割近かった。

市の在宅介護支援センターや警察署、医師会、介護支援事業者らで組織する松戸市高齢者虐待防止ネットワークが調査した。昨年11月に市内の326関係機関にアンケートを発送、過去1年間の虐待について質問した。(回収率49・1％)

このうち虐待を最も間近で見聞きしているケアマネジャーによる回答45事例を分析した。

虐待を受けている高齢者の平均年齢は82・4歳で、性別は男性7人（15・6％）、女性38人（84・4％）で女性が圧倒的だった。

虐待している加害者のうち、最も多かったのが息子で40％、配偶者と娘がそれぞれ15・6％、息子の妻13・3％という順だった。

虐待の内容（複数回答）では、脅しや侮辱、無視などの心理的虐待が62・2％でトップ、次いで暴力など身体的虐待が57・8％、介護や世話の放棄・放任が42・2％、高齢者の年金を搾取するなどの経済的虐待（26・7％）もあった。高齢者の頭を殴り大けがをさせるなど、生命にかかわる危険な事例もあった。

虐待の自覚について、高齢者本人に「自覚がある」が53・3％、「自覚なし」が22・2％。虐待をしている家族の側に「自覚がある」は31・1％に対し、「自覚なし」は46・7％だった。

虐待の発生要因別（複数回答）では、人間関係と介護疲れがいずれも35・6％で並び、トップだった。

同ネットワーク事務局の市在宅介護支援センターでは『高齢者に『しっかりして欲しい』『なぜできない』などの思いから、日常している行為が、実は虐待にあたる事を分かっていない家族もいる」としている。同ネットワークでは今回の調査を踏まえ、高齢者と家族のために、虐待の予防や早期発見・対応、再発防止のためのマニュアルを作る。

図1　朝日新聞（千葉）　2005年4月16日

すことに焦点をあてている。介入において特定の方法を持たないことが問題点の一つと言われている。

カナダ作業遂行測定

対象者中心の考え方に基づき、専門家（作業療法士）による対象者への具体的な遂行レベルへの介入効果を測定するものとして、カナダ保健福祉省とカナダ作業療法士協会によって開発された評価。対象者の日常生活における作業遂行の問題点を明確化することが可能で、また対象者の主観的評価により、問題点における遂行レベルの変化、満足レベルの変化をとらえることで容易に介入効果を把握することが可能。

の重要度を一〇段階で評価してもらいます。この事例では「ひとりでトイレに行けないこと」が最も重要な問題（10点）とされ、ポータブルトイレの見直しを含めた環境設定と移乗訓練によって、最終的には移乗能力の向上と介助量の軽減が見られています。そして注目すべき点として、この問題に対する本人の「できる（遂行度）」という意識が向上し、満足感も向上したことがあげられます。この事例のように対象者自身の選択や主観を重視する住環境整備では、家族が意思決定のプロセスに参加することで介護上の重要な問題点を解決していくことも可能となり、介護負担感の軽減や虐待の予防にも有効だと思われます。

意思決定のプロセスにおいては、我々の価値観と異なる場合には違和感が当然生じることもありますが、具体的な問題解決に対するお互いの考え方を話し合う機会を通じて、支援者側も相手を理解し、また自己の考え方を再認識していくことにもつながると考えられます。

(3) 選択と意志決定

対象者中心の考え方で重要なことは、専門家*がさまざまなアドバイスを行う場合に、一方的にならないように、ライフスタイルを形成する上で対象者自身の選択を取り入れることです。

一般的に主体的な選択を取り入れた活動は、受動的に決定されたものよりも満足感や達成感をもたらすようです［Graef et al., 1983］。しかし、高齢者では意志決定のプロセスが

表2　カナダ作業遂行測定による介入結果［古山・吉川、2000］

問題	重要度	遂行度		満足度	
		介入前	介入後	介入前	介入後
一人でトイレに行けないこと	10	1	5	5	6

数値は10段階（1－10）のスコア

あいまいであったり、適切な判断がされている場合でも環境や社会にそぐわなかったりするケースがあります。また、病気や事故などで脳に障害を持ってしまうと、認知プロセスそのものが障害され適切な判断に支障をきたすことも考えられます。このような場合には、専門家の援助を得ながら意志決定に参加することになりますが、この過程を協業*（collaboration）といいます。協業の過程では、専門家は、加齢にともなう心身機能の変化や疾患、障害の知識を基にして本人の状態を判断しながら意志決定をともに作り上げていくというプロセスに参加することになります。

2　加齢による心身機能の変化と住まいの工夫

加齢により生じる身体面、認知面、社会心理面の変化とそれぞれに対する住まいの工夫を日本建築学会の参考資料をもとに述べていきます。

(1)　身体機能の変化

加齢による身体機能の変化として

・身体寸法が全体的に小さくなる
・運動能力が低下する（脚力・握力などの筋力、俊敏性、持久力、バランス）
・骨が弱くなり関節軟骨が薄化する

といったことがあげられます。住まいにおいて考えられる対応策を**表3**に示します。ここ

専門家
住環境整備の専門職として作業療法士、理学療法士、建築技術者、福祉用具プランナー、福祉住環境コーディネーターが代表的であり、日常生活の継続的支援者として、ホームヘルパー、訪問看護師、ケアマネージャー、保健師などがあげられる。

協業
対象者の意思決定や問題解決のプロセスに援助者が専門的知識や技術を用いて関わっていく過程をいう。主体はあくまで対象者だが、希望と現実で大きな乖離があるような場合には具体的に実施可能な方法を援助者が提示することも含む。

表3　加齢による身体機能の変化と住まいにおける対策（鎌田［1994］をもとに作成）

身体機能の変化	対応策
身体全体が全体的に小さくなる 運動能力が低下する	身体寸法や上肢到達域に合わせて収納場所や物干しの高さ、コンセントの位置を設定する シャワーはスライド式のものとする 水栓は操作しやすい形状とする 便所内には別途手洗い器を設置する いす座が可能な洗面台や台所流しを設置する ベッドが置けるスペースを確保する 便器は腰掛式にする 介護者の作業スペースを確保する 車椅子動線の幅を確保する
骨が弱くなり関節軟骨が薄化する	不必要な段差は設けない 滑りにくい床材を選定する 階段は勾配が緩やかで、つまずきにくく、踏み外しにくいものとする 必要箇所へ手すりを設ける 浴槽の出入りが安全にできるよう、浴槽の高さに配慮し、十分なスペースを確保する 壁材はクッション性のあるもの、壁の出隅部分はコーナー材の取付・隅切りを行う

にあげた以外に、生理機能の低下により、頻尿傾向、睡眠リズムの乱れ、体温調節機能の低下などの変化が生じることが考えられ、この対応として高齢者の居室とトイレなど日常生活圏を同一階に配置する、適切な温室維持設備の設置を行うことなどが考えられます。

(2) 認知機能の変化

認知機能の変化として

・視覚の低下（光量調節の低下により暗い場所で物が見えにくくなる、明るい場所から暗い場所へ移動した時の順応時間が増大する、老視が進行する、視野、色識別能力が低下する、など）
・聴覚機能の低下（高音が聞き取りにくくなる、語音判別能力が低下する、雑音があると音声認識能力が低下する、残響があると音の明瞭度が低下する）
・臭覚機能の低下
・触覚機能の低下

といったことがあげられます。住まいにおいて考えられる対応策は**表4**のとおりです。

(3) 心理社会的側面

心理社会面の変化として

・過去への愛着が強くなる
・新しい物への適応に時間がかかる

表4　加齢による認知機能の変化と住まいにおける対策（鎌田［1994］をもとに作成）

認知機能の変化	対応策
視覚機能の低下 触覚機能の低下	電球の交換が容易にできるようにする 適正照度を確保する つまずきやすい箇所での照明に配慮する 適切なスイッチを使用する（階段や寝室、トイレは明り付きスイッチ、玄関ホールは消し遅れスイッチなど） 中途半端な段差や見にくい段差は設けない
聴覚機能の低下	音の高音を調節できる器具を選定する、吸音する建築材料を選定する
嗅覚機能の低下	ガス漏れ警報機や火災感知器、消化装置などを設置する、安全性の高い機器・器具を選定する

・思考の柔軟性が少なくなる
・感情のコントロールがしにくくなる
・興味が身近なものに限られてくる
・余暇時間が長く、住宅内滞在時間が長くなる
・近隣交流の拡大が難しくなる

といったことがあげられます。住まいにおいては、1. 思い出の品などを収納する十分なスペースを確保する、2. 機器は互換性・更新性のよいものを選定する、3. 引き出し窓などを利用して部屋から直接外に出られるように工夫する、4. 室内環境を良好に保つといった対応が考えられます。

3 高齢者と住まいにおけるリスクの考え方

(1) 事故予防とリスク・マネジメント

平成一五(二〇〇三)年の厚生労働省の調査によると、住宅に関わる死亡事故の発生件数一一、二九〇件のうち、六五歳以上の高齢者数は八、六五四件と全体の約八割を占めています。この中で「浴槽内での溺《でき》死及び溺《でき》水」は二、五七四件で死因のトップであり、この原因として主に考えられるのが急激な温度の変化により血圧が上昇し意識を失い、その結果溺《でき》死に至るケースです。また廊下や階段での転倒や転落による死亡事故は、浴槽内の

事故と比較すると少ないですが、それでも一、一四五件に上っています。しかし、この件数はあくまで死亡事故に関する調査であり、現実には入浴中に気分が悪くなったり、転倒して骨折などで受傷する高齢者数は相当の数になる事が予測されます。

加齢にともなない心身の機能が低下することは誰にでも生じることであり、病気や事故などが原因で心身に障害を持つことも多くの人にとって不可避だと言えます。ところが障害を持つことで、自立していた動作ができなくなってしまうのではないかと思うと私たちは安心して暮らせません。生活を楽しむことができるためには、あらかじめ予測されるリスクに向き合い、対処する方法を考えることも必要になってくるわけです。この事故予防にかかる一連の過程がリスク・マネジメント（risk management）です。リスク・マネジメントの手法では、事故の事例検討や高齢者や障害者の心身機能に関する研究を通じて事故を予防するための介入が時には専門家によって行われます。このようにして整備された安心して生活できる住環境は、介護を必要とする高齢者だけでなく、介護者にとっても生活を共に楽しむ方向に目を向けるきっかけになると考えられます。

(2) 住まいにおけるリスク・コミュニケーション

ところが、いざ住環境を整備しようとするとそれほど容易に進んでいかないことがよくあります。例えば、六〇代の女性で難病のため移動時にふらつくことがあり、居室のドアの入り口に手すりをつけることを検討したAさんという方がいました。Aさんは、移動時に持つところがなくドアの取手を持って歩いていましたが、ドアが動くため怖い、ということでした。しかし、Aさんのご主人は、怖いなら這《は》っていけばいい、また、必要なときは手伝うと言って手すりの必要性をあまり感じていない様子でした。Aさんのようなケースはよく見られることであり、ご主人が正しいとか間違っているとかではなく、身近にいる家族であっても、このような認識の差異は生活のあらゆる場面に存在しているということです。そしてここにあるのは、リスクに対する判断の違いであり、健常者が障害を理解することはそれだけ難しいということなのです。

前述したリスク・マネジメントの方法に関して、保健、医療、福祉などの専門家が一方的にリスクを判断し、情報を対象者に伝えるのではなく、対象者本人がリスクを理解できるように相互にコミュニケーションをはかるリスク・コミュニケーション（risk communication）という考え方があります。リスク・コミュニケーションという考え方は、一九八〇年代頃から欧米を中心として取り入れられ、「個人、機関、集団間でのリスクに関する情報や意見のやりとりの相互作用的過程」［National Research Council, 1989］と定義されています。この概念の特徴は、リスクについての意思決定の主体が専門家のみではなく、リスクにさらされる高齢者や家族にもあることを意味しています。

リスク・コミュニケーションの具体的方法としては、主に教育、意思決定への参加、信頼性の三つがあげられています［吉川、2002］。教育とは、高齢者や家族にリスクの知識を持ってもらうことです。高齢者に限らず病気や事故で障害を持った患者とその家族が、専門的な知識を持たずその後の生活で生じるリスクを適切に予測し、対処することは一般的には非常に困難だと言えます。教育による方略ではゼロリスク*などの考え方に注目し、

ゼロリスク
リスクがまったくない状態。社会活動のように、より包括的なシステムの中では、リスクがゼロになることは実質上ありえない。従ってゼロリスクの状態を想定することで、逆にリスクを認識し、リスクへの対応を考えていくこととなる。

活動には、必ず何らかのリスクがともなうことを踏まえながら転倒や事故を防ぐために自らがどのようなことに気をつけたらよいかを学習する援助をします。**表5**は、筆者が広島県三原市で行った老人保健健康増進事業でのアンケート調査結果です。どのような話の内容がどの程度理解されているのかを確認することも必要だと言えるでしょう。

次に意思決定への参加は、前述した協業のプロセスと同じ意味です。住まいにおいては、高齢者や家族の生活イメージを基にしてリスクを軽減する方法を住宅の改修や福祉用具を使用していくなかで援助者と共に考えていくことだと言えます。

最後に信頼性は、どのような機関からのどのようなリスク情報を人は信じるかという研究です。悪いニュースの情報源は、良いニュースの情報源よりも信頼される傾向がある〔吉川、2000〕ことや、大学の研究機関や身近な家庭医などからの情報は信頼されやすい傾向がある〔Jungermann et al., 1996〕といったことを認識しておく必要がありそうです。高齢者の身近での事故の情報などは、その後の住まいへの対応にも影響を与える可能性を考慮しておくべきだと言えます。

表6は住環境整備におけるリスク・マネジメントとリスク・コミュニケーションの違いについて示しています。リスク・コミュニケーションの方法論は、リスク情報を伝えるだけでなく、高齢者自身がどのようにリスク認知をしているかを知るプロセスとも言えます。事故のない安心した住まいを考えるには、環境整備などのハード面に関するリスク・マネジメントだけではなく高齢者のリスク認知過程を理解するソフト面に関するリスク・コミュニケーションが今後特に有用だと考えられます。

表５　三原市老人保健健康増進事業で行った勉強会
「高齢者の住まい」終了後のアンケート調査

次の内容について、どの程度印象に残っているか当てはまる番号に○をしてください。

回答24名

	良く覚えている	まあまあ覚えている	あまり覚えていない	全く覚えていない
家庭内の事故の中で「転倒」の割合が最も多い	19	4	0	1
家庭内事故の発生場所で多いのは、「居間」である	17	5	0	2
家庭内事故の発生時間で多いのは、朝と夕方である	12	7	4	1
転倒事故のつまづきの原因では「敷居」が多い	18	3	0	3
転倒事故のすべりの原因では「浴室のタイル」が多い	17	4	1	2
居間では、電気コードが妨げになっていないか注意する	17	6	0	1
廊下では、夜間の明かりが十分かどうか確認する	19	3	1	1
廊下の床に歩行の妨げになる障害物をおかない	22	1	0	1
玄関では、玄関マットが滑ったりしないか確認する	19	3	1	1
日頃から散歩をすることなどを通じて筋肉を活性化しておく習慣をつけておくこと	20	2	0	2
外出時に折り畳み式の杖を携帯することが転倒を予防するのに役立つことがある	17	2	0	5
自分の体力や能力をよく知っておくことが必要である。そのために体力測定等に積極的に参加しておくこと	17	4	2	1
男性は、自分の体力に自信を持っている人が多い傾向にありそのために無理をしやすい傾向がある	11	6	5	2

表6　住環境におけるリスク・マネージメントとリスク・コミュニケーション[宮口、2002a]

	リスク・マネージメント	リスク・コミュニケーション
健康管理	本人にとって日常生活で健康によいこと、悪いこと、健康な食生活、健康状態を判断する方法、病気にならないために気をつけることなどを管理・指導する	健康を維持するために、気をつけること、食べ物についての知識、健康状態を判断する方法などについて本人がどの程度理解しているかを確認する。理解されていない場合は、その原因を考えて対応する
安全管理	家庭内や外出先での事故が起こらないように管理する。火災や自然災害時の避難方法を確認する	事故が起こらないようにするための知識をどの程度理解しているかを本人に確認する。また火災や自然災害時に本人がどのように行動するべきかを確認する。理解されていない場合は、その原因を考えて対応する
介助	効率的で安全な介護方法を実施する	介護方法で不安に感じているところ、危険に感じているところはないか本人に確認する。不安や危険を感じていた場合は、その原因を考えて対応する
福祉用具	福祉用具の選択・使用・管理を行う。使用上の注意事項、禁忌事項を確認しておく	なぜ福祉用具を使用する必要があるのか、使用上の留意点は何かについて本人がどの程度理解しているか確認する。理解されていない場合は、その原因を考えて対応する

4　住環境整備のポイント

高齢者が安心できる住まいとして考えられる一般的な住環境整備のポイントについて紹介します。工事が必要な住宅改修をする際には、専門家とよく相談し、介護保険の対象者である場合は公的補助が受けられる場合もあるので、ケアマネージャーなどと相談することが大切です。住環境整備に関わる場合には、実際の生活場面において適切に手すりや福祉用具などが使用されているか、高齢者本人のリスクに対する認識には問題がないか、などのフォローアップが重要なことは言うまでもありません。

(1)　居室（居間）

居間は日中一番長く過ごす部屋であるとともに、冒頭で述べたように転倒の危険性が高い場所です。**図2**は転倒予防の確認のポイントを示したものです。

(2)　サニタリー空間

浴室

浴室は滑りやすいため、転倒の危険度が高くなります。体力を消耗しやすい場所でもあるので、動作が簡単にできる工夫をして、安全に快適に入浴することが望まれます。浴室でのポイントは以下のとおりです。

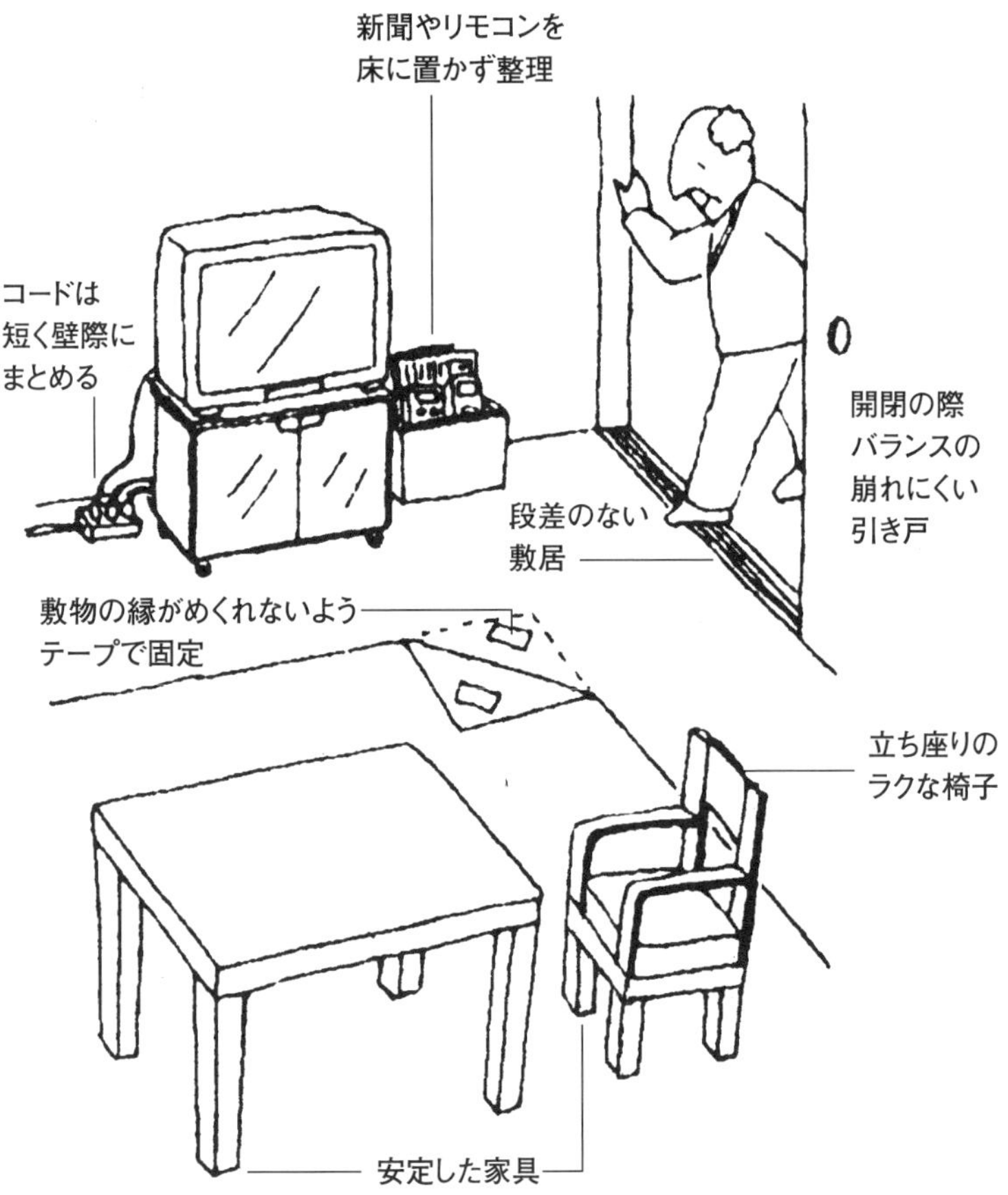

その他
- カーペットはできるだけ毛足の短いものにする
- 高いところに物を置かない
- 充分な明るさを保つ

図2 居間におけるチェックポイント

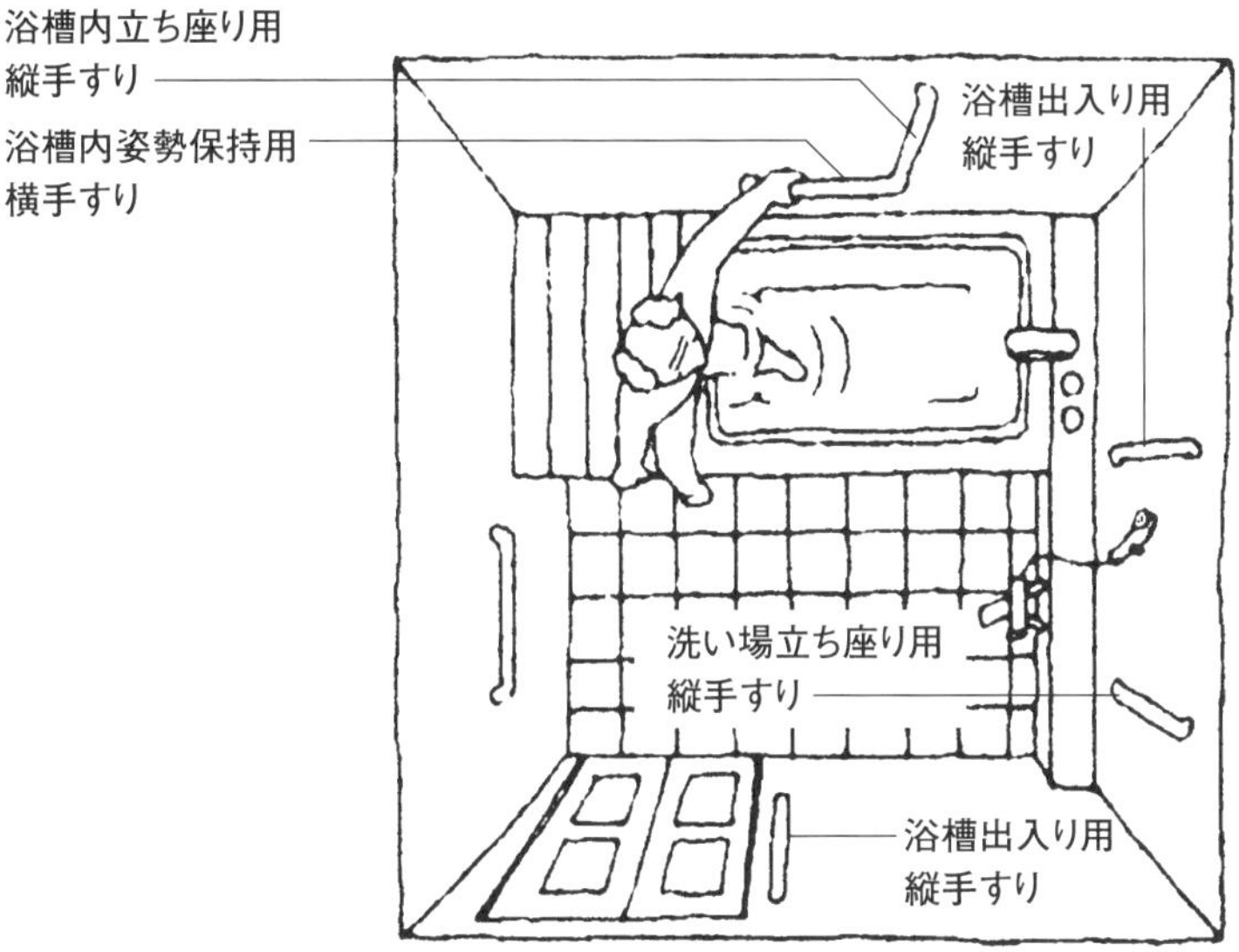
浴槽内立ち座り用
縦手すり
浴槽内姿勢保持用
横手すり
浴槽出入り用
縦手すり
洗い場立ち座り用
縦手すり
浴槽出入り用
縦手すり

図3 浴室内の手すり

・浴槽に滑り止めマットを敷く。
・大きくまたがなくても浴槽に入れるように洗い場に台を置く。
・身体や頭を洗うときの椅子が低いと立ち座りのときに転倒の危険性が増すので、立ち上がりやすい高さがあり、安定しているシャワーチェアを使用する。
・脱衣場に椅子をひとつ置いて、座って着替えができるようにする。
・風呂場が曇らないように換気を良くする。
・冬場は浴室が寒いと心臓に負担がかかるので、一番風呂を避けるか、あらかじめ暖めておく。

浴室内の手すりには、**図3**のように浴室出入り用縦手すり、洗い場立ち座り用縦手すり、洗い場移動用横手すり、浴槽出入り用縦手すり、浴槽内立ち座り・姿勢保持用L字型手すりなどがあります。

トイレ

洋式トイレを使用することで立ち座りが楽にできます。改修が必要な場合は、車椅子、介助者が入れるくらいの十分なスペースを確保しておく必要があります。手すりは様式便座の立ち座りを考慮して縦型の手すりが用いられる場合が多くなります。

高齢者の夜間トイレ時における転倒は少なくありません。この原因として夜間、目覚めた直後は身体の動きが十分でなく、足元が不安定なため、転倒の危険度が増加することが考えられます。そのため高齢者の寝室はトイレの場所に近いことが望ましいと言えます。

場合によっては夜間だけベッドサイドにポータブルトイレや尿器を置き、安全を確保することも考慮します。

(3) 台所

台所は火災の発生源となりやすいため、鍋の空焚き、火の取り扱いに留意する必要があります。ガス漏《も》れ警報機、煙感知器などの防災機器を取り付け、積極的に火災の発生防止に努めることが大切です。直接火を使わずに調理ができる電磁調理器はガスよりも安全ですが、アルミ鍋や土鍋は使えないといった制限があります。

食器類は手の届く出し入れしやすい場所に収納します。高いところのものを取るときは、無理をせず家族などに頼むことも必要です。

(4) 寝室

動線*を考えると、寝室とトイレは近い位置が望ましいと言えます。照明のヒモを長くする、リモコン式にするなど、照明スイッチを寝たままでも操作できるようにし、部屋を明るくしてから寝床から起き上がるようにすると転倒の危険が減少します。さらに夜間は廊下の電気はつけたままにしておくなど、足元を明るくしておくことも方法の一つです。ベッド上で過ごす時間が長い高齢者の場合は、寝た状態で直接電球の光が眼に入らないように、照明の光源の位置や形状に工夫が必要となります。

また、寝室にいる時間が長い方には、家族とコミュニケーションがとりやすいように、

動線
家の中を人や物が移動する軌跡のこと。住宅改修などで間取りを考える際、この動線をしっかり計画しておかないと、無駄な動きが多くなったり、移動時の効率が悪くなったりして暮らしにくい家になってしまう。高齢者の場合は、特に居室とトイレ、食堂、洗面所などのつながりは重要。

居間に近い部屋を寝室にすることも、心身の健康に良いと言えます。ただし、同居家族に生活時間帯が異なる者がいる場合は、生活リズムを乱される可能性があるので注意が必要です。

他にも設備機器として、緊急時に備えてインターホンやコールスイッチを設けることは、健常な高齢者にとっても安心感を与えることができると考えられます。

(4) 玄関・外回り

① 門から玄関

門から玄関までの間は、飛び石などを利用すると、つまずく原因となるので、段差のない平坦な形状にします。また、タイルは雨で濡れても滑りにくい表面仕上げが望ましいでしょう。

② 玄関

ひとりでの歩行が可能でも介助が必要な場合は、段差のある玄関での出入りはバランスを崩しやすく注意が必要です。上がりかまちの段差が大きい場合は、一段低い台を置いたり、手すりをつけることにより、より安全に出入りができます。車椅子の場合はスロープなどを使用する方法もありますが、設置できない場合は玄関以外の場所から出入りを行うことも考慮に入れます。靴の収納は、前にかがんだり背伸びをしなくてもよい場所を選びます。また靴を履くときに転ばないように、玄関に椅子を用意するのも有効でしょう。

以上が玄関における一般的なポイントですが、高齢者の中には玄関の改造を嫌う人が少なくないので、何らかの改修を行う必要がある場合には本人とよく話し合うことも大切です。

5 住環境を整えることに加えて留意すること

(1) 転倒予防のために

寝たきりになる要因として多いのが、脳血管障害の後遺症によるもの、そして転倒による骨折です。ここでは転倒予防のために日常生活において留意すべき点について述べます。

転倒はバランス能力、筋力低下、歩行能力の低下、視力、聴力の低下など、さまざまな原因により引き起こされます。また睡眠薬や高圧剤などにより眠気、ふらつきが生じ、バランス感覚の低下を招くこともあります。そのため医師や薬剤師から薬の注意事項についてよく説明を受けておくことが必要です。また副作用としてこれらの症状が強く表れているときは医師に相談するようにします。

服装は丈を短めに、軽装で手足が自由に動かせる転びにくい服装をすることが大切です。またスリッパではなく素足、もしくはかかとまで入る滑り止めのついた上履きをはくことも転倒予防に効果的です。

起きるときは布団の中で準備運動をしてからゆっくりと起き上がります。椅子から立つときはふらつかないようにゆっくりと立ち上がります。日ごろから体操を行い体力の維持に努め、屋外を歩くときは慌てたり、急いで歩かないように時間にゆとりをもって行動す

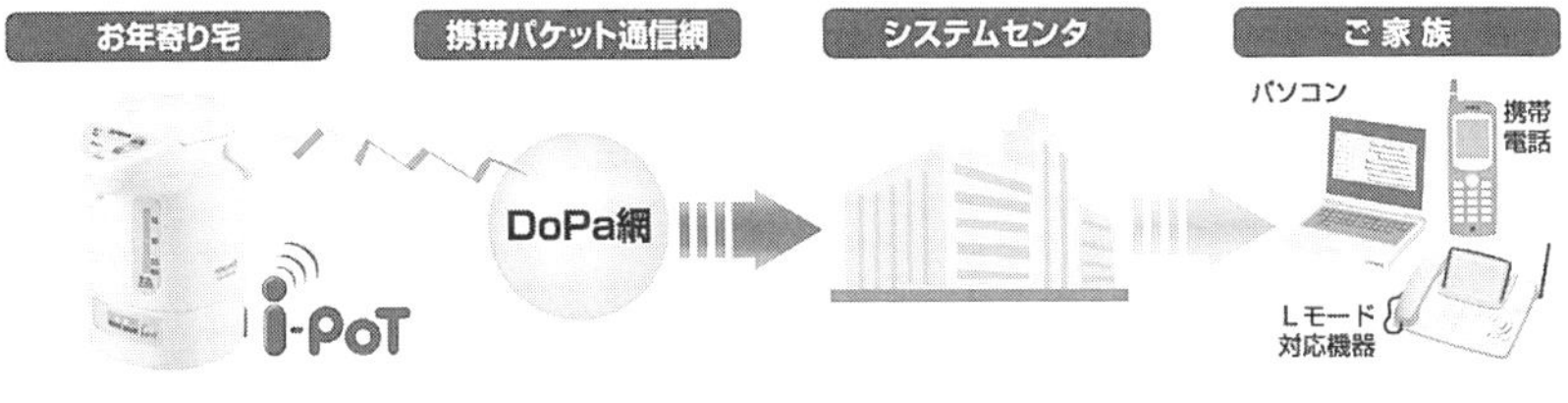

図4

ることも大切です。脚立や踏み台に登ったり、重いものを運ぶ作業はできる限り行わない方が望ましいので、よく使うものは手の届くところに置くようにしておきます。

ひとり暮らしの場合やひとりで留守番しているとき、万が一の事態が起こった時のために、家族やかかりつけ医などの緊急連絡先を大きくわかりやすいところに掲示しておくと、落ち着いて連絡することができます。

(2) 役に立つ安心グッズ

高齢者ひとりひとりの状態に応じて、生活を便利に快適におくれるように補助する自助具*（self help devices）や福祉機器があります。その中で高齢者本人と家族の両方にとっての「安心」グッズとして、ひとり暮らしの高齢者の毎日の安否を遠くに住む家族が簡単に確認できる商品やシステムが開発されています。例えば象印の「みまもりほっとラインｉポット」という商品は、ひとり暮らしの高齢者がポットを使った時間を契約者である家族にメールで連絡します。ポットを通じて、高齢者の安否を見守ることができるシステムです（図4）。

この他に家族にとっても日常生活で使いやすいユニバーサルデザイン*の商品がたくさん開発されています。福祉機器や自助具の選択、適応は、高齢者の状態や日々の生活スタイル、現在の住環境によっても異なります。福祉機器の購入やレンタルでは補助が出る場合があるので、まずは近くの在宅介護支援センター、役所・役場の相談窓口に相談するのが良いでしょう。

（宮口英樹）

自助具
自らの動作を助けるために用いる道具や工夫された器具。

ユニバーサルデザイン
性、年齢、障害の有無を超えてできるだけ多くの人々が利用できるデザインを、製品、建物、環境の設計段階から取り入れていくもの。

引用・参考文献

朝日新聞（千葉）　二〇〇五年四月一六日

Graef, R., Csikszentmihalyi, M. & Gianinno, S. M.　1983　Measuring intrinsic motivation in everyday life.　*Leisure Studies,* 2, 155-168.

Jungermann, H., Pfister, H. R. & Fischer, K.　1996　Credibility, information, preferences and information interests.　*Risk Analysis,* 16,251-261.

鎌田元康　1994　「建築計画と設備」日本建築学会（編）『高齢者のための建築環境』彰国社

児玉桂子・鈴木 晃・田村静子（編）　2003　『高齢者が自立できる住まいづくり』彰国社

古山千佳子・吉川ひろみ　2000　「生活場面でのトランスファー繰り返し訓練の効果―在宅での一症例を通じて」『作業療法』第19号　特別号　471p.

Law, Mary, 1998 *Client-Centered Occupational Therapy.*（宮前珠子・長谷龍太郎（監訳）　2000　『クライエント中心の作業療法』　協同医書出版）

Law, Mary, et al. 1999 Canadian occupational performance measure.（吉川ひろみ・上村智子（訳）　1998　『ＣＯＰＭマニュアルと評価法』大学教育出版）

宮口英樹　2002a　「住宅への工夫と役に立つ介護用品の助言」『介護ハンドブック』関西看護出版

宮口英樹　2002b　「作業療法士の立場から」『平成一三年度老人保健健康増進等事業、三原市における「転ばぬ先の元気塾」実施報告書』

内閣府　2001　『平成一二年度高齢者の住宅と生活環境に関する意識調査』

内閣府政策統括官　2003　『平成一四年度高齢者の健康に関する意識調査』
National Research Council　1989　*Improving risk communication.* National Academy Press.
野村　歓　1989　『高齢者・障害者の住まいの改造とくふう　新築からリフォームまで』保健同人社
鈴木　晃　2002　「在宅ケアの日常的継続的支援者による住環境整備の支援」『訪問看護と介護』第7号　524-529p.
鈴木隆雄・金　憲経・吉田英世（編著）　2004　『高齢者の転倒予防ガイド　転ばぬ先のつえ』　新企画出版
東京商工会議所　2003　『福祉住環境コーディネーター検定　2級公式テキスト』　改訂版
吉川肇子　1999　『リスク・コミュニケーション』　福村出版
吉川肇子　2000　『リスクとつきあう』有斐閣
吉川肇子　2002　「リスク・コミュニケーション」『土と基礎』第50号　1-3p.
象印マホービン株式会社ホームページ　http://www.mimamori.net/

遊び、笑いと創造する楽しみ――オーストラリアでのダイバージョナルセラピーの実践から――

一九九四年五月。オーストラリア、クイーンズランド州の州都・ブリスベンは時ならぬ日本ブームに沸いていました。関西国際空港の開港を記念して、大阪天満宮の「天神祭り」[*1]が本場さながらに催行されたのです。この日のために大阪から約二、〇〇〇人が渡豪、私も同行記者として初めてオーストラリアの地を踏んだのでした。天満宮の歴史上初めて御神体や神輿が海を渡り、ブリスベン市庁舎前の広場で神事が執り行われました。巨大な神輿が人力で街を練り歩く陸渡御や、ブリスベン川を幾艘もの飾り立てた船が運航する船渡御はオージー[*2]たちを興奮させたものです。

走り回って祭りの様子をカメラに収める私のファインダーの向こうで、聞きしに勝る明るく開放的な笑顔が躍動していました。沿道や川岸には人があふれ、歩行者天国のあちらこちらで便乗イベントが賑《にぎ》わう。そんな中、車いすや電動スクーター（車いす系）で祭りに加わる老若男女の姿を度々見かけました**（写真1）**。混み合ってはいるもののマイクで叫ぶ警備はいない。車いすの人をだれも制止もことさら保護もしない。決してバリアフリーではない町中を、不思議と車いすはスムーズに行列に付いていきます。見ていると、信号待ちのときなど誰彼なく声をかけたり、そっと手を添えていたり……。野外ステージのバンド演奏の面々も真っ赤なポロシャツのご老人たち。なんて楽しむことが上手なんだろう。

一九九八年、今度はオーストラリアの高齢者福祉を取材するためブリスベンに飛びました。以来、渡豪は二〇数回。あの自然さ、楽しさを支えているものは何なのか……、私は探しました。

＊1　天神祭り　日本三大祭の一つ。千年の歴史をもち、七月二四、二五日に天満宮周辺と大川で繰り広げられる大阪夏の風物詩。

写真１　天神祭りの行列に加わる電動車いすの女性たち

＊２　オージー（AUSSIE）　オーストラリア人の親しみを込めた呼称。オージー気質は独立心に富み、陽気でフレンドリーといわれる。

1　認知症で一人暮らし——その明るさを支えるものは——

初めての取材で、まず高齢者の日常生活を知りたいと、訪問ヘルパーの車に同乗させてもらうことにしました。一軒の滞在は一五分前後という巡回型[*3]で、クライアントの必要性に応じて訪問の優先順位や回数が決まっており、どのようなサービスを行うかはヘルパーの裁量にかなり任されている感じです。庭の手入れや蛇口の修理などもＯＫ。一方、医療的なケアは別に訪問看護師が行います。

例えばＡさん（女性・八十歳代）。認知症で一人暮らし。ヘルパーは洗濯物を洗濯機に入れ、ポータブルトイレの始末をするとシャワーの手助け。元歌手のＡさんは、シャワーの間もずっと歌い続ける。ヘルパーも調子を合わせて楽しんでいる様子。この日はヴェルディの「女心の歌」がお気に入りのようで、シャワー後は真っ赤なワンピースを選んで、会話も歌になるというオペラ気分。リビングには古いピアノに古いテレビ。このテレビはもう映らないけれど「夫と苦労して買ったもの」だとか。その夫や子ども、孫たちの写真がテレビの上に所狭しと並ぶ。旅先で買い集めたのだろうか、きれいなガラスのコレクションもたくさん飾られ、使い込んだ古いソファーや椅子がこれまたいたるところに（**写真2**）。足が弱ってきて歩行器を使う彼女にとってこれらの椅子は〝安全を担保〟するもの。古いピアノやテレビ、写真やコレクションは〝心の平穏を担保〟するものではないだろうか。自分の大切なもの、馴染んだものがいつもそばにあるという安心と満足感があるからこそ、Ａさんは少々物忘れがひどくて、家事はうまくできなくても、いつも明るい笑顔を絶やさず好きな歌を歌い続ける。食事作りなどのためにヘルパーと時間を調整してやってくる近くに住む娘家族の存在も合わせて、認知症の一人暮らしはこのようにしてＨＡＣＣ[*4]のプログラムの中で物心両面から支えられていました。そして、このようなリビングの調度は、できる限り施設に入っても継続されるよう、努力されています。

一日に十数件を回るヘルパーに同行して、オーストラリアの高齢者の多様なライフスタイル、住居、家族のあり方に出会いました。朝からビシッと背広姿を決めている元判事の老紳士。彼は庭の花を折って、いかにもジェントルマン然として私の胸に挿してくれました。心臓疾患を持つ女性は緊急通報ベルを首にかけ、目の不自由な読書好きの人は、ボランティアが作る新しい朗読テープが届くのを心待ちにしています。朝食からビーフステーキを好む元船乗りさんは、ヘルパーの焼いた肉に"Japanese Healthy Foods !"と得意げに醤油をかけて見せました。

重度の身体障害を持つ一人暮らしの男性は、ベッドでヘルパーの来訪を待っていました。着替えを済ませると電動車いすに移乗。こうして一日中車椅子に座っているだけなのだろうかと思って帰り際にふと見ると、玄関先にショベルが立てかけられ、小さな畑が……。「彼はガーデニングが好きなのよ」と、ヘルパーはこともなげに言います。どんなに障害があっても好きなことは自分で楽しむ。その執念に息を呑んだものです。

このようなオーストラリアの在宅支援は一九八五年に整備されたＨＡＣＣという制度によって支えられていますが、このように自分のライフスタイルを維持し続けようという個人の意思と、それを尊重しようとする政策によってどんどん改革が進められ、重度介護を必要とする在宅高齢者にナーシングホーム並みの二四時間ケアを提供する「拡大型在宅ケア（Extended Aged Care at Home Pckages）」も拡充してきました。メニューは日本における在宅介護とほとんど同じですが、「コミュニティＯＴ・ＰＴ・足治療士」といった専門職の訪問、急に家族が介護できなくなった場合を保障する「緊急レスパイトケア（介護者が休養するためのショートステイ）」などが手厚く在宅生活を支えています。

＊3　ヘルパー　日本のようなホームヘルパーや介護福祉士といった資格制度はなく、専門学校（州立高等専門機関／ＴＡＦＥ）で短期間に養成される「アシスタントナース」が、施設でも在宅でも介護の主なスタッフとなっている。

＊4　ＨＡＣＣ（Home and Community Care Services）　一九八五年に連邦政府によって全国統一の高齢者施策として整備された在宅ケアのサービス。在宅における介護看護、通所ケア・短期入所、配食、移動サービス、住宅改修やメンテナンス、理学療法（ＰＴ）、作業療法、言語聴覚療法（ＯＴ）、足療法などが提供される。資金は連邦および州政府が分担、全国に約一九〇のＨＡＣＣエージェンシー（民間）によっ

2　高齢者介護大臣との出会い──「老いるとは楽しむこと」

一九九七年、オーストラリアは「Aged Care Act '97」と呼ばれる改革に着手しました。まず連邦政府は高齢者問題専門の「高齢者介護省（Department of Health and Aged Care／現・Health and Aging）」を創設。一九九九年に訪日した初代大臣、ブロンウィン・ビショップ氏に、私はインタビューの機会を得ました。その中で彼女はこう言ったのです。

写真２　一人暮らしの認知症の女性のリビング
使いなれたいすや思い出の品がいっぱい

「ベビーブーマー世代の高齢化に備えて介護のコストを下げなければならない」。そのためにはどうするのか？「介護の質を上げればよい」。質を上げてコストを下げるとは？「スタッフの専門性を高めて適切な介護を行えば、高齢者の生活の質が高まると同時に、補助金や資金の流れを無駄なく、明確にする。質の高い介護を効率的に提供することで、結果的に社会的コストは軽減されるのです。」。

そのためにビショップ大臣は全国の高齢者施設に対して介護の質の標準化（オーストラリアン・スタンダード）を目指して高齢者介護基準認定監査局（Aged Care Standards and Accreditation Agency, Ltd.）による監査を実施。基準に満たない施設で一定の猶予期間の後、改善されないものに対しては政府の補助金打ち切りという厳しい施策を打ち出しました。この監査は次のような四領域・四四項目からなるものです。*5

第一領域　経営組織（経営全般と備品関係、苦情処理、情報開示、職員教育を含む九項目）

第二領域　個人の健康および身体的ケア（健康管理、睡眠、口腔ケア、痛みのマネジメント、緩和ケアなどの医療的ケアを含む一七項目）

第三領域　入居者のライフスタイル（個人の権利やプライバシー、感情のサポート、文化や趣味へのニーズなど個人の生活に関する一〇項目）

第四領域　身体的環境と安全基準（食事、清掃、洗濯、感染予防等生活環境全般と職員の健康と安全に関する八項目）

この中で特に第三の「入居者のライフスタイル」に注目してみましょう。次に記した項目の中で1～3は、すべての領域に共通します。

1. 積極的に改善を追及し続ける。
2. スタッフは、専門家としてのスタンダードを保ち、ガイドラインに沿って規則を守る。
3. スタッフが適切な知識とスキルをもって向上できるように教育開発を行う。
4. 一人ひとりの入居者は、新しい環境における生活に慣れるよう、感情面のサポートを受ける。
5. 一人ひとりの入居者は、できるだけ独立性を維持し、友好的に打ちとけられるよう援助される。
6. 一人ひとりの入居者は尊厳とプライバシーの権利を認められ、尊重される。
7. 一人ひとりの入居者は、レジャー、興味やアクティビティのニーズが幅広く取り入れられ、参加することを奨励され、支援される。
8. 一人ひとりの興味、習慣や、文化的、民族的背景が尊重される。
9. 個々の入居者またはその代理人は、入居者が受けるサービスについての決定に参加し、他の人の権利を侵さない範囲で、彼または彼女のライフスタイル全般にわたって自分でコントロールすることを尊重、援助される。
10. 入居者は介護サービスを確保し、彼ら自身の権利や責任を理解できるようにサポートされる。

さて、このような「感情面のサポート」だとか「友好的に」など抽象的で精神的な視点、「レジャー、興味」のニーズや「習慣的、文化的な背景」、さらに「自身の受けるサービスへの決定参加」「ライフスタイル全般」「権利と責任」……となると、これはいったい誰がどのように監査に対応するのでしょうか。

オーストラリアでは、この分野を担うにふさわしい、ある「実践」が三〇年前から蓄積されていました。それがダイバージョナルセラピー[*6]だったのです。もともとは作業療法のレクリエーションや精神ケア的要素と赤十字の負傷軍人への精神ケアの部門が統合されて始められ、現場の実践によって構築されてきたものですが、彼らは「各人がその人にとって価値のあるレクリエーションやレジャーを経験することは、その人の能力とは関係なく全ての人に与えられた権利である」という共通の理念のもとに、いわゆる「介護」からは独立した職種として活動してきました。

「認定監査が始まって以来、私たちダイバージョナルセラピストの雇用は急速に発展しました」とクイーンズランド州ダイバージョナルセラピー協会会長（二〇〇一年）のヴィキー・キムリンさんはダイバージョナルセラピー普及の経緯を話してくれました。[*7]

現在、オーストラリアではほとんどの高齢者入居施設、デイセラピーセンター（通所）にダイバージョナルセラピストが存在し、最近は精神科病院、地域の障害者のサポートにも活躍の場が広がっています。活動の一つ一つはすでに日本でも実践されていることも多いのですが、トータルな専門職としてはまだ未開発の仕組みではないかと興味を引かれ、私の取材対象はダイバージョナルセラピーへと集中していきました。

実際の活動の一端を見てみましょう。

＊5 高齢化　一九九〇年代のオーストラリアの高齢化率は11%～12%台で推移。二〇〇六年現在で約13%、約二六〇万人（六五歳以上）。

＊6 ダイバージョナルセラピー（Diversional Therapy）　直訳すると「気晴らし療法」。三十数年前からオーストラリアの高齢者介護の分野で開発されてきた、クライエントを中心とした「レジャー&ライフスタイル」に関わる実践である。現在では精神科や子どものケアにも広がっている。

＊7 オーストラリア・ダイバージョナルセラピー協会の「VISION」より。

3　〝楽しさ〟と〝自分らしさ〟をキーワードに生活の質を高める

午前九時頃、ナーシングホーム[*8]やホステル[*9]を訪れると、テラスや庭に出てお茶を楽しむお年寄りの姿をよく見かけます。バスでショッピングセンターのカフェへ行ったり、ティーポット持参で近くの公園に出かけていくことも（**写真3**）。オーストラリアの人たちにとってモーニング&アフタヌーンティーは、仕事や食事と同じくらい大事な生活習慣なのです。この習慣を施設に入っても続けることは、ライフスタイルの継続という意味でダイバージョナルセラピーのプログラムの一つでもあります。

さて、ティータイムを例に見ると……。気の合ったグループとテーブルを共にするか、あるいは一人で静かに過ごしたいか。外へ行くなら移動手段は、トイレはどこに、一人ひとりのリスクは何か、ボランティアを頼むか。参加の同意の確認。さらに飲み物や菓子は何にするか、その予算は……といった計画から実施まですべての責任をもって担当しているのがダイバージョナルセラピストです。

どのような状況にあっても、楽しさや自分らしさを保つために、外出しない人のためのプログラムや、夜眠れない人や認知症でストレスを溜め込んでいる人への対応も考えなければなりません。新しく入所して不安がっている人には、話し相手になって友だちづくりや部屋のアレンジも考える。ゲームや趣味、工作といったアクティビティの計画と実施。またそれらに参加できない人にはどうするか。認知症や重症の人のための特別のプログラムも必要で、それを個人にどう調整するか。昼休みや終業後には山とたまった「個人記録」も書かなければ……と、ダイバージョナルセラピストは大忙しなのですが、入居者の前では、いつもゆっくり動いています。ホームの中で忙しそうに動いている人は、ほとんど見かけません。

オーストラリアの施設がゆとりあるように見えるのは、施設長に当たるディレクターオブナーシングをはじめ、医療的なケアや認定アセスメント[*10]を担当するクリニカルナース（看護師長の立場）、直接身体に触れるケアにあたるアシスタントナース、掃除、洗濯、調理からガーデニングや建物のメンテナンススタッフに至るまで、それぞれの専門性によって分担し尊重し合いながら連携する仕組みがうまく機能しているからだといえるでしょう。ダイバージョナルセラピストもそのようなチームケアの一員なのです。

＊8　ナーシングホーム　ACAT（注12参照）による介護評価で重度（ハイケア）と認定された場合に入所できる施設。日本の特別養護老人ホームに近い。

＊9　ホステル　ACATによる介護評価で軽度（ローケア）と認定された場合に入所できる施設。日本のケアハウスに近い。

＊10　認定アセスメント　オーストラリアでは入所後に一ヶ月ほどかけて全国統一の介護評価が行われ、このレベルに応じて政府からの補助金が決まる。Resident Classification Scale と呼ばれ、コミュニケーション、排泄、認知や行動の問題、身体的、精神的、医療的ニーズなど二〇項目。

写真3　施設の近くの公園でモーニングティーを楽しむ入居者たち

4　可能性と能動性を拓く全人的アプローチ

ブリスベンの施設に入居している一人の女性を紹介しましょう。Bさんは数日前、ローンボールの試合で銀メダルを獲得して地域の仲間から喝采《かっさい》を浴びました。「三年前に彼女が入居してきた理由は、自殺企図でした。今の彼女を見ると想像もつかないでしょう……」とヴィキーは言います。

Bさんは五〇代で脳疾患のために失明。一人暮らしで生活に行き詰まった彼女は、希望をなくし「死にたい」をくり返す。遠くに住む息子が心配して施設への入居をすすめたのです。入居したのはハイケアとローケアを併設する総合施設。Bさんの場合、視力以外に身体的な障害がないので、ローケアのホステルに入居しました。この施設は視力障害者に配慮したユニットがあるので好都合でした。しかし、問題はすぐに現れました。

平均年齢八〇歳代で認知症の高齢者も多い施設の中で、Bさんは目の不自由に加えて同世代の話し相手がいないという孤立感が日増しに募っていきました。その彼女を支えたのがダイバージョナルセラピストのヴィキーです。ヴィキーはBさんの三年間の分厚いファイルを前にその経緯を話してくれました。

Bさんが入居すると、ヴィキーは、彼女のこれまでの生活、好きなこと、得意なことやさまざまな興味やニーズ、信仰や人生観などについて彼女と話し合い、些細な会話からも彼女の希望や生活歴を聞き取り、ホステルでの生活を設計していきました。

Bさんは海とイルカが大好きでした。入居して間もなく、彼女の居室はイルカの置物や絵画など、Bさんが長年かけて集めたコレクションで埋め尽くされ、好きな音楽のCDもたくさん持ち込まれた。そして彼女が飼っていた猫も一緒に入居することに。彼女が自宅で生活していたときとほとんど変わらない環境が、ホステルの中に整えられたのです（写

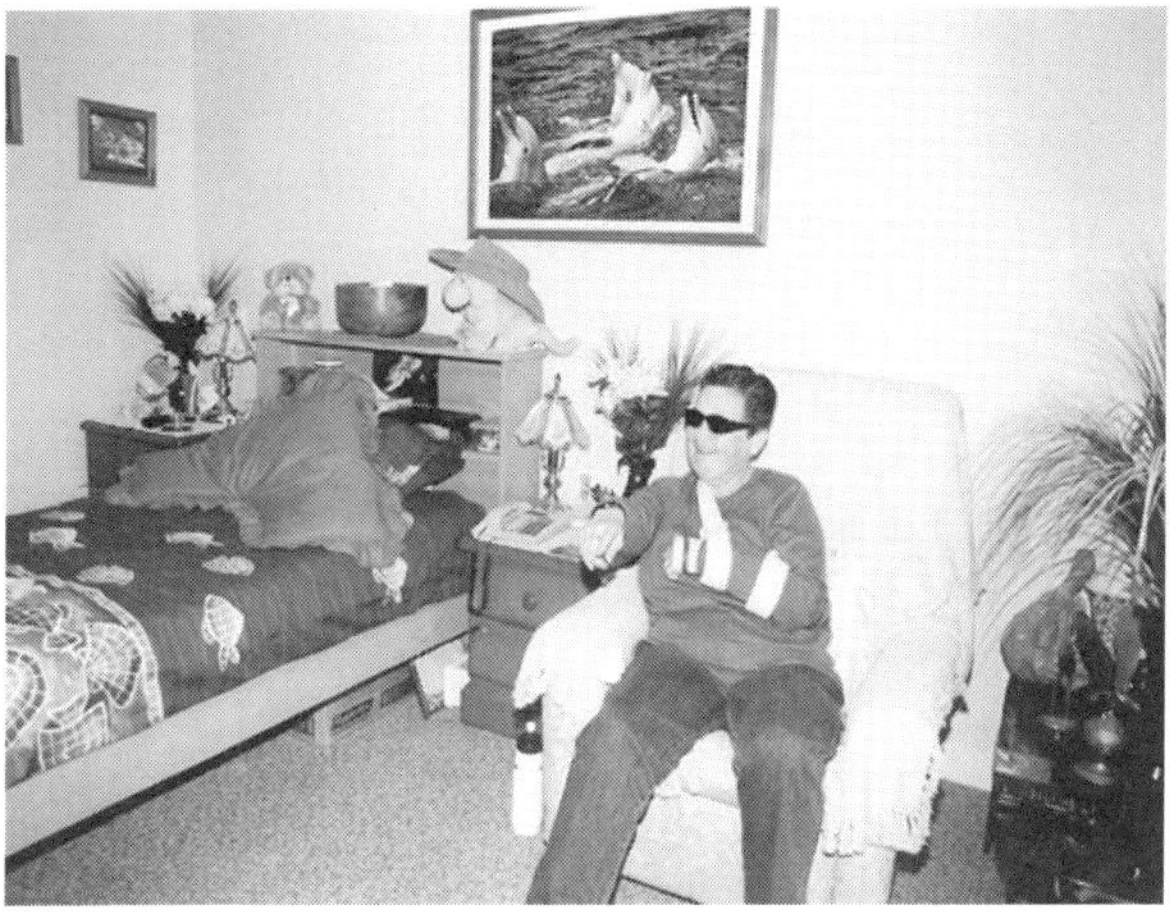

写真４　Ｂさんの居室

写真５　愛猫を抱いて施設内を歩くＢさん
入居者の中には電動車いすを愛用する人もいる

真4、5）。

次にヴィキーが取り組んだのは、彼女の〝可能性さがし〟と〝友だちづくり〟です。目が見えないということにとらわれ、入居者たちから遠ざかっているBさんに、「まだまだ自分には楽しいことがたくさんある！」、「ともに楽しめる仲間がいる！」ということをわかってもらうという目的をもって、さまざまなプログラムに彼女を誘いました。

しかし、心から楽しんでいる様子ではなかったので、ヴィキーは方向転換を試みました。同じ施設の入居者で地域のローンボールクラブに通っている人がいました。Bさんに施設の外へ出て行くことを提案してみたのです。Bさんはすっかりローンボールに夢中になりました。視覚障害者のチームにも入って、週に三日ほど地域の練習場に出かけていくうち、同世代の友人もできて、めきめきと腕を上げ、銀メダルという栄誉を勝ちとったのでした。

元気を取り戻したBさんは、もともと勘もよかったのか、愛猫を抱いてホーム内を自由に歩き回るようになりました。そこにリスクが存在しないわけがありません。二年前、私が訪れたとき彼女の腕にはギブスがはめられていました。しかし彼女の笑顔に変わりはなく、彼女の自由が制限されることはありませんでした。

このように、心身の障害や、高齢や認知症のために自分で自分の生活をコントロールできなくなったり、介護が必要になった人が、その人本来の生活を取り戻し、認知症による日常の困難にとらわれることなく、自らの可能性や残存能力を活かして、残された人生を精いっぱい楽しめるように支援する。ダイバージョナルセラピーはその思想と実践を意味し、現在オーストラリアのほとんどの施設でダイバージョナルセラピストが活躍しています。

Bさんに対して、ほぼ全盲であるという「身体」の限界を把握した上で、健全な身体機能を充分に活かせるプログラムを見つけ、施設に閉じこもることなく「社会」の一員であることに自信がもてるように地域のクラブに通うことを提案。好きなコレクションに囲まれ、友達を見つけるという「精神」の満足を得ました。もちろん毎週教会で祈るというスピリチュアル（宗教性を含む）な習慣も途絶えさせませんでした。ダイバージョナルセラピーはこのように「身体的」

「精神的」「社会的」「スピリチュアル」[*11]を視野に入れた「全人的アプローチ」を試みる多様な実践です。

＊11　スピリチュアル　スピリチュアルの定義として「人の非物質的、知的あるいは道徳的部分」とし、スピリチュアルとは、人生には認識や理解を超えたものがまだあるという前提のもとに、非物質的性質の感情や信念すべてを含む［大下、2005］とされ、大下氏は日本語表現として「たましい性」という言葉を記している。

5　ダイバージョナルセラピーのプロセス

オーストラリアの高齢者は、ACAT[*12]（高齢者介護評価チーム）によるアセスメントを経てナーシングホームやホステルに入居すると、その施設で改めて身体的機能や生活状況、精神面や認知症のレベルなどについて再度、詳細な評価が行われます（認定アセスメント）。ダイバージョナルセラピストによるアセスメントは、これらと併行して情報交換しながらも、別個に行われ、その内容は各施設や法人が独自に開発するものです。このプロセスでは、ダイバージョナルセラピストの豊かな感性、〝想像力と創造力〟がその資質として求められると考えます。また、このプロセスのすべては記録され、施設認定監査の対象となります。

(1)　事前の調査（Assessment）

ダイバージョナルセラピーのアセスメントは、一人ひとりの生活歴、趣向、精神・感情面など個人のライフビューを把握して、本人がより質の高い「生」を全うできるよう支援するために行う。できないことより「できること」に着眼。しかし限度も把握しなければならない。これらは一問一答的なものではなく、多くは三週間ほどかけて観察しながら完成していく。このため、ダイバージョナルセラピストにはわずかな情報からもクライエントの心理や背景をイメージできる豊かな感性が求められる。守秘義務の上でその情報をスタッフが共有する。

（2） 調査に基づく計画・設計（Planning）

事前の調査（DTアセスメント）をもとに個人個人のプログラムが計画されるが、このとき必ず「期待される効果＝ゴール」が設定され、身体的・感情的（メンタル）・精神的（スピリチュアル）・社会的・文化的（生活歴や背景）に視点をおきながら、創造や新しいことへのチャレンジの喜びも得られるような配慮が必要とされる。

（3） 計画に基づく実施（Implementation）

計画に基づいて、日々の実践が行われるが、レクリエーションやアクティビティにおいては予算管理から道具類の制作も含めた準備から始まる。関連の他分野との連携やボランティアの採用。資金調達なども仕事のうち。できるだけ本人の希望をかなえるための環境整備や多様な工夫を生み出す創造力が必要とされる。飽きさせない、孤独にしない、心地よい刺激を提供。またその心身の特性（障害を含む）による実施のあり方やリスク管理が重要となる。プログラムの実施には次のようなものがあるが、レクリエーションやアクティビティだけでなく、各種セラピーが「感性への刺激（センサリーセラピー）」として取り入れられている。

・レジャー&レクリエーション（趣味、工作、エクササイズ、外出、軽スポーツなど）
・各種セラピー（アロマ、ペット、音楽、ドールセラピー[*13]、回想法、センサリールームなど[*14]）
・住環境のダイバージョナルセラピー（家庭的環境、生活歴や思い出の重視）
・園芸（ガーデニング）と庭の活用（センサリーガーデン）など
・その他

(4) 事後の評価(Evaluation)

本人の満足度や変化を毎日観察、記録し、基本的には八週間ごとに「ゴール」が達成できたかを検証しながらプログラムの見直しが行われる。これらのプロセスを通した記録が認定監査の時に監査局に提出される。

＊12 ACAT(Aged Care Assessment Team) 一九八五年に全国でスタートした高齢者の介護評価。ソーシャルワーカー、医師、看護師、作業療法士、理学療法士らがチームを組んで認定に当たるが、クライエントの状況によって構成は変わる。

＊13 ドールセラピー 高齢者や認知症の方が、赤ちゃんのような抱き心地の人形をパートナーとすることで、自らの中に母親の愛情を感じ、愛する、めんどうを見る、衣服を作ってやるなど能動的な感情と行動を取り戻すよう働きかけることをいう。

＊14 センサリールーム オランダが発祥のスヌーズレンの応用。光ファイバー、ミラーボール、音楽、アロマなど五感に心地よい刺激を与えるセッティングがされた部屋で行われるセンサリーセラピー。精神的安定や好奇心の喚起など、ドールセラピーなどとともに「Sensory Enrichment＝感性を豊かにする」プログラムの一つ。

6 「権利憲章」に見るオーストラリアの高齢者福祉のベース

オーストラリアの高齢者施設を訪問すると、必ず掲げられているプレート(額)があることに気がつくでしょう(**写真6**)。これは一九八五年に連邦政府によって策定された「高齢者施設入居者の権利憲章」[＊15]で、一八項目の権利と四項目の責任が記されています。

前文冒頭には「すべての人々は自由で公平に待遇され、敬意を表される権利を有する。肉体的、精神的な状態や、権利を充分に認知し行使できるか否かにかかわらず、施設に移ったからといってその権利がないがしろにされることはない」とうたわれ、入居者は「施設を一つのコミュニティとして、入居者個人と施設が必要とすることのバランスをとる権利と責任がある」としています。個人と施設、権利と責任におけるバランス感覚。そこに、あの天神祭りの喧騒《けんそう》の中を巧みに車いすを操って楽しむ人々に見るような、オーストラリアの高齢者の生き方や介護のベースがありそうです。

この権利の中には「文化的、宗教的な習慣を今まで通り行う」「施設の内外で自由に友人をもち、地域の活動やクラブなどに属することができる」などが含まれています。「たとえリスクがあっても、入居者にはそのリスクを受容する

写真６　施設に掲げられた「入居者の権利と責任の憲章」

権利がある。リスクをともなうという理由で、個人の行動を制限されることはない」ともうたわれています。前述のBさんに対するヴィキーの実践を思い出していただきたい。「一人ひとりの楽しさや自分らしさ」を支えるダイバージョナルセラピーの理念は、この権利憲章にも尽くされているのです。

そして、このような権利が、高齢者自身を含む市民と福祉事業者、介護・看護スタッフなどにも広く認識されて初めて、人生の終焉にふさわしい「楽しさ」「意味のある生」「自己実現のよろこび」が実感されるのだということを、オーストラリアにおけるダイバージョナルセラピーの三〇年にわたる実践は物語っています。

前述のビショップ大臣は一九九八年の「高齢化するオーストラリアの国家戦略」を次のような言葉で結んでいます。

「これらの戦略は〝老いるとは楽しむことであって、決して耐えることではない〟――という目標達成を確実なものとするでしょう」

（芹澤隆子）

＊15　高齢者施設入居者の権利憲章　原本では、「CHARTER OF RESIDENTS'RIGHTS AND RESPONSIBILITIES IN APPROVED RESIDENTIAL CARE SERVICES」。

取材協力
Aged Care Standards and Accreditation Agency, Ltd.（高齢者介護基準認定監査局・クイーンズランド州）
Australian Nursing Homes and Extended Care Association
Commonwealth Department of Health and Aging（オーストラリア連邦政府高齢者保健省）

Especially Australian Co., Ltd.
Diversional Therapy Association of Australia National Council（オーストラリアダイバージョナルセラピー協会）
Diversional Therapy Association of Queensland（クイーンズランド州ダイバージョナルセラピー協会）
Queensland Baptist Care Wishart Village（クイーンズランド・バプテストケア・ウイシャート・ビレッジ／高齢者施設）

引用・参考文献

Commonwealth Department of Health and Aging（オーストラリア連邦政府高齢者保健省）　プレゼンテーション資料（二〇〇四年）
Diversional Therapy Association of Australia（オーストラリア・ダイバージョナルセラピー協会）Mission Statement
（http://www.diversionaltherapy.org.au/ms.htm）2006.04.24.
大下大圓　2005　『癒し癒されるスピリチュアルケア』　医学書院刊

※文中写真はすべて筆者撮影

topics

第6章　高齢者の心の病の予防と家族へのアドバイス

1　高齢者の心理と心の病

高齢者の精神状態は、身体状況、聴覚・視覚などの感覚機能、心理、社会環境などによって強く影響されます。したがって、高齢者に見られる心の病もまた、単に脳や心理的なものだけに還元するのではなく、高齢者の身体・感覚機能の状態、社会・環境状態をも考慮しなければなりません。高齢者は心身の相関が大きく、身体的な疾患で精神症状をしばしば呈してくることに注意が必要です。

(1)　加齢にともなう知的能力の変化

一般に五〇歳代からある種の知能は加齢とともに低下しますが、この低下には個人差が大きく見られます。この個人差は、脳の老化の程度と密接に関係しますが、教育的背景や社会文化的環境などとも関係すると考えられます。

また、一般的に知能は加齢とともに低下するという印象を持たれがちです。しかし、知能は加齢によりすべて均等に低下していくのではなく、知識や言語理解など、加齢によりむしろ向上していくものがあることも知られています。

(2) 加齢にともなう感情面の変化

年をとると、感情が平板化し、物事に感動しにくくなる傾向がありますが、逆にささいなことで涙ぐんだり、怒ったりする場合もあります。また、他人や物事に対する興味・関心も乏しくなりますが、一方、自分の身体や身近なもの（金銭や持ち物など）に対する関心は高まり、それらへの執着心が強まります。体力の低下、活動性の低下、性機能の低下、記憶力の低下、学習能力の低下などを徐々に意識するようになり、これらの喪失感とともに、種々の喪失体験も加わり、孤独感や死への不安も現れ、感情面では抑うつ的で、不安定になりやすい面があります。

若い頃の喪失体験は、それをバネにして次の段階へのステップとしたり、将来を見据えることによって展開を切り開きやすい側面があります。しかし、老年期では、残された時間を考え、このような新たな展開に心を向けることは容易ではない場合も多く、身体および精神の健康を失う、経済的自立を失う、家族や社会とのつながりを失う、生きる目的を失う、といった容易に取り戻し難い喪失体験が起こりやすく、これが感情をはじめとする精神機能に大きな影響を与え、抑うつ状態や被害的反応を起こしやすくなります。

(3) 加齢にともなう性格の変化

老年期に特有の性格があるわけではないものの、高齢者に見られやすい傾向として、保守的、自己中心的、易怒的《いど》（怒りっぽくなる）、短気、義理堅い、おおらか、頑固、融通性がない、ひがみやすいなど、さまざまな側面が見られます。このような適応に関した性格のとらえ方では、マイナスイメージがともないがちですが、人生経験の中で蓄えられた知性や価値観は、逆に、若年・中年期の者と比して、より豊かで適応力が高い場合もしばしば見られます。また、これまでの人生の過程の中で学んできた結果として、良い意味で慎重であることも、保守的・融通性がないなどと解釈されている側面も否めません。

加齢による性格の変化には二つのタイプがあります。ひとつは、それまでの性格傾向が強調され、もともとの性格の一部が尖鋭化し、極端なかたちをとるようになるものであり、他のひとつは、もともとの性格の偏りがとれて、丸くなり、円熟化する場合です。従来の性格が高齢になってまったく別の性格に変わるということはなく、そのような質的な変化が起こった場合には、何らかの病的な過程が起こっている場合があり、注意が必要です。一般的には、もともとの性格の一部が強調されたり、減弱化されたりするだけのことが多いですが、いずれにしても、高齢者の心理的側面を画一的に見ていくことは意味がなく、その個人の老年期に至るまでの仕事や家庭における役割や関係、社会的な地位といった人生の軌跡を知ることが、個々の高齢者の性格面での特性を理解するために必要です。

(4) 老年期と不安症状

老年期には、前述したように喪失体験の頻度が高くなり、精神的な不安定さや、不安を引き起こすきっかけとなります。これらの不安感情は不眠、疲労感、心悸亢進、集中困難などの原因ともなります。さらに、身体的な症状やささいな変化を異常で深刻な徴候と考えて行き過ぎた心配をする心気的な反応や、持続的な身体症状が不安を反映したかたちで出現する身体化、さらには胃炎や胃潰瘍《かいよう》、喘《ぜん》息などの身体的な疾患をきたす心身症を引き起こす場合があります。

老年期の神経症に対しては、患者のおかれている状況を十分に理解し、それを改善するようにはかるとともに、抗不安薬などを利用することが必要な場合もあります。

(5) 老年期のうつ病

老年期の心の病において、うつ病の患者の占める割合は大きく、老年期に起こりがちな環境や生活状況の変化、たとえば、家族内の立場の変化、経済的な困難、喪失体験、身体的な疾患などがしばしばうつ病発症のきっかけとなります。

老年期のうつ病においても他の年代におけるうつ病と同様の症状が見られます。さらに、老年期には身体的な愁訴の多い心気傾向が目立つことが多く、しばしば不安や焦燥感が著しくなります。罪業妄想*、貧困妄想*、心気妄想*などの微小妄想は、老年期のうつ病において頻度が高く見られ、奇異な身体感覚をともなうこともあり、ことに皮膚や口腔内の異常感覚が見られることが少なくありません。また、このようなうつ状態による食欲低下などの症状により、脱水や体力低下をきたし、身体状態の悪化や、せん妄*などが引き起こされやすい状態にあります。

また、うつ病では注意力や集中力が低下するため、結果として記憶力が低下しているよ

罪業妄想
自分が道徳に反し、他人に迷惑をかける罪深い存在であるとする妄想。

貧困妄想
実際には経済的に心配はないのに、家業に失敗して土地、財産を手放さねばならなくなる、家族が路頭に迷うなどと信じこんでしまう妄想。

心気妄想
自分の身体的健康に対する過小評価で、自分が回復不能の重病にかかっているなど、自分の身体障害についての妄想。

せん妄
①意識混濁、②錯覚・幻覚、③精神運動興奮・不安などが加わった特殊な意識障害。意識の清明度が著しく変化、動揺し、活発な感情の動きや運動不安があり、錯視・幻覚などの知覚異常をともなうことがしばしば見られる。

うに見えたり、簡単な計算ができないなど、初期の認知症とよく似た症状を呈することがあります。老年期のうつ病では、認知症と間違われることがしばしば見られます。

2 認知症の正しい理解と家族・介護者へのアドバイス

どのような病気であっても、その病気の症状や治療・経過がわからないでいるということは非常に家族や介護者の不安を強める原因となります。特に認知症は原因や経過もさまざまであり、患者自身が現在どのような状況にあり、今後どのように変化していくのかを知ることは何よりも優先されるべきことです。

(1) 認知症とは

認知症とは、多くの病気や原因によって引き起こされる、社会生活に支障をきたすほどの知的機能の低下した状態です。より正確に表現すると「一度発達した知的機能が、脳の器質的障害によって広範に継続的に低下した状態」という概念が、一般的に用いられています。

なかなか定義上は漠然とした部分があるものの、正常の老化による知能低下とは全く異なるものであり、「病気」であることを認識しておく必要があります。「物忘れ」を例にとると、正常な老化による記憶障害では、とっさに人の名前が思い出せないということはあっても、しばらくするとまた思い出すことができますし、その人がどんな人物で、自分との関係がわからなくなることはありません。しかし、認知症における記憶障害では、出来事や経験自体を忘れてしまいます。例えば、名前を言われてもその人がわからなかったり、先ほどご飯を食べたこと自体を忘れたり、どこかに旅行したこと自体を忘れてしまいます。正常の老化による記憶障害では、日常の出来事について、その詳細が思い出せなくても、出来事の存在自体を忘れてしまうことはありません。

認知症は具体的な疾患名ではなく、あくまでも状態を表しているにすぎません。同じく認知症を生じる病気は一つではありません。認知症の診断においては、認知症という状態の存在を診断するとともに、原因となった疾患を正確に診断することが治療上も、その後の経過を見ていくうえでも重要となってきます。

(2) 認知症のさまざまな原因

前述のように、認知症の原因となる疾患は多岐にわたりますが、大きく分けると、①治療可能な病気、②進行が予防できる病気、③治療が困難な病気に分けられます（**表1**）。

① 治療可能な認知症

治療可能な認知症には、**表1**にあげたように、脳腫瘍や正常圧水頭症といった脳外科的治療の対象となる疾患、ウイルス感染などによる炎症性疾患、甲状腺ホルモンの異常などによる代謝・内分泌疾患などがあります。これらは、必要に応じて手術、感染症の治療、体内における内分泌や代謝の正常化など適切な治療を行うことにより、改善することが可

表1　認知症の原因となる可能性がある病気

・根本的には治療が困難な病気	
アルツハイマー病	
レビー小体を伴う認知症	
ピック病	
ハンチントン舞踏病	
脊髄小脳変性症	などの脳変性疾患
・予防が重要な病気（進行が予防できる病気）	
多発性脳梗塞	
脳出血	
ビンスワンガー病	などの脳血管障害
・治療が可能な病気	
正常圧水頭症	
慢性硬膜下血腫	
脳腫瘍	などの脳外科疾患
甲状腺機能低下症	
ビタミン欠乏症	などの代謝性疾患
脳炎、髄膜炎	などの炎症性疾患
廃用症候群	

（[池田、2004］を一部改変）

能です。

また、高齢者の場合、使わなければ足腰が急速に衰えるように、脳も使わなければ衰えてしまいます。すなわち、軽い病気やケガなどささいな事が原因で、何もしない状態が続くと、精神機能の低下（意欲の低下、集中力・注意力の低下など）と身体機能の低下（体力の低下、感覚機能の低下など）が始まります。意欲の低下がますます活動性を低下させ、体力低下など身体機能の増悪をもたらし、結果としてますます意欲低下・活動性低下につながるという悪循環に陥ります。これらを放置すれば、最終的に認知症や寝たきりという状態になってしまいます。これを廃用症候群と呼んでいますが、脳血管性認知症など他の認知症に合併して症状を悪化させることもしばしばあるので、注意が必要です。治療法としては、一連の悪循環を断ち切り、活動性を上げるために可能な限り毎日デイサービスやリハビリに通ったり、外出が困難な場合にはホームヘルパーに頻回に訪問してもらい働きかけをしてもらうことが必要です。

② 進行が予防できる認知症

予防が重要となってくる認知症としては、脳血管性認知症が代表的です。認知症を起こす病気の中で、アルツハイマー病と並んでもっとも多い疾患です。動脈硬化などで血液の流れが悪くなったり、血圧の調節が悪くなると、脳のすみずみまで十分に血液が流れなくなり、脳の酸素や栄養分が不足して、脳の細胞が死んでしまう病気です。この病気の症状の特徴として、意欲・自発性の低下がしばしば認められ、活動性が低下し、働きかけをしないと一日中部屋でぼーっと過ごすようになりがちです。このような状態が続くと、前述の廃用症候群の悪循環に陥り、認知症の症状を悪化させることになります。このため、特にこの脳血管性認知症では、趣味や社会参加などの生きがいを見つけ、活動性の高い生活を維持してもらうことが重要です。

脳血管性認知症は、根本的な治療法はないものの、その後の進行を防ぐためには特に予防が重要となってきます。予防法は、動脈硬化など脳血管障害の危険因子をコントロールすることにより行います。この危険因子には、喫煙、大酒、高血圧、糖尿病、高脂血症、痛風、心疾患などがあげられます。これらをきちんと治療してコントロールすることにより、さらなる脳血管障害の出現を防ぎ、結果として認知症の症状増悪を予防することが可能となります。

③ 根本的には治療が困難な認知症

アルツハイマー病は、認知症の原因疾患の中でも、最も頻度の高い病気です。残念ながら、根本的な治療法は現在のところなく、徐々に進行していく病気です。アルツハイマー病では、神経を傷つける物質がたまり、脳の神経細胞が減って正常に働かなくなります。記憶障害や全般的な知的機能の低下により、日常生活にも支障が見られるようになります。以前は、初老期（六五歳以下）に発症するものと、老年期に発症するものを区別していましたが、今ではアルツハイマー病ないしアルツハイマー型認知症として一つの病気と考えることが多くなっています。しかし、初老期に発症する場合の方が進行が早く、詳しく見ると、症状にも若干の違いがあるようです。

アルツハイマー病では、物忘れといった記憶障害で発症することが多く、進行にともない時間や場所の感覚の障害が加わります。時間や場所、人に対する感覚が障害されることを、見当識障害と言います。今日は何月何日かあるいは今何時ごろか、ここはどこで何をするところか、隣にいる人は誰か、などがわからなくなります。したがって、見当識障害が重度になると、慣れない環境などでは混乱が大きくなると考えられます。進行すると、空間の認知もしばしば障害され、三次元空間の相対的な位置関係を正しく認知できなくなります。この能力が低下してくると、戸外で迷い子になったり、家の中でも自室の場所、トイレの場所などがわからなくなります。さらに進行すると、ほとんど寝たきりになり、生活の大部分で介護が必要となり、失禁が見られるようになることもあります。

アルツハイマー病に対する根治的な治療法はまだ見つかっていません。そのため、できるだけ早い時期に症状を発見して正しく理解し、将来の症状の進行に前もって備えるといった余裕のある対応が不可欠です。また、アルツハイマー病の中心的な症状である記憶障害（もの忘れ）の進行を緩やかにする薬剤が開発され、現在実際に使用されています。また、認知症で見られることの多い精神症状などに対しては、ある程度の効果が期待できる向精神薬があり、介護負担を軽減することが可能です。

(3) 高齢者、認知症の介護と家族へのアドバイス

先にも述べましたが、若年期における喪失体験と、老年期における喪失体験では、その

質も心理的な影響も大きく異なることを理解しておくことが重要です。若年期であれば容易に再び得ることができるものでも、老年期までに人生をかけて築き上げたものを再度獲得することは、困難なことが多いものです。このことを考慮すれば、高齢者が喪失体験を現実と認め、心の中で納得のいく処理を行うためには、より長い時間が必要になり、それを家族もよく理解して対応することが求められます。

① 身体的機能の低下に配慮を

高齢者の身体機能の低下の中でも、聴力と視力の低下は重要です。また、特に聴力低下の問題は、家族の接し方の配慮で随分その低下の影響を補うことが可能な部分でもあります。家族の配慮がないために、お互いの会話の頻度や内容も乏しくなってしまい、不必要な、疎外感、誤解、不安感やイライラを高齢者に与えてしまうことがしばしば見られます。問題は、高齢者が聴こえるように話しかけていないことであり、聴力の低下にあわせ、ゆっくりとはっきりした言葉で話すだけで、そのコミュニケーションの幅は大きく広がります。

② 心理的な孤独感をとりのぞくように

高齢者についての心理を語るときに、「孤独」が取り上げられることがしばしばあります。配偶者が亡くなったり、子供たちが家を離れていった後の独居生活による物理的な孤独に焦点が当てられることが多いようです。しかし、誰かが近くにいるかどうかも重要な要素ではありますが、その人間関係の質自体がより重要となります。表面的な関わりあいだけでは、会話に虚無感をきたすだけです。いかに本質的な意味で、心理的な関わりあいが持てるかどうか、周囲に自分に関心を持ってくれている人がいると実感できているかどうかが、孤独感を左右する大きな要因といえます。

③ 認知症介護の特殊性

高齢者介護における介護負担を考慮する場合、認知症介護の特殊性に注意が必要です。身体的な問題のみを有する高齢者と、認知症高齢者の介護における大きな相違点として本間は「認知機能障害があること」と「介護者に対する reward（報酬）がないか、あるいは乏しいこと」の二点をあげています［本間、1999］。

「認知機能障害があること」により、何度説明しても繰り返し同じ事を聞いてきたり、少しでも目を離すと外に出て行こうとする行為などが見られます。このため、身体的な機能低下に対して直接行う介助的介護に加え、朝から夜まで目が離せない見守り型の介護も必要となり、介護量を定量化することは困難です。この認知症介護に付加される見守り型介護は、身体疾患による寝たきりの介助型介護が時間の経過とともにある程度の技術の熟達が得られやすいのに比して、さまざまな問題行動や精神症状が出現したり、症状が日々変動したりするために、先行きの見えない不安感を助長し、介護者の精神的な負担として重くのしかかります。

また「介護者に対する reward（報酬）がない」という点は、身体的問題のみを抱える高齢者からであれば得られるであろう「ありがとう」「いつもすまないね」といった、介護に対するねぎらいの言葉や態度が期待できず、特に在宅介護の意欲を低下させる要因になります。また、介護者がその対象となりやすい、物盗られ妄想*などのように、いわれのない攻撃や非難の対象となる場合があり、周りの者が認知症の症状のひとつであると理解していてもつらい状況であるのに、認知症の初発症状として出現した場合、病気の症状として理解されず周囲の者を巻き込み修復不可能なほどの人間関係の破綻につながります。

在宅介護が破綻した家族介護者によく見られる特徴としては、「家族が何らかの負担を感じながらも問題を家族のみで解決しようとする」、「負担軽減のために社会資源を積極的に利用しようとしない」、「介護の質を高める具体的な方策をとらない」、「自己の介護能力を正しく評価していない（自己評価が高い）」、といったことがあげられます。また、この結果、他者からの支援を求めず一人で努力し、逆に負担の許容限界に達すると、即日の施設入所を希望するというパターンがしばしば認められ、All or Nothing（全か無か）の結果になってしまいます。

認知症の原因となる疾患の多くは、進行性の疾患であり、病気の段階によって、各々介護負担の要因も異なります。認知症介護の特殊性とその裏に潜む介護破綻の危険性をよく理解し、前述のように、アルツハイマー病のような進行性疾患の場合には、これから出現が予想される症状をあらかじめ家族や介護者がよく知り、対処法を把握しておくことで、在宅での介護に余裕を持つことができるようになります。

物盗られ妄想

財布や通帳などを自分が片付けた場所にないと思い込み、誰かに盗まれたという妄想で、日本では特に女性に多く見られる。この妄想の対象には、一番身の回りの世話をしてきた介護者がなりやすいため（例えば、「うちの嫁が通帳と印鑑を盗んだ」と親戚や近所の人に訴える）、介護負担が増し、在宅介護が破綻する原因となる。

3　高齢者、認知症患者における睡眠と夜間の問題について

(1)　老年期に見られる生理的な睡眠の変化

高齢者では、生理的な加齢現象により睡眠が質的に低下し、深睡眠（徐波睡眠）の出現量の減少、中途覚醒時間・回数の増加などが見られます。

これらの変化の大きな要因として概日リズム*の影響があげられます。加齢にともない、睡眠と覚醒の概日リズムは変化していき、外的な因子に対して同調能は低下します。また、高齢者では、光、社会的接触、運動といった外的な因子の受容が減弱することも相まって、さらに概日リズムは弱まり、結果として一日二四時間を通して睡眠覚醒リズムが一定しにくくなります。

また、高齢者における睡眠覚醒リズムは位相が前進し、夕方比較的早い時刻から眠くなり、早朝に目が覚めることが多くなります。この変化は、深部体温が通常よりも早い時刻から低下し始め、約八時間後頃より上昇し始めることが一部影響を与えています。このような変化にともない、夜中に目が覚め、再入眠できないことを訴える人が多くなります。

概日リズム（サーカディアンリズム）
概日リズムとは、二四時間の生物学的リズムであり、多くの生理学的機能を調節している。ホルモン分泌、深部体温や睡眠覚醒サイクルが、概日リズムを示す例としてあげられ、光のような外的な同調因子と他の内的なリズムによって一日二四時間に同期している。

(2)　老年期に多い睡眠の問題と睡眠関連疾患

①　不眠

不眠に関する訴えは、高齢者で頻度が増加します。不眠の原因は多様であり、多くの要因が重なって存在していることもしばしば見られます。不眠の原因としては、騒音・暑さや寒さ・振動などの環境要因、睡眠衛生（良い睡眠を得るために必要な生活習慣）が不適切であるために起こってくるもの、痛みや夜間頻尿、咳といった身体の病気の症状によるもの、転居・入院・旅行などの急激な環境の変化、精神的なストレス、不安、睡眠に対する強いこだわり、うつ病などの精神疾患にともなうもの、アルコールやカフェインなどの嗜好品、薬剤によっても引き起こされます。また、この他に、睡眠時無呼吸症候群などの睡眠関連疾患が原因で不眠を呈することもあります。

また、高齢者では身体疾患の合併頻度が高くなり、心不全や喘《ぜん》息、呼吸・循環器疾患、認知症やパーキンソン病などの神経変性疾患、脳梗塞《こうそく》などの脳血管障害、貧血などの血液疾患、胃食道逆流症などの消化器疾患、悪性腫瘍や関節リウマチ、腰痛など痛みをともなう疾患、慢性の尿路感染症、前立腺肥大などの泌尿器疾患など、不眠を引き起こす疾患は多数あげられます。

さらに、こういった病気の治療薬の服用によって、睡眠の問題が引き起こされる場合もあります。眠気をきたす薬剤としては、睡眠薬、抗うつ薬、向精神薬、風邪薬や抗アレルギー薬が代表的です。また、不眠を引き起こすことがある薬剤としては、降圧薬、利尿薬、レボドパ製剤、気管支拡張薬、β遮断薬、ステロイド、抗潰瘍薬、インターフェロンなどがあげられます。

覚えておきたいことは、「不眠」は症状であり病名ではないということです。例えば、「腹痛」は症状であって、その原因は何かを調べ、必要に応じた対応や治療が必要になることと同じです。したがって、「不眠」という症状に対して、常に睡眠薬が必要になるわけではなく、上記のような多彩な原因に応じた対応が必要となってきます。

② 睡眠覚醒リズムの問題

老年期になると、睡眠覚醒リズムに障害をきたしやすくなります。特に日中の眠気の増強にともない、昼寝の回数や時間が増えてくると、夜間の入眠困難、中途覚醒の増加を訴え、夜間睡眠の質が悪化します。結果として日中の眠気がさらに強くなる悪循環に陥り、昼夜逆転傾向が見られる場合もあります。睡眠覚醒リズムの問題を有する患者は、適切な時間に入眠することができず、希望する時刻に起床することができない状態にありますが、このリズムの異常に気づいていない場合も多く見られます。このため患者の訴え自体は、夜間の不眠や日中の眠気となることがしばしばあります。

治療としては、睡眠衛生をより適切なものとし、高照度光療法がしばしば用いられます。外的な因子として、光は非常に重要な同調因子であり、高齢者はより若い年代に比して高照度光に対する暴露量が非常に少なくなっています。特に身体疾患などのためにＡＤＬ（Activities of Daily Living）が妨げられている場合は、この傾向が顕著となります。高照度光への暴露は、単に睡眠覚醒リズムへの働きかけだけではなく、深部体温やメラトニンといったホルモン分泌のリズムにも影響を与えます。通常の室内の明るさは、リズムの位相を変化させるには一般的に不十分であることが多く、このため、患者が屋外で過ごすことができない場合には、市販されている光治療器の利用が代わりに勧められます。

③ 閉塞性睡眠時無呼吸症候群

閉塞性睡眠時無呼吸症候群は、睡眠中の低呼吸や無呼吸により特徴づけられる疾患です。加齢にともない頻度は増加するとされ、高齢者（六〇歳以上）では45～62％の人に見られるという報告もされています。閉塞性睡眠時無呼吸症候群で見られる症状の中でも、一般的に、日中の眠気や居眠りは高頻度に認められる症状です。

ただし、高齢者の閉塞性睡眠時無呼吸症候群は、若年者とは異なる部分もあり、若年期と比べると、肥満を示さない症例も多く、また、症状も全般的に軽いことが多いことがわかっています。

老年期には、すでに述べたとおり、加齢性の変化により、日中の眠気の増大、認知機能の低下（記憶力、注意力、遂行能力など）が認められるようになりますが、本疾患は、特に老年期に有病率が高くなり、要治療者が見過ごされることによって、認知機能障害がより悪く修飾されている場合もあるものと考えられます。また、熟睡感の欠如を主症状として訴える患者に、安易に睡眠薬を使用すると、本疾患を誘発・増悪させることもあり、結果としてさらに不眠症状を悪化させるという悪循環に陥ることになり、注意が必要です。

④ レム睡眠行動異常症（RBD：REM Sleep Behavior Disorder）

レム睡眠行動異常症（ＲＢＤ）は、年齢層として中年から老年男性に多く、夜間睡眠中に鮮明な夢体験の内容に合致した夢遊病様の行動が見られます。原因として、本来レム睡眠という段階の睡眠中に起こるはずの筋活動の抑制が不完全なため、夢の内容が実際に行動化してしまうと考えられています。本疾患で認められる異常行動では、寝言や手足をごそごそ動かして寝具をまさぐる行為などの軽度の場合から、大声をあげたり、起き上がって家具などと衝突して負傷したり、ベッドパートナーを殴ったり蹴飛ばしたりして怪我を負わすなどの激しい場合まであります。観察された患者の異常行動と、直後に覚醒させて聴取した夢体験の内容とは、合致する場合が多く見られます。

ＲＢＤの約半数には中枢神経疾患が基礎疾患として存在しており、パーキンソン病や、認知症関連疾患の中でも特にレビー小体病といわれる疾患において高頻度に見られることが報告されています。

⑤　レストレスレッグズ症候群（ＲＬＳ：Restless Legs Syndrome）と周期性四肢運動異常症（ＰＬＭＤ：Periodic Limb Movement Disorder）

レストレスレッグズ症候群（ＲＬＳ）は、以下の四症状で特徴づけられる疾患です。1.四肢、特に下肢を中心とした虫が這うようなむずむず感やちくちくするような感覚が出現し、下肢を動かしたいという欲求が強く存在して、どうしても四肢を動かさずにいられなくなる、2.この症状は、横になったり座るなどじっとしている時に始まったり増悪する、3.この症状は、四肢を動かすことによって消失ないし改善するため、意識的あるいは無意識に落ち着かずに脚を動かしたり、動き回ることがある（家族に指摘されることもある）、そして、4．特に夕方ないし夜から強くなる傾向がある。また、この症状によって入眠が妨げられる。

本疾患は、高齢者において有病率が高いとされ、鉄欠乏性貧血、透析患者、関節リウマチなどで比較的高率に発現することが知られています。

また、周期性四肢運動（ＰＬＭｓ：Periodic Limb Movements）も高齢者には出現率が高いことがわかっています。ＰＬＭｓは足関節の背屈を特徴とする動きが二〇～四〇秒間隔の一定の周期をもって出現します。大部分の運動は下肢にみられます。このＰＬＭｓの出現回数が非常に多く、かつ、そのために頻回の覚醒反応が起こって睡眠の質を悪くする結果、熟眠感の欠如や昼間の眠気が起こってくる病態を周期性四肢運動異常症（ＰＬＭＤ）とよんでいます。特に睡眠に入るとＲＬＳの患者の九割近くの者にＰＬＭｓが出現しますが、ＲＬＳがなくともＰＬＭｓのみが出現し、ＰＬＭＤの病態を呈してくる場合もあります［立花、2004］。

（3）認知症患者および高齢者の睡眠の問題に対する対処法

認知症患者では、これまで述べてきた老年期に特徴的な睡眠の変化に加え、認知症に罹患することによって、さまざまな認知機能の低下が加わり、睡眠の問題がより複雑化することになります。しかし、状況によって工夫は必要となってくるものの、基本的な睡眠の問題に対する対処法は、健常高齢者における睡眠の問題や不眠・過眠に対する対処法とそれほど大きな相違はありません。

最終的な目標は、夜間睡眠の質・量をともに増やし、日中の機能を改善することになります。先にも述べたように、老年期にはさまざまな要因によって「不眠」が引き起こされます。このため、患者の睡眠に影響を与えうる、夜間あるいは日中の問題となる習慣・行動・環境を把握し、睡眠衛生の改善をはかることがまず優先されます。実際の診療場面でも、長すぎる昼寝の時間を減らす、声かけで日中の覚醒度を高める、同調因子としての光をうまく利用する、散歩やデイサービスなどで昼間の活動量を増やすといった生活指導だけでも、睡眠と覚醒の状態が改善する場合がしばしば見られます。

このような、不眠や過眠の原因の除去、睡眠衛生の改善、生活指導などを行っても不眠や日中の眠気が改善しない場合には、先に述べてきた睡眠関連疾患の有無を検討する必要があります（実際には、老年期に有病率が高くなってくる睡眠関連疾患の有無は、睡眠衛生指導などとともに並行して、疑わしい症状がないかどうかを把握していくことが必要です）。これら睡眠関連疾患の存在が疑われる場合には、医師による適切な診察や検査によって診断がなされなければなりません。

通常の健常高齢者に比して、認知症患者では妄想や幻覚、興奮や無為・無関心などさまざまな精神症状や行動面の問題をともなってきます。これら認知症の症状には、睡眠覚醒リズム異常・夜間不眠・昼間の眠気や夜間異常行動などの睡眠関連症状が含まれ、頻度も非常に高くなります［三上ほか、2005］。また、介護負担を増大させる重要な要因であり、入院や施設入所が必要となる主な原因ともなりえます。

しかし、認知症という診断がされているがために、安易に睡眠の問題に対して睡眠薬や

表２　施設入所中の高齢者のための睡眠衛生の指針

①特に日中、ベッド上で過ごす時間を制限する
②午後の早い時間帯に、１日１度１時間だけに仮眠（昼寝）を制限する
③睡眠覚醒スケジュールを規則的に保つ
④食事の時間帯を規則的に保つ（できるだけベッドで食事をしないようにする）
⑤カフェインを含む飲料や食べ物はさける
⑥夜間の物音を最小限にする
⑦夜間は患者の部屋が可能な限り暗くなるように保つ
⑧日中は患者の生活環境が明るく照らされるように保つ
⑨個々の患者に適した範囲で運動をするように勧める
⑩睡眠覚醒リズムおよび興奮行動のリズムが合致する患者を同室者に選ぶ
⑪患者が有する睡眠の問題を評価し、それにあった治療に着手する
⑫服用薬剤に鎮静／覚醒作用があるかどうかチェックする

（[Ancoli-Israel et al., 2003] より引用）

鎮静作用のある薬剤が用いられる傾向がしばしば見受けられますが、あくまでも催眠・鎮静作用のある薬物の使用は最終的な手段と考えるべきです。これまで述べてきたように、そもそも老年期には、さまざまな要因で、睡眠に問題を生じてくる状況が存在しています。これらに対して適切な対応がなされずに、薬物療法が行われれば、不必要なあるいは必要量以上の薬剤が投与され、日中の眠気の増悪、ADLの全般的な低下、昼夜逆転の悪化など、医原性ともいえる機能低下を引き起こすことにもなりかねません。

また、現在本邦で頻用されているベンゾジアゼピン系といわれるタイプの睡眠薬・抗不安薬は、せん妄状態を惹起し易く、この他、高齢者が利用する機会の多い、身体疾患治療薬でもしばしばせん妄が引き起こされます。昼夜逆転と夜間の問題行動を主訴に受診した患者に対して、服用薬剤を整理し、日中の覚醒度を高めるように指導しただけで、せん妄状態が改善し、問題が解決してしまうこともよく経験されることです。また、場合によっては、認知症と診断されていた患者が、実際にはせん妄によって認知機能が障害されており、睡眠覚醒リズムの改善で、正常な状態に回復してしまうこともしばしばあります。このようなことからも、不眠・過眠をきたす要因の除去、睡眠関連疾患の有無の把握・治療、服用薬剤の整理・調節を行った上で、必要最小量の催眠・鎮静作用のある薬剤を用いるという意識が、医療・保健・福祉を担当する者において最も重要となります（**表2**）。

（足立浩祥）

引用・参考文献

Ancoli-Israel, S., Liu, L. Q. & Cohen-Zion,M.　2003　「睡眠関連疾患の診療：高齢者の場合」『総合臨床』　第51号　3015-3032p.

本間　明　1999　「痴呆性老人の介護者にはどのような負担があるのか」『老年精神医学雑誌』　第10号　787-793p.

池田　学　2004　『痴呆の正しい理解—予防、治療、介護のために—』　第2版　田邉敬貴・松浦千枝子（監修）　愛媛大学医学部神経精神医学教室

三上章良・足立浩祥・武田雅俊　2005　「ＢＰＳＤの生物学：睡眠関連症状」『老年精神医学雑誌』　第16号　44-52p.

立花直子　2004　「Parkinson 病における睡眠障害」『医学のあゆみ』　第208号　572-577p.

認知症高齢者の「生きる力」を高めるアプローチ――看護におけるケアの教育と実践報告

1　はじめに

我が国における看護系大学の実習指導に関する先行研究では、老人保健施設や在宅の実習において学生が認知症高齢者を受け持つ機会が増加する中で、高齢者とのコミュニケーションや問題行動への対応、短期間で全体像を深める指導の困難性をあげており、その教育方法の検討が重要であると報告しています［山中ほか、2002］。

認知症ケアの基本は尊厳を支え、その人らしく生き生きと暮らすことであります。認知症が進むと、食事、排泄、入浴など生活の多くの場面で他者の援助を必要とする受動的な生活になりやすいと言われています。そのためには、高齢者の生活活性化を促す援助が大切になります。高齢者のアクティビティケアにはさまざまな方法があります。

専門的なアクティビティ[*2]の方法のひとつとして「ドールセラピー」があります［芹澤、2002］。認知症高齢者が生活に自信をとりもどし、満足感や生活のハリを感じ、価値ある時間を過ごすために必要なアクティビティケア（調理活動）[*3]や「たあたん」というヒーリングベビーを用いた方法を看護学実習に取り入れています。このような取り組みが認知症の予防や、介護する家族の支援、学生の実践能力を高める参考の一助となれば幸いと考え、その実際について報告します。

＊1　認知症　厚生労働省老健局において、痴呆に対する誤解や偏見の解消をはかる一環として、昨年六月から痴呆に替わる用語に関する検討会が開かれました。その結果、厚生労働省は平成一六年一二月二四日付けで痴呆の呼称を「認知症」に変更することを決めました。そして、行政用語としては「認知症・認知症高齢者・認

知症高齢者グループ」と表記することになりました。しかし、医学用語としてはアルツハイマー型痴呆、血管性痴呆は引き続き使用されます。

＊2 アクティビティ　認知症高齢者の残存機能を高め、馴染みの人間関係や場づくり、または生活を楽しみ生きがいの提供を目的にしたレクレーションや趣味活動、作業療法、音楽療法、動物療法、回想療法などの活動の総称として用いられています。

＊3 調理活動　過去に食物を料理した経験・知識・判断などの陳述記憶と条件反射や熟練運動による手続き記憶を駆使して行われる、調理して食事をするという一連の作業プロセスを意味します。

2 認知症高齢者の理解を深める老年看護学実習
——ヒーリングベビーを用いた看護学生の学び——

本学の看護学実習においては、記憶力が弱くなったり、言葉が思い出せなかったり、身近な人の名前が言えなかったり、言語的なコミュニケーションに障害のある認知症高齢者の方を対象に、コミュニケーションの媒体としてヒーリングベビー「たあたん」を導入しています。そこで、看護学生と対象者間にどのような影響を及ぼすかを明らかにすることを目的として、ヒーリングベビー（ウェルプラネット製）ブルーの「たあたん」一体を四回の場面で継続して使用し、コミュニケーションをとり、その経過をビデオレコーダーで記録し録画された映像から、高齢者の表情や行動に見られる特徴を抽出して分類しました。

倫理的配慮として、事前に目的について説明し、撮影場面により得られた個人情報の秘密厳守と文書上で人物が特定されないよう配慮することを、家族、施設長にそれぞれ伝え、了承を得ています。対象となる方に対しては、口頭で理解しやすい表現を用いて同様の内容を伝え、承諾を得ています。学生には、実習記録物の取り扱いと研究発表について説明、承諾を得ました。

受け持ち対象の方は、Aさん八〇歳代女性、アルツハイマー型痴呆。老人保健施設入所期間三ヶ月で、重度の認知症の方です。学生は三年生後期の領域別実習（母性、小児、成人など）で初めて重度の痴呆性高齢者を受け持ち、言語・文字・絵画などを媒介としたコミュニケーションを試みましたが、双方通行のコミュニケーションが深まることはない状況でした。Aさんの一日の過ごし方はホールで座位中心の生活を送っており、自ら動こうとする意欲は見られません。学生はAさんと関わるスキルや手段が狭められ、傾聴するのみの関わりに焦りを感じていました。Aさんの集中力の持続時間を考慮して、一回の撮影は一〇分とし、Aさんの面前の机上に人形を置き、Aさんがどのような言動を示すかをVTRに集録しました。そして、場面ごとにコミュニケーションの糸口となる要素を抽出し、類似点と相違点に分類し関連図を作成しました。

その結果、身体面では上肢、下肢の細やかな動きを再現することによって、Aさんが、どこまでできるかという生活動作の評価が早期に可能となりました。心理面では「たあたん」を媒介としてAさんの言動を解釈し気持ちを推察することの手がかりやヒントを得ることができ、意向や思いに沿うことができました。社会面においては、Aさんの生まれ育った環境や子育ての経験など過去の体験を察する言動を引き出すことができました。そして、学生は撮影以外の場面におけるAさんの言動の意味が理解できるようになりました。また、赤ん坊、子供、母親など子育てにまつわるコミュニケーションが円滑に運び、会話の糸口を見出すのに役立ち、Aさんの子ども時代の記憶の再現に役立ちました。学生は、「たあたん」に会いに行きませんかと余計な気構えがなく誘導することができました。そして、子育て経験のない学生にも共有する話題があり声をかけやすくなりました。さらに、話しかけても無表情で言葉が少なかったAさんとのコミュニケーションをスムーズに成立させることにより認知症高齢者の潜在的な力や見落としていた力を抽出することができるようになったのです。このように、ヒーリングベビーを導入した実習方法は学生が認知症高齢者の理解を深める学習を促進させ、有用であることが明らかになりました［横山・芹澤、2005］。

認知症高齢者を受け持ち実習するケースは他大学においても増加傾向にありますが、学生が対象者を理解することの困難性について多くの報告があります。しかし、「たあたん人形」を用いて実習している本学の学生は、コミュニケーションの手段を忘れたり、見失ったりしている認知症の方への接し方が見えてくると述べています。このように記憶力が衰えて、これからどうなるのかという不安を持つ認知症高齢者にとって、人形を抱きしめることによる安心感や子育ての時代の自分を思い出すことは愛情や自信や気力の回復に役立つ手がかりになると考えます。

次に認知症の進み具合が中度から重度にある平均年齢八七歳の女性一〇名の方を対象に撮影したビデオの画像から観察、分類した結果を**図1**に示しました。その結果、認知症高齢者の方々は人形によって記憶を呼び起こし、感情を表現したり、母親の役割（子供を抱いたりあやしたり）を果たしたり、他の人に伝えたり、気遣いの声かけをしたり、子ども時代のことを語るなど、言葉だけのコミュニケーションでは知ることができない多くの能動的な機能（自らの意志や活動を表現したり、他者に働きかけるなど）を発揮できることがわかりました。なかでも、「手を叩きながら、歌をうたう」という二つの動作が同時にできる複雑な能力を発揮しています。従って、表情が乏しく、できないことを補完してもらうだけの受身の立場に陥りやすい認知症高齢者に人形を介入することにより、自ら手を差し伸べる、引き寄せる、話しかけるなど母親であったころを思い起こし、人形を世話する、抱き方を学生に教えるなど、認知症高齢者の能動的な言動に変化が認められたと考えます。

このように、ヒーリングベビーを実習で用いることによって看護学生は認知症高齢者の能動的な残存機能に気づくことができます。その方の生活史や時代背景を知る手がかりを得たことで、さらにコミュニケーションが深まり、癒しや安心した生活の場を提供することができるようになりました。

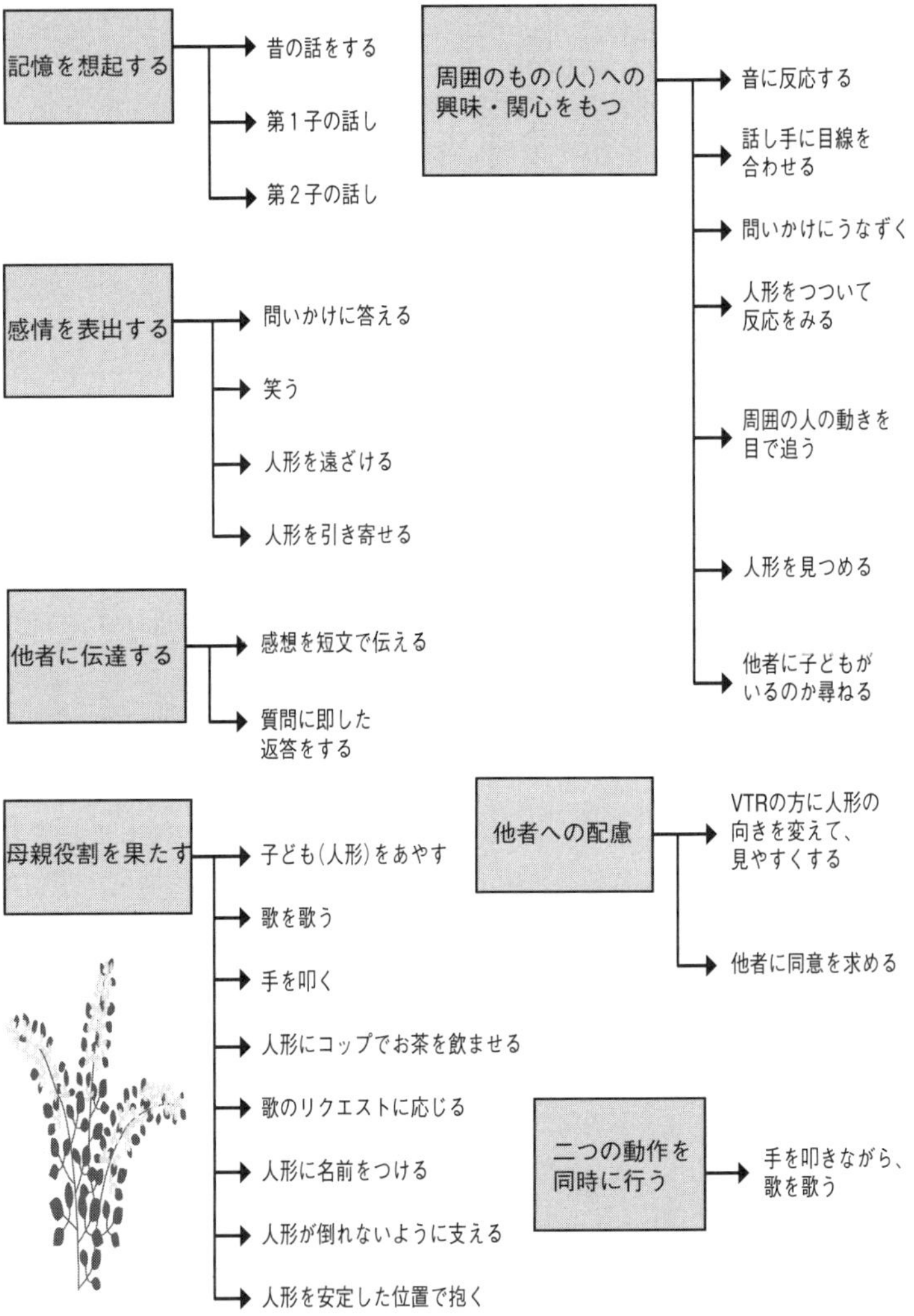
記憶を想起する
昔の話をする
第1子の話し
第2子の話し
感情を表出する
問いかけに答える
笑う
人形を遠ざける
人形を引き寄せる
他者に伝達する
感想を短文で伝える
質問に即した返答をする
母親役割を果たす
子ども(人形)をあやす
歌を歌う
手を叩く
人形にコップでお茶を飲ませる
歌のリクエストに応じる
人形に名前をつける
人形が倒れないように支える
人形を安定した位置で抱く
周囲のもの(人)への興味・関心をもつ
音に反応する
話し手に目線を合わせる
問いかけにうなずく
人形をつついて反応をみる
周囲の人の動きを目で追う
人形を見つめる
他者に子どもがいるのか尋ねる
他者への配慮
VTRの方に人形の向きを変えて、見やすくする
他者に同意を求める
二つの動作を同時に行う
手を叩きながら、歌を歌う

図1　ヒーリングベビーによって引き出された認知症高齢者の残存機能

3　地域における認知症高齢者の活動――デイサービスにおける調理活動――

(1)　調理活動と癒し

認知症とは、脳の病的な老化や脳血管障害による記憶機能や判断力の低下などから、日常生活機能の自立が困難となる状態を指します。認知症になっても最後まで残る脳の機能のひとつに「食」への関心やニーズがあります［横山、2001］。そこで、入院中やデイサービスセンターを利用する認知症高齢者三〇名（男性一四名、女性一六名）を対象として調理活動によって刺激される「作る・食べる」などの残存機能の変化を観察することにより、「癒し」について考える機会を得ました［横山、2001］。参加者の食習慣、記憶力、判断力を思い起こさせるメニューとして、タコ焼き、お好み焼き、ホットケーキ、巻き寿司を選びました。

今朝の朝食に何を食べたのか良く覚えていないアルツハイマー型痴呆の女性七三歳のYさんは、手伝えば包丁を持ち、生き生きとしてキャベツを刻み、トロロをすりおろすことができました。そして、焼き上げたお好み焼きを自慢げに看護者に勧めていました。夜になると徘徊が多く落ち着かない八〇歳のFさんは、「タコ焼きを焼かずに指を焼いた」と照れながら失敗談を仲間に語りました。また、これまでは亭主関白を自負し家事は妻に任せきって生きてこられたKさんは、生まれてはじめて挑戦したホットケーキ作りでは、卵を割り、粉を混ぜてキツネ色に焼きあげ「これが男の料理だ」と満足げな表情を見せてハチミツをたっぷりかけて召し上がりました。この時、参加者たちは人の温かさ、安らぎや、人によって認められる充実感やいたわりという癒しを体験することができたのです。

看護者や家族は、参加をいやがるかもしれない、調理への関心は薄いであろう、包丁を使うのは無理かもしれない、会話は弾まないだろうと危惧していました。ところが、参加者はこの時間を心待ちにしており、季節の食材や器などの視覚的な刺激によって料理への関心も保たれていました。家族との会話が弾み、表情や仕草は明るさを取り戻し、満たされた心地よい時間を過ごすことができました。箸の使い方、テーブルマナーや食後の後始末までできたことには、家族やボランティアの方々から驚きの声があがりました。

癒しとは癒すものと癒されるものとの相互関係における人間関係のプロセスであり、一方通行のものではないと感じました。このような体験は患者のそばに寄り添い、話に心を傾ける、孤独にさせない、スキンシップをするという看護における癒しに相通じる行為であると感じたのです。つまり、調理活動は参加者の能力に関係なく、ひとつの行為を通じてお互いに支えあい、人生を豊かなものにするという癒しの体験をしたことに気づかせてくれました。森田［2000］は看護における癒しの深さについて、生き方を模索するレベル1から、痛みから解放されるレベル2、自己受容のレベル3、心身の一体感の獲得レベル4、自己を超越して他者を助けるレベル5までの五段階に構造化しています。調理活動により、共に癒す、癒されるという体験は、レベル5の相関的関係による体験として位置づけることができます。従って、認知症高齢者の残存機能を引き出すケアとは、自分のためだけでなく、誰かと共に、他人のために何かをするという三人称レベルの生きがいにつながる体験となって、介護する人々の自己成長につながる貴重な体験になると言えます。

(2) スタッフの意識の変化

認知症高齢者の調理活動は、火や包丁を使うことに危険な要因がある、あるいは調理への関心が薄いものとして倦厭《けんえん》されてきました［和才ほか、1996］。しかし、筆者らは、調理は、痴呆高齢者の五感を刺激して、潜在的な能力を引き出し活性化させることに有効であると考えました。そこで、地域におけるデイサービスを利用している認知症高齢者に調理活動を試みました。そして、調理活動に関わるスタッフや家族の意識の変化と学びについてまとめることにより認知症高齢者の「食事」とＱＯＬについて考えてみました。

I市デイサービスを利用する、認知症高齢者一〇名の方に参加していただき、週一回、一・五時間の調理活動を実施しました。対象者および家族に同意を得て、ホットケーキ、お好み焼きなどのメニューを用いて、合計一〇回を実施しました。

参加者は、脳血管型痴呆七名アルツハイマー型痴呆三名、平均年齢七七・八歳です。関わったスタッフは延べ二〇名、その内訳は男性五名、女性一五名、平均年齢は五〇・五歳でした。参加者の方には、実施中の反応を、「そう思う」から「まったく思わない」まで四段階でアンケート用紙に観察者が評価、記入しました。次に「思う・やや思う」を思う割合について調べてみました。

調理活動実施前後のスタッフへの質問に関して「思う割合」は、「包丁を使えるかどうか心配」、「参加者同士の関心は薄いと思う」などの項目において**表1**、**表2**、**表3**、**表4**に示したように興味ある結果が得られました。**表1**では、調理活動を実施したことによって、スタッフの意識は「包丁が使えるかどうか心配とは思わなくなった」「参加者同士の関心は薄いとは思わなくなった」と認知症によって障害された能力に対する認識は肯定的に変化したことが言えます。調理活動の回を重ねるごとに、参加した認知症高齢者の調理の手順やだんどりは滑らかとなり、長年の生活体験で習得した調理の技術や能力を発揮する良い機会となりました。そして、**表3**では、関わった介護者やボランティアの人々は「参加した利用者から学んだ」、「ケアすることが楽しくなった」、「残存機能の発見ができた」など調理活動のプロセスにともなう参加者の潜在的で健康な能力の高さに気付き、お年寄りから多くのことを教えられたことから認知症高齢者のＱＯＬに対する認識が変化したことが言えます。以上のことをまとめてみますと、在宅で暮らす高齢者が認知症になっても最後まで残ると言われる「食」に関する健康的な力は、調理のメニューや安全の工夫によって、調理や配膳への意欲も刺激し引き出すことができることがわかりました。そして、デイサービスを利用する認知症高齢者が自分で調理し、みんなで食べることを楽しむなど、食に関する行動全般にわたる残存機能を引き出し支えることができました。さらに、

表1　調理活動前・後におけるスタッフの意識の変化思う割合（%）　n=20

項　　目	実施前	実施後
包丁が使えるか心配　☆	80.0	35.0*
参加者同士の関心は薄い☆	90.0	45.0**
身支度は気にしない　☆	70.0	40.0
自分のことしか考えない☆	60.0	30.0
誤燕しないか心配　☆	60.0	40.0
表情がにこやかになる	80.0	95.0

☆　反転項目
*P＜0.05　**P＜0.01

表2　調理活動スタッフの職種分類　n=20

職　種	人数	性　別		平均年齢（SD）
		男性	女性	
事務職	4	2	2	44.3　(±14.8)
介護職	4	2	2	35.3　(± 9.8)
ボランティア	6	0	6	61.3　(± 8.5)
家族	4	0	4	60.5　(± 4.5)
看護職	1	0	1	54.0　(± 0　)
相談員	1	1	0	28.0　(± 0　)

表3　調理活動後のスタッフの学び（%）　n=17

項　　　目	思　う	思わない
観察力が向上した	76.5	23.5
否定的感情がなくなった	76.5	23.5
お年寄りから学んだ	100	0
共感的理解ができた	88.2	11.8
ケアが楽しくなった	94.1	5.9
個別性の高いケアができた	76.5	23.5
マンネリ感が減った	88.2	11.8
ケアの内容が改善された	64.7	35.3
利用者家族との話題が増えた	76.5	23.5
残存機能が発見できた	88.2	11.8

表4　調理活動における家族のアンケート結果自由記述　n=7

	ある（人）	ない（人）
調理活動していることを知っていた	7	0
参加についてどう思いますか	6	1
自宅での話題つくりに役立つ	5	2
食べることに関心が出てきた	2	5
参加を楽しみにしている	4	3
家庭での調理への関心が高まった	0	7
家庭で一緒に料理するようになった	0	7
調理活動について誰に聞きましたか	5	2
今後、調理活動の参加に賛成する	7	0
調理活動後の体調への影響	4	3

デイサービスに行くことを嫌がらないので嬉しい、家で話さなくても楽しんでいると思う、調理のある日を楽しみにしている（長男の嫁）。デイサービスに行くことを嫌がらないので助かる（妻）。調理メニューは個々の性格や能力に合わせて欲しい(長男の嫁)。などの回答があり，調理活動について家族や地域の人々は、おおむね肯定的に前向きに受け止めていることがわかりました。

デイサービスにおける調理活動のプログラムは、地域のボランティア活動の導入と協力によって成立すると考えます。そして、参加者が手を傷つけない、火傷しない、食品以外を食べないなどの危険から自由である権利を保ちながら、その人らしい生活の質、QOLを維持し高めることにつながると言えます［本間、2000／中村・阿曽、2001］。

(3) 認知症高齢者の「持てる力」の再発見

次に、調理活動を通して得られる参加者の言動を事前に説明し了解を得て、参加者の持てる力[*4]を調べるためにVTRで観察させて頂き、その様子を明らかにしました。その方法は、老人病院に入院し、老人性痴呆と診断された六五歳以上の高齢者八名を対象とし、高齢者とその家族に研究協力の同意を得て、認知症高齢者の好みを生かした調理活動を筆者らが共に実践してその活動をVTRで収録して観察する方法です。そして、得られた画像から「持てる力」の有様を分類した結果、**図2**に示すように認知症高齢者の持てる力は、「安全の配慮・自己決定する」など六つの中心概念と、その具体的生活機能として「道具を使う・手をかばう」など二六項目が抽出されました。以上のことから、調理活動は認知症高齢者の「持てる力」を引き出すアプローチとして有効であり、VTRは認知症高齢者の持てる力を客観的に観察する上で効果があると言えます［横山・太田、2004］。その内容を図にまとめると**図2**のようになりました。

この構造図から見えてきたことは、認知症になると生活のすべての能力が欠落するのではなく、埋もれた能力はたくさんあるということです。ケアに関わる専門家や家族、地域の人々は、このことを見落とすことがないようによく観察すること、安全な環境を提供すること、相手を尊重し役割を持って暮らせるように残存機能を引き出し活用することが大切です。そのためには専門職者や介護する人々は相手の目線とペースに合わせてゆっくりと話を傾聴し、温かく見守るという共感的理解[*5]の姿勢が重要であると言えます。

＊4　持てる力　ケア提供者に見過ごされやすいが、認知症高齢者が本来潜在的に持っ

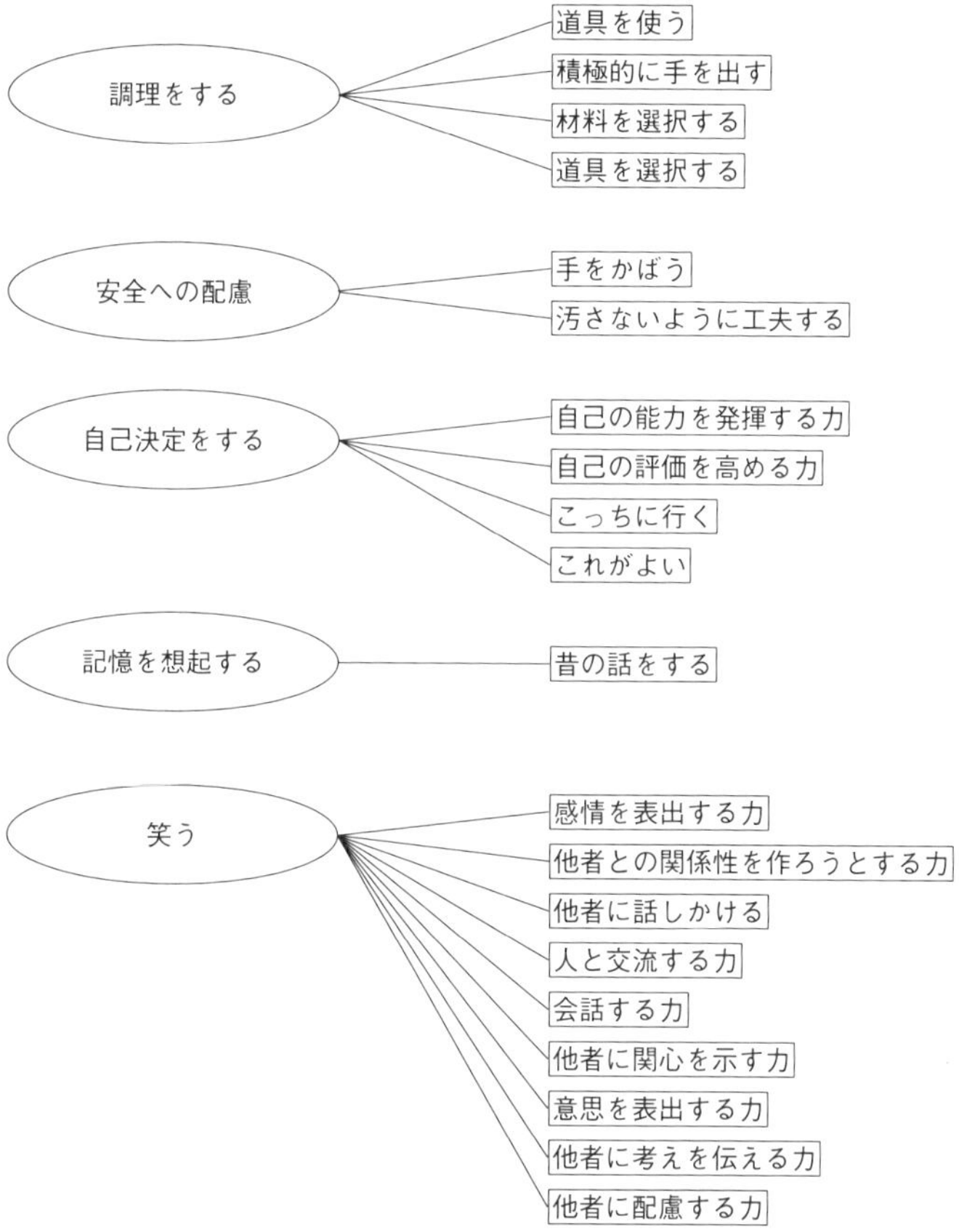

図２　調理活動における認知症高齢者の持てる力の構造化

ている能力を意味します。

＊5 共感的理解　対象との信頼関係の構築に向け、相手を知ろうとする積極的な姿勢をもって、身体的、心理的、社会的側面から対象の生活史をふまえた全体像、個別性、言動の背景にある意味の把握に努めること。相手の言動の矛盾を指摘するのではなく、ありのままを受けとめることが理解を深めることにつながります。

4　認知症高齢者の残存機能を刺激するアクティビティ

(1)　看護学生が企画・運営するアクティビティ

本学における老年看護学の実習では受け持ち対象者の看護過程と並行して、認知症高齢者の残存機能や生活習慣を理解したケアの実践方法を体験することを学習の狙いとして、学生が企画、運営するアクティビティを実習プログラムとして位置づけ、三年前から取り組み、認知症ケアの実践能力の育成に役立てています。そこで、本稿では、学生が企画するアクティビティが認知症高齢者の残存機能の維持・向上、情動の活性化や潜在能力の発見に役立つか、教育実践方法の評価と学習効果について報告します。

方法

実習記録様式に示すアクティビティケアの計画・評価表に基づき、学生は各実習グループ（五〜六名）単位で対象者に必要な種目と目的、目標をカンファレンスで検討し、実施日時、場所、対象者、人数、活動内容、方法、時間配分、役割分担、留意事項、タイムスケジュールを整理し活動場所の配置図などを記載した計画書を作成します。実習施設の指導者や教員にアドバイスを受け内容修正しながら、必要物品の準備、実施前・実施中・実施後の観察、援助内容を確認しながら当日の実施と観察評価用紙を用いて五段階評価を行います。

玉入れを計画したグループの進め方を例にあげて以下に示していきます。

担当教員および施設職員のアドバイスを得て、実習グループメンバーである学生五名でアクティビティケアを企画します。

(1) 計画

① **アクティビティケア内容の決定**

アクティビティケアにはさまざまな種類があります。個人に焦点を当てた工芸工作やスキンケアなどの個人ケア、グループに焦点を当てたゲームや歌唱、盆踊りなどのグループケア、また全体ケアとして誕生日会やクラブなど豊かな時間を得るためのさまざまなケア内容が存在します［六角、2000］。老年実習では実習グループごとにプログラム選択の目的と狙いについてミーティグをし、計画書を作成します。玉入れを選択した理由は、参加者の約八割が認知症がある方や車椅子を使用する方であったため、上肢でできる種目としました。玉入れでは玉を掴む、握るといった手指の運動や玉を投げる動作による上肢の肘関節、肩関節の運動になり、これらは対象者の残存機能の維持・回復につながる種目のプログラムと考えました。

② **プログラムの構成とタイムスケジュール**

一週目に入所者や施設プログラムを把握し、そこから可能なケア内容の選択を学生で行い担当教員および施設スタッフに企画案を提出させました。

二週目はスタッフのアドバイスを受け修正し、役割を決めて準備を進めました（**表5**）。

三週目の初日にアクティビティケアを実施し、観察用紙に結果を記録し評価を行い、カンファレンスで検討を行いました。

当日のタイムスケジュールを**表6**に示します。所要時間は実質四五分で計画しました。導入から始まり、準備運動まで五分間。学生による模範試合を行い、そのあと二つのチームがそれぞれ一回練習を行いました。次に本番の試合を二回行いましたが、一回の試合時間は四分とし、一回の試合終了ごとに玉の数を数えて記録しました。二回の試合で入った玉数を合計して出し、勝敗を決め、その後、感想を聞く時間を設けました。表彰は一位のチームに賞状を、二位のチームには参加賞をそれぞれ手渡しました。準備や当日の司会進行、表彰式などの役割を**表5**に示すように分担しました。

(2) 準備

① 必要物品の準備

前日までの準備として大きい画用紙に大会名や日時などを記したポスターを作成し、廊下やデイルームに貼って、参加予定者やスタッフに関心を持ってもらうようにしました。使用物品として紅白の玉、笛、応援用の太鼓や鈴、ホワイトボードなど施設にすでに常備しているものを借用しました。また、表彰状、得点表、玉入れの箱、学生用の被り物（カラフルなカツラ）などは学生の手作りとしました。

② 会場設営

当日は開始時間前に、会場に椅子を並べたり、箱や玉を配置したり、またホワイトボードに得点表を貼りました。ホワイトボードは全員から見える位置に置く、椅子や車椅子を並べた周りには障害になるような物を置かないなど、なるべくゆとりをもたせる環境に設営しました。

③ 施設スタッフとの連携

対象が四〇名と多く、個人によって性格や運動能力もそれぞれです。学生は実習期間に受け持ち以外の高齢者の情報を把握できませんでした。本来は疾患や精神状態、ＡＤＬや生活史など個人を理解して、アセスメントし、把握してお

表５　役割分担

学生Ａ	司会、進行
学生Ｂ	Ａチーム参加・援助　賞状渡し
学生Ｃ	Ａチーム参加・援助　得点付け
学生Ｄ	Ｂチーム参加・援助　賞状渡し
学生Ｅ	Ｂチーム参加・援助
学生全員	事前準備、会場設営　玉数え

表６　タイムスケジュール

時間	内容
９：50〜10：00	物品準備、会場設営
10：00〜10：15	召集、グループ分け
10：15〜10：20	導入、準備運動
10：20〜10：25	学生による模範演技・説明
10：25〜10：30	練習
10：30〜10：45	試合（１回４分×２）、得点
10：45〜10：50	参加者の感想インタビュー
10：50〜11：00	表彰式、解散
11：00〜11：10	片付け

く必要があります。しかし今回は短期間であるため難しかったのでしょう。そこで施設利用者と長く関わっておられる施設スタッフの方々に、「この人達は運動が得意であるから、同じチームに固めない方がいい」といったことや「全員に平等に玉が渡るように」など助言・指導を受けました。高齢者にとって馴染みの関係［室伏、2000］ということも大きな理由で、初めて会う学生よりも、いつも一緒に過ごしている顔馴染《なじ》みの人の方が高齢者に安心感を与えます。その場を楽しんで頂くためにも、学生主催のアクティビティケアであっても施設スタッフの参加は重要でした。

(3) 実施

① 参加者の召集

当日の準備を行い、利用者にデイルームまで来てもらうように声かけをしてまわりました。その時点でまず学生や施設スタッフの方で高齢者のトイレ誘導を行いました。アクティビティケアの玉入れがスムーズに行え、また高齢者の方が安心して取り組むためにも実施前に排泄を済ませておくことは必要な援助でした。

一つの場所に集まるということは高齢者にとって意味が大きく、堀内はこれを「磁場」ととらえています。人が引き寄せられ、集まってくる「場」には、人を呼び寄せるようなものの存在と呼びかけ行為が存在する［堀内、2001］と述べています。何か興味を持っているという目的の元に集まる老人もいるでしょうし、何も思わなくてもその「場」に入っていくことで何らかの刺激が加わります。

② 導入・説明

デイルームに全員が集合した時点で開始となり、はじめの挨拶と説明などを行いました。学生は五名がそれぞれバンダナやカツラなどの被り物をしたりして普段のユニフォームとは違った格好で入場しました。これは集団の関心を寄せ、楽しい雰囲気を演出することを目的としています。高齢者は拍手で迎えたり、笑ったりしていました。これは高齢者にとって普段の変わりない生活から逸脱した非日常的な刺激となったと考えられます。また私たち看護者自身が気持ちを入れ替えるということにもなっています。六角［2001］の述べるように、援助する側も日常生活のどこかにときめきは求めるものです。導入では参加者（対象者・看護者）の全員のこころを掴む大事な時間となると考えます。

③ 玉入れ

開始前に参加者全員に玉を持たせました。高齢者は車椅子や椅子に座っているため、立って自分で玉を拾い上げることはできず、また立とうとしても転倒する危険があるため、玉はすべて看護者が拾い高齢者に手渡しをしました。笛の合図で開始し一斉に投げ入れました。参加者の集中力を考慮して対戦時間は四分間とし、途中持ち玉がなくなれば随時看護者が渡していきました。四分経過したら笛を鳴らし、一回戦の終わりとします。箱に入った玉を一つずつ、声を出しながら全員で数えて得点を出しました。お互いの玉数が気になり、相手チームの玉を見ながら緊張する場面もありました。勝ったチームは拍手が沸き、喜ぶ姿や満足な顔を見ることができました。負けた方は悔しそうな表情を見せたり、「玉を早くくれないからだ」と怒る方もありました。

④ 参加者の感想発表

結果発表後、表彰状に名前を書き入れる間には参加者に感想を述べてもらう時間を設けました。これは盛り上がり、興奮したエネルギーを鎮静するための時間にもなりました［森山・五島・山本ほか、1998］。大勢の中で一人がマイクを向けられて自分の思いを話すと、周囲から注目されます。また、その感想を周囲の人が聞き、拍手をもらうと、自分の存在・居場所がより実感として沸きおこることになると考えました。楽しかったという感想もあれば、「もっと早く玉を渡して欲しかった」や「箱が遠すぎた」などの意見も出て、対象者となる高齢者の思いを聞く場となり、それは即、学生のプログラムの企画・運営への評価となりました。そして看護者にもマイクを向けて感想を述べてもらうことで、みんなが一緒になってやっていたということを高齢者・看護者双方に感じることができました。

⑤　笑顔が溢れる表彰式

勝ったチームには優勝の賞状を、負けたチームには参加賞としての賞状を渡しました。賞状には一人一人の名前を書き入れたため、高齢者は自分が参加した記念としてとらえることができます。賞状は高齢者に対面してマイクで読み上げて渡しました。この時驚いたことは、涙を流しながら受け取っている人が何人かいたことでした。学生は表彰することを当たり前ととらえて行っていましたが、高齢者にとっては違っていたのです。この時高齢者の生きてきた歴史や生活史ということが強く認識されました。高齢者は仕事も退職して社会的役割から遠のき、他人から表彰してもらう体験はそれほど多くないと思われます。それがこのような機会に自分を表彰してもらえるということに対して感動体験の場となりました。

⑥　玉入れ大会の評価

玉入れ大会終了後、今回のアクティビティケアの評価として学生五名で評価を行いました。評価法は観察記録用紙を用いて点数で示しました。各自の受け持ち高齢者と全体の評価を**表7**に示します。

参加者は玉を入れることに集中していて、箱をめがけて投げていました。何もせずじっと他の人を見ているということはなく、自ら手を上げて投げていました。途中隣にいる高齢者に、「あの箱を狙いなさいよ」というような声をかける姿も見られました。他者との関わりが見られ、相手を意識して自分の役割を持っているようでした。声をあげて笑うまではなかったが表情は笑顔であふれていました。箱に玉が入らないと顔をゆがめ、失敗を悔しがる表情も認められました。

二チームに分かれて競争形式で行ったことで、相手のチームに負けたくないといった気持ちも高まり、歓声も高く、盛り上がって、それが実施中一生懸命に取り組む真剣な表情や、玉が箱に入らなかった時の悔しい表情に出ていました。そして終了時に高齢者が積極的に他者に話しかけている姿も多く見られました。

表7　評価表

評価視点	全体	A氏	B氏	C氏	D氏	E氏
1､集合への積極性	4	3	4	5	4	4
2､実施中の集中力	5	4	4	5	5	4
3､実施中の交流	4	4	4	4	5	3
4､実施中の表情	5	5	5	5	5	4
5､終了時の満足度	4	5	4	4	4	4
6､終了時の発語増加	5	5	5	5	5	4
7､終了時の他者への関心	5	4	4	5	5	4
8､その他						

5段階評価
1：なし
2：あまりなし
3：ふつう
4：ややある
5：ある

(4) 結果

学生が企画・実施したプログラムの種類と実施回数をまとめて**表8**に示しました。今井ら［2005］はアクティビティプログラムについて、

1グループ　職員、利用者にとって比較的簡単なプログラムが主流である、通常のアクティビティ。
2グループ　利用者の好みや心身の状態にあわせた将棋、園芸や地域の行事参加など介護予防的アクティビティ。
3グループ　個別的な関わりができる専門的な知識や技術を必要とする専門的アクティビティ。

の三つのグループに分類することができると述べています。学生が実施したプログラムのほとんどは1グループに属する内容であることがわかりました。

5　学生の学びと考察

(1) アクティビティケアの効果

参加者にはニコニコとした表情や積極的な会話が認められました。参加者の笑顔は快の刺激が加わったことや情動の活性化がはかられた表れであり、発語の増加や他者との交わりは潜在能力を引き出すことができたと言えます。そして、参加者の持っている力や可能性にそれまで以上に注目できました。このように看護者が持てる力に気付くことができなければ、その人らしさは発揮されず、孤独感や引きこもりなど痴呆症状の進行を遅らせることはできません。従って認知症高齢者の援助には看護者の積極的な働きかけが非常に重要なのです。そして高齢者と看護者の両者に良い相互作用のプラスの効果をもたらすと考えます。

表8　プログラムの種類と実施回数

アクティビティ種目	参加人数	実施回数
玉入れ	40	2
輪投げ	30	2
キックボーリング	32	1
ふうせんバレー	28	2
ホットケーキ作り	60	1
フルーツヨーグルト和え	32	1
魚つりゲーム	60	1
ボーリング	42	1
ボール送り	28	1
ジャンケンゲーム	26	1
歌合戦	42	1
カラオケ	35	1
お手玉	20	1
マツケンサンバ	60	1
ゲートボール	38	1
楽器演奏	36	1
貼り絵	25	1
コラージュ	20	1

表９　アクティビティ企画・運営における学生が感じたこと、学んだことの自由記載

カテゴリー（７）	記述数	サブカテゴリー（35）	記述数（892）
対象者の反応をとらえる	209	・目の輝き ・笑顔の増加 ・発語の増加 ・積極的な行動 ・生活の楽しみ	61 55 48 33 12
有効な対応ができた	158	・手作りの参加メダル ・賞状による表彰 ・競争心 ・五感の刺激 ・他者への配慮 ・招待状	42 38 26 25 18 9
残存機能を見出せた	153	・手本を見せて導入する ・お互いに声を掛け合う ・やり方を教えあう ・積極的な姿勢 ・他者に勧める・	38 32 30 28 25
実施後にイメージが変化した	97	・やりたいことを述べる ・視力低下でも楽しむ方法 ・男女に差がない ・チームへの貢献 ・ルールより達成感	25 20 19 18 15
企画に対する工夫が必要	96	・学生とスタッフの動きの確認 ・選択種目の決定 ・色使いの工夫 ・参加人数 ・必要物品の準備	25 21 18 17 15
運営に対する工夫が必要	90	・ＡＤＬの確認 ・名前の呼び方 ・対象の体力 ・集中力の確認 ・時間設定 ・音量の調整	20 18 15 14 15 12
課題が明確になった	85	・だんどり能力 ・スタッフのイメージ確認 ・危険度とリスクの把握 ・相手の理解度にあわせる	28 26 16 15

（2）高齢者の生活活性化の構造図

認知症高齢者の内面的な世界を理解するためにひとりひとりの個別性を尊重した専門職者の連携した関わり方が必要となります。ＤＴ（ダイバージョナルセラピー）とアクティビティケアの関係を図にすると**図3**のように表す事ができます。

・パリアティブケア（緩和療法）としての認知症高齢者のケア

昨年、二〇〇四年一〇月三日に倉敷チボリ公園アンデルセンホールで開かれた岡山県痴呆性高齢者グループホーム協会講演会において、『一緒に考えて見ませんか「痴呆症ケア」Ⅱ』に参加した時のことについて述べてみます。パリアティブケア（緩和療法）としての認知症高齢者の介護というテーマで基調講演をされたスウェーデンの医師、バルブロ・ベック＝フリス女史は次のように語られました。

一九九〇年、ＷＨＯ（世界保健機構）は、緩和ケアとは、「病気の治癒を目指した治療がもはや有効でなくなった患者に対する積極的な全人的ケア」と定義しています［ベック＝フリス、2004］。

病気の治癒が不可能な場合にとられる延命を目的としないケアで、学際的に異なる専門分野のエキスパートからなるケアチームによって、患者やその家族への積極的かつ全体論的なケアを行うことです。緩和療法の目的は、患者とその家族に可能な限り最高の人生の質（ＱＯＬ：Quality Of Life）を享受してもらうことにあります。患者とその家族の身体的、精神的、社会的そして、霊的／人間の存在に関わる必要性を満たすものでなければなりません。さらに、患者の死後その家族が悲しみを乗り越えられるように行う支援をも含むものでなければならないとフリス女史は語られました。

認知症高齢者の尊厳を保った関わり方「緩和ケア」について、一人の生き生きとした大人として見てもらえる事、不安、

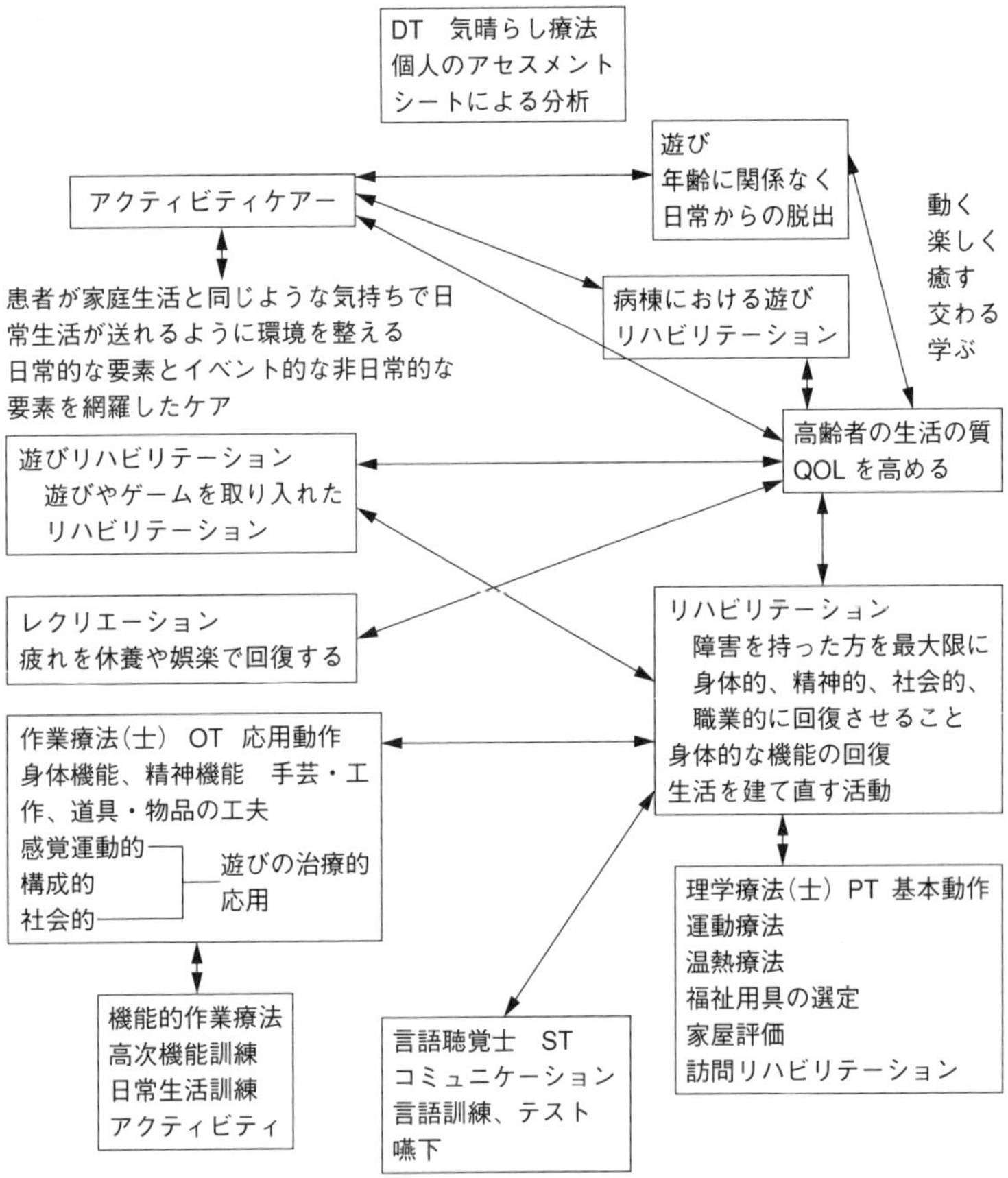
DT　気晴らし療法
個人のアセスメント
シートによる分析
遊び
年齢に関係なく
日常からの脱出
アクティビティケアー
動く
楽しく
癒す
交わる
学ぶ
患者が家庭生活と同じような気持ちで日
常生活が送れるように環境を整える
日常的な要素とイベント的な非日常的な
要素を網羅したケア
病棟における遊び
リハビリテーション
高齢者の生活の質
QOL を高める
遊びリハビリテーション
遊びやゲームを取り入れた
リハビリテーション
レクリエーション
疲れを休養や娯楽で回復する
リハビリテーション
障害を持った方を最大限に
身体的、精神的、社会的、
職業的に回復させること
身体的な機能の回復
生活を建て直す活動
作業療法(士)　OT　応用動作
身体機能、精神機能　手芸・工
作、道具・物品の工夫
感覚運動的
構成的
社会的
遊びの治療的
応用
理学療法(士)　PT　基本動作
運動療法
温熱療法
福祉用具の選定
家屋評価
訪問リハビリテーション
機能的作業療法
高次機能訓練
日常生活訓練
アクティビティ
言語聴覚士　ST
コミュニケーション
言語訓練、テスト
嚥下

図3　高齢者の生活活性化の関連図

悲しみ、妄想、痛み、尿失禁などの重度の症状を専門的知識などによりやわらげることができるとして、認知症ケアの先進国であるスウェーデンの女医、フリス女史は熱く語られました。そして、コミュニケーションを取る事により、落ち着き慰めてもらえること、見当識障害などが現れても必ず何か原因があると承知して関わることの大切さを参加者に伝えられました。このように講演会や研修会など介護する家族や地域の人々が認知症についての理解を深める、緩和ケアとしての学習の場が必要だと言えます。

6　高齢者の生きる力を高める「趣味、装い、オシャレ」に関する調査報告

老人施設における高齢者の日常生活機能を高める援助方法の開発を目指す調査研究のひとつとして、四国、近畿、中国地方を中心に高齢者が暮らす老人施設（特別養護老人ホーム、介護老人保健施設など）を対象に日常生活の自由度や、なじみの生活物品の持込可能状況について調査しました。回答の得られた二一六施設による調査結果は、施設への持ち込み可能な生活用品として、衣類・寝具・絵画などの調度品、テレビなどの家電製品などでした。家具については約半数の施設で持ち込み可能ですが、実際持ち込んでいる入居者はそのうち約四割という結果でした。

高齢者とは、活動性が低下し、他者への依存度が高い否定的な側面だけでなく、人生の危機的状況を生き抜いてきた知恵ある人として前向きに生きる世代でもあることを理解する必要があります。そこで、平成を生きる老人像を知るために広島県下の六五歳以上の高齢者四〇〇名を対象に、健康状態や生活習慣、趣味、オシャレについて調査をしました。そして、高齢者の特徴と傾向について比較検討してみました。

(1)　趣味について

男女とも、高齢者の約四割が旅行、TVを観ることを趣味としてあげています。次いで手芸、買い物の順位でした。

この傾向は六五歳～七四歳（前期高齢者）と六五歳～八四歳（後期高齢者）の年齢層別に分けて比較しても同様の傾向を示していました。しかし、八五歳以上（超後期高齢者）になると買い物や運動などの屋外での趣味が減少していました。このことは、身体機能の低下にともなって屋内でできる趣味を選ぶ傾向へと変化しているといえます。また、女性は男性に比較して旅行、TV、手芸、音楽、買い物と屋内、屋外に関らず趣味の範囲が広いという傾向を示しています。男性は女性に比較してパソコンやギャンブルへの関心も持っていることがわかりました。その他の趣味では、庭いじりや老人同士のおしゃべりや孫との世話などをあげていました（図4）。

次に、「オシャレに気をつけていることは何ですか?」という質問への回答は、男女とも洋服、服装、髪型、化粧への関心が高いことがわかりました。特に女性の化粧や香水のオシャレは年齢が高くなっても関心を持っている様子が伺えます。その他のオシャレとして男性はひげ剃り、爪きりを、女性はスカーフやブローチなどのアクセサリー小物への関心を示しています（図5）。

(2) 身だしなみに関心を示しほめること

寝たきり状態になったり、人の助けを受けて依存度が高くなっても、きちんと身づくろいをした姿で生活することや、外出のために身支度をすること、誰かに出会うことは、高齢者の気分を華やかにし、生活のメリハリがつき、人間としての尊厳を保持するためにも大切であるといえます。

また、老人だからと地味なものばかり着ていては気がめいります。若々しい格好やオシャレをすることで気持ちも若返るし、気分にも張りが出てきます。そして、家族やスタッフが声をかけほめることによって、高齢者の気分は明るくなるのです。特に異性にほめられることは嬉しいものです。いくつになっても「トキメクこころ」を持ち続けることが必要だと言えます。そして、季節ごとの行事に参加することや他者との交流は高齢者への良い刺激となり、生きる力が

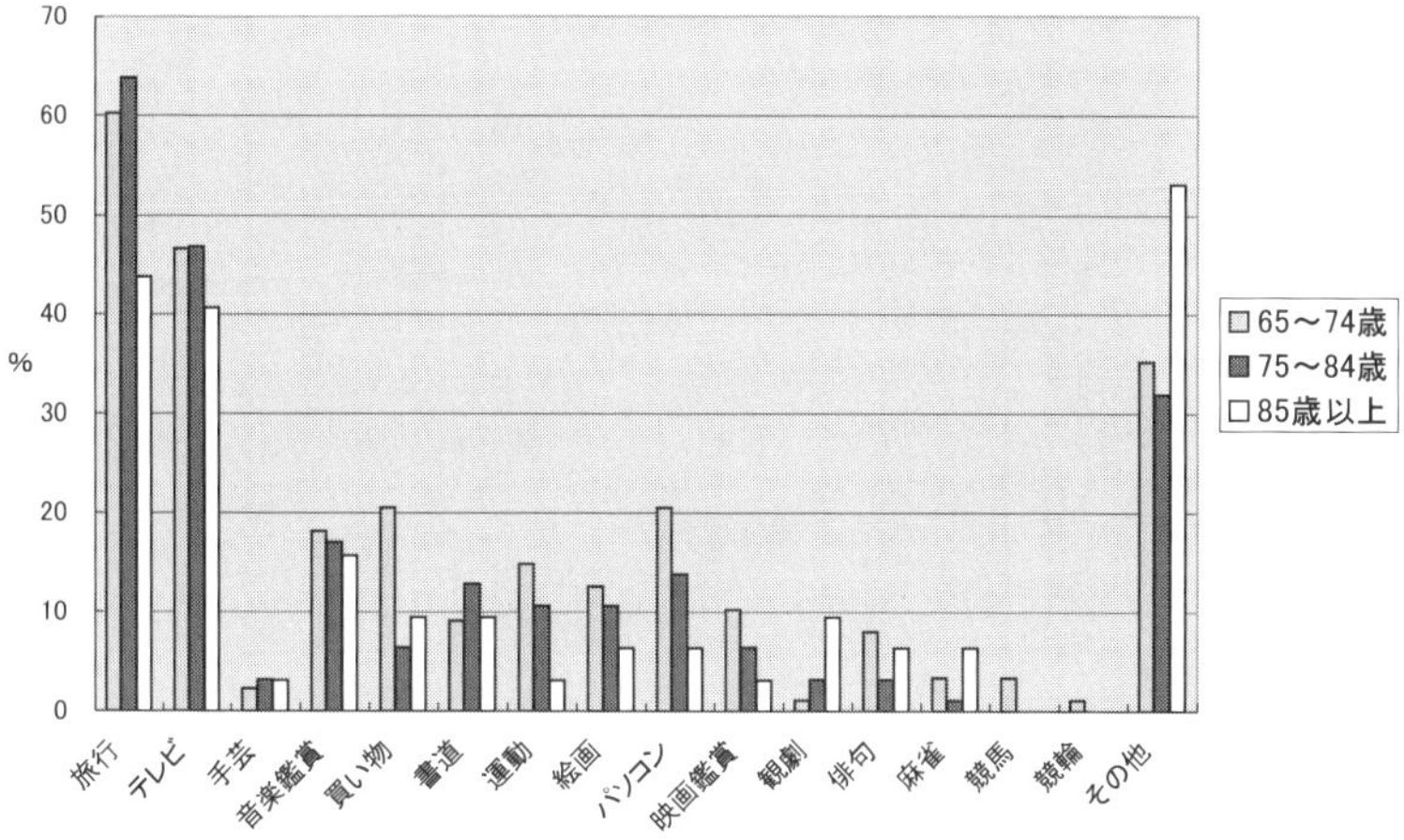

図４－１　趣味（男性）

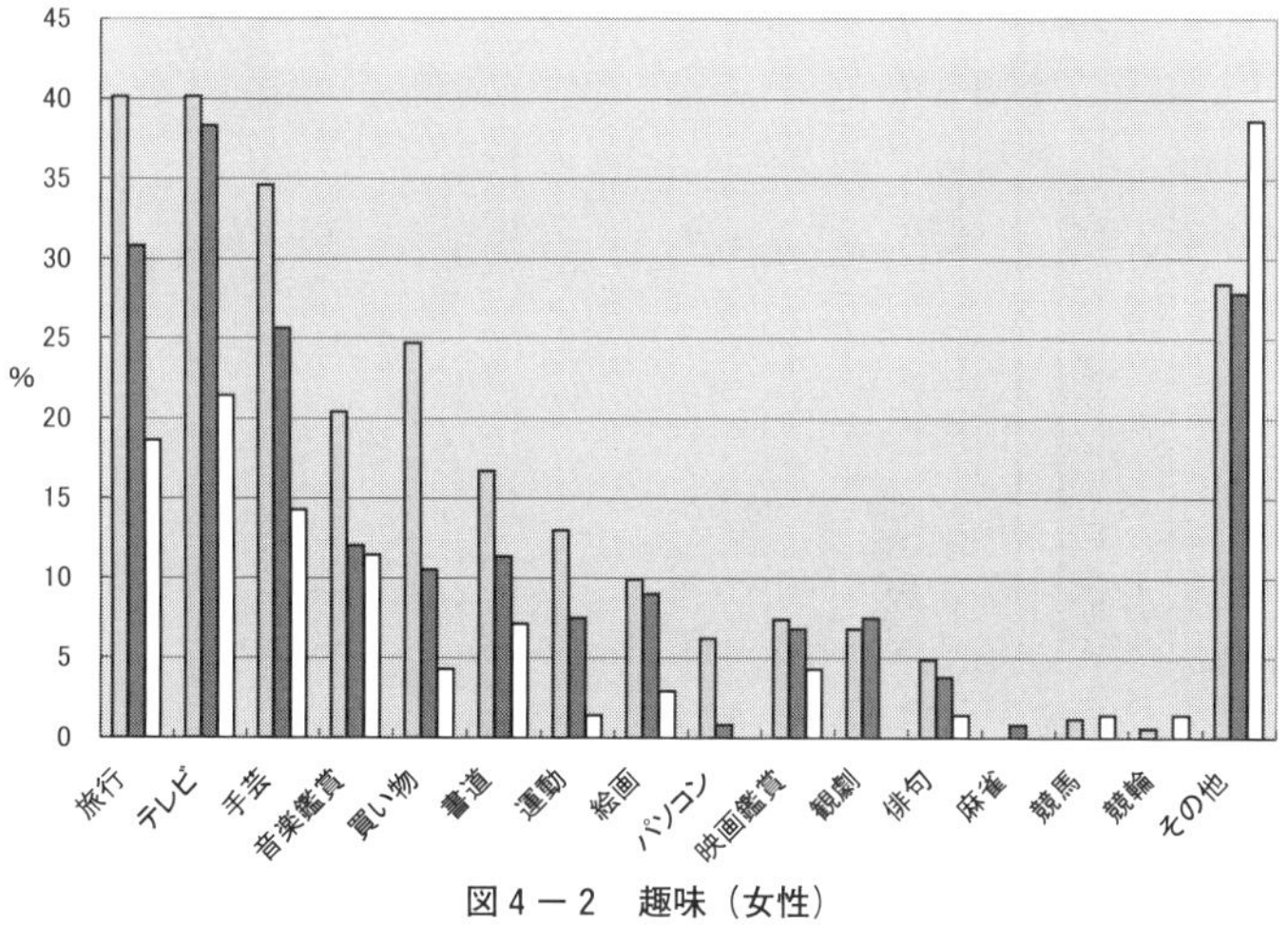

図４－２　趣味（女性）

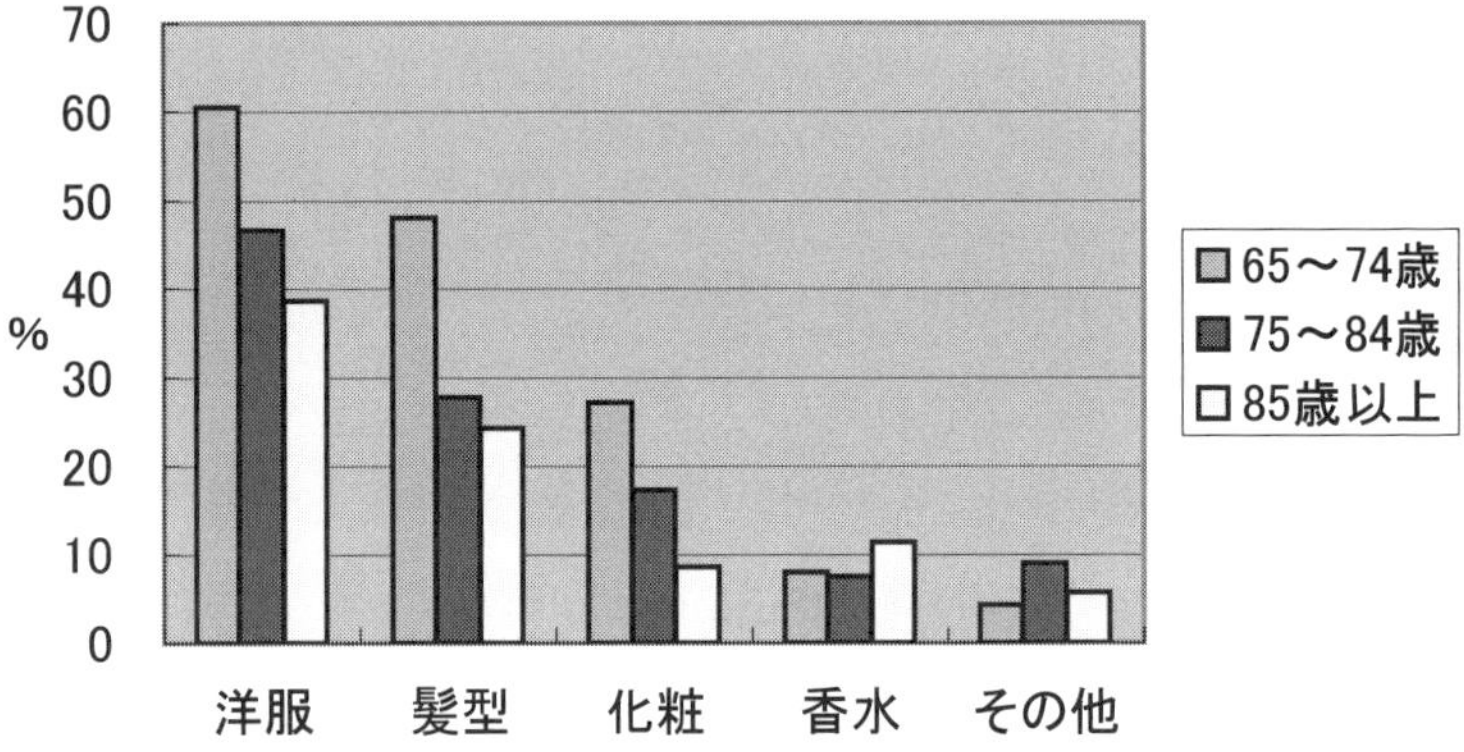

図５－１　おしゃれに気をつけているところ（男性）

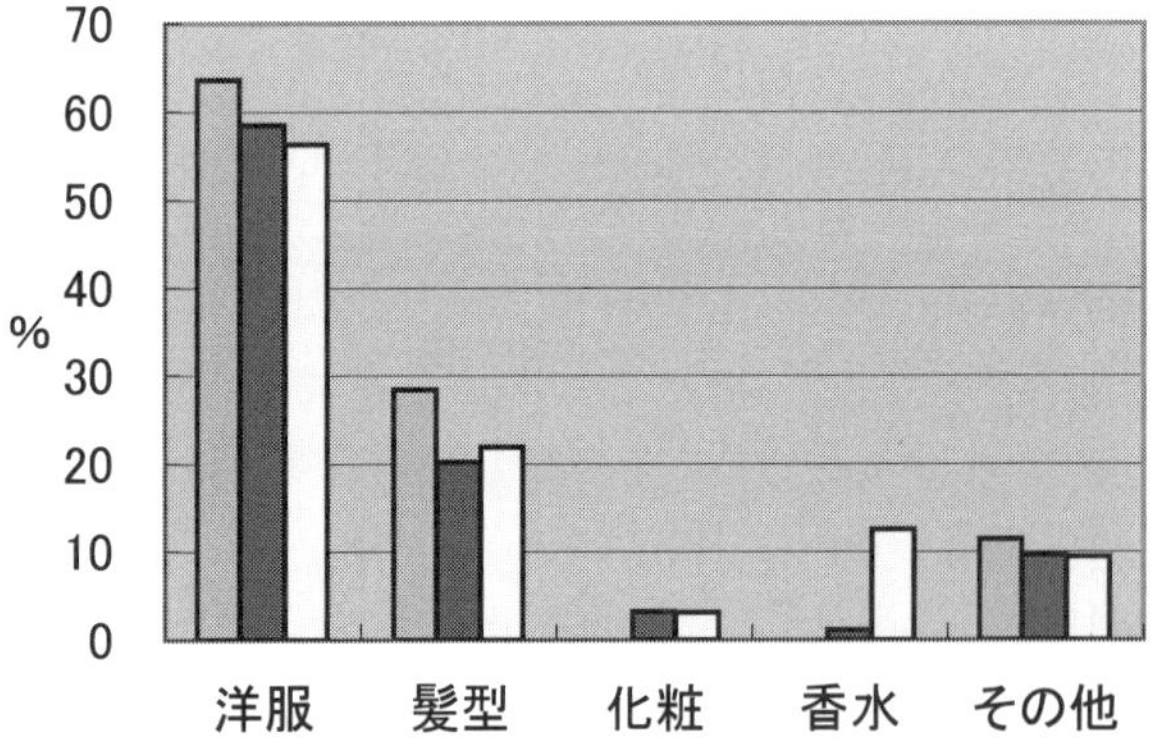

図５－２　おしゃれに気をつけているところ（女性）

湧いてくるのだと考えます。

7　おわりに

認知症とは健康障害のひとつであり、どのような症状を示すのかは、ケアの質によって異なります。従って認知症という病気への対応でなく、認知症を病む人への全人的な関わり方が大切になります。

認知症高齢者はこれまでさまざまな生活体験をしており、その症状は十人十色です。家族や介護者には異常に見える、徘徊や帰宅願望も物取られ現象もその方にすれば意味のある自然な行動かも知れません。従って、認知症のひとりひとりの生きてきた背景をよく知り、見きわめてその人に寄り添った関わり方が必要であると考えます。また、重度の認知症になっても人間としてのすべての機能を失うわけではありません［金井ほか、2001］。個人差はあっても最後まで残された健康な部分に気づき、導き出し、系統立てて、意図的な働きかけができるよう、大学教育の場や臨床実習の場で看護学生がケアの専門家として育つことが今後の課題と考えています。

（横山ハツミ）

引用・参考文献

赤松公子・平沢智子・横島慶子・横山ハツミ　2004　「老人施設における高齢者の日常生活機能を高める専門的看護援助方法の開発研究」『千葉大学看護学部看護実践研究指導センター年報　老人看護研究プロゼェクトチーム』9p.
ベック＝フリス・バルブロ　2004　「スエーデンの痴呆ケア・緩和ケアについて」『岡山県地方性高齢者グループホーム協

会講演会誌、一緒に考えて見ませんか「痴呆症ケア」Ⅱ』3-7p.
五島シズ・水野陽子ほか　1998　『痴呆性老人の看護』医学書院
本間　昭　2000　「痴呆患者のＱＯＬ評価尺度の開発と臨床的有用性の検討」『笹川医学医療研究財団研究業績年報』第16巻第1号　42p.
本間　昭　2001　『痴呆高齢者のＱＯＬを考える老年社会科学』第23巻第1号　17p.
堀内園子　2001　「痴呆老人デイケアにおける関わりの『場』の分析」『看護研究』第34巻第5号　31-38p.
今井幸充・太田貞司・照井孫久・芹澤隆子・野村豊子ほか　2005　『痴呆性高齢者ケアの質の向上を目指した人材育成法則に関する調査事業報告書』125-126p.
金井一薫　1993　『ナイチンゲール入門』現代社
金井一薫　1993　『ナイチンゲール看護論入門』現代社
金井一薫　2001　「ＫＯＭＩの痴呆症スケールとスタンダードケアプラン・2001」『ＫＯＭＩ理論研究会』21-22p.
金井一薫ほか　2001　『ケアプラン策定支援システム構築のための基礎的研究　ＫＯＭＩチャートを用いた「痴呆症スケール」の開発とケアの方向軸』日本社会事業大学社会授業研究所　4-5p.
森田敏子　2000　『看護における癒し・患者の心に寄りそう実践知』金芳堂
森山美智子・五島シズ・山本則子ほか　1998　「痴呆高齢者に対するアクティビティケアの効果の評価」『老人ケア研究』第8巻
室伏君士　2000　「痴呆性老人との交流を通して――作業療法的接近の基本について」『作業療法ジャーナル』三輪書店395p.
中村裕美子・阿曽洋子　2001　「要介護高齢者のＱＯＬに影響を及ぼす要因に関する研究」『第二一回日本看護科学学会誌』192p.
六角僚子　2000　「アクティビティ再考：今していることは本当に有効か？　より個別性に注目したアクティビティの提供

に向けて」『臨床老年介護』第7巻第6号　27-32p.

六角僚子　2001　「生活に沿ったアクティビティケア　個人ケアに焦点を当てて　厳選アクティビティ」『高齢者ケア』第5巻第2号　113-120p.

芹澤孝子　2002　『心を活かすドールセラピー、ダイバージョナルセラピー（気晴らし療法）の視点から』出版文化社

上田慶二・大山好子・鎌田ケイ子・鈴木啓子　1992　『老人患者の日常生活への援助』メジカルレビュー社　150-161p.

和才ひとみ・岩花鈴江・太田喜久子　1996　「痴呆老人に試みた料理教室」『作業療法』第15巻第4号　45p.

山中美千代・園田紀美子・中村裕美子　2002　「看護系大学における痴呆性老人についての授業に関する研究―臨地実習の取り組み」『日本看護学教育学会誌』第1巻第12号　284p.

横山ハツミ　2001　「入院高齢者の調理活動における認知・行動の評価と看護者の役割―アルツハイマー型痴呆と脳血管型痴呆の比較から」『看護総合科学研究会』第4巻第2号　7-8p.

横山ハツミ・足利 学・横田芳武他ほか　2001　「KOMIチャートを用いた老年期痴呆患者の調理活動の評価」『第五回KOMI理論学会集録』11-16p.

横山ハツミ・太田節子　2004　「調理活動によって引き出される痴呆高齢者の持てる力の構造―ビデオレコーダーによる分析から」『広島国際大学看護学部ジャーナル』第1巻　37-47p.

横山ハツミ・芹澤隆子　2005　「認知症高齢者の能動的な残存機能に影響を及ぼすヒーリングベビーの効果」『第六回日本認知症ケア学会大会誌』338p.

高齢社会と向き合う、社会福祉と企業

1　はじめに

我が国の社会は今、情報化、競争化、高齢化と言われる社会現象が複合的に進行する変遷期にあります。この現象は、経済、社会を構成するあらゆる分野を巻き込んで、制度や体制の変革が余儀なくされています。国も、地方自治体も、企業も、個人も、飛躍的に増大した「存続のリスク」に対応するために「管理から経営へ」、「制度から契約へ」と軸足を移しています。

社会福祉の領域においても例外ではなく、旧来の社会福祉の概念や思想から開放された新しい構造が求められています。介護保険サービスの担い手として民間企業が登場し、一つの産業としてその成長が期待されるようになってきたことも、社会福祉制度変革の嚆矢として高く評価されました。しかし一方において、民間企業の参入を憂える人たちも少なくありません。

シルバーサービスは、多様な社会的要素の上に成立っている事業であり、単なるビジネスとしてとらえきれるものではありません。社会福祉政策はもとより、社会・経済全般の構造変革や意識変革の動向と深く関わっており、社会全体のダイナミックな変動を俯瞰《ふかん》する視野の中でとらえなければならない事業領域なのです。

本稿では、このような視点から、シルバーサービスに関わる根本的な問題を取り上げます。

2　高齢社会と競争化社会

我が国の高齢化率は、二〇〇四年に19.5％に達し、二〇五〇年には35％を超えると見込まれています。市区町村別では、二〇〇〇年に七七自治体で既に40％を超えています。急速な高齢化の進行で、老後の生活不安は、本人のみならず、家族の問題、地域の問題として深刻の度合いを深めています。心身の生活障害や経済的不安に対して生活インフラを整備し、介護の社会化をどのように進めるかは、最も重要な政策課題です。我が国の財政はきわめて深刻な状況にあり、財政問題を抜きにして社会保障制度を語ることはできなくなっています。

介護保険制度の施行から五年目の見直しにおいても、最大のテーマは財政の視点から「持続可能な制度」への再設計でした。財政悪化の根本原因は生産性の低迷にあり、我が国の社会構造が生産性を高められない構造になってしまっていることです。現代のグローバル・スタンダードである自由主義市場経済の下で生産性を高めるためには、競争原理が十分に機能する社会構造に変革するしかありません（**図1**）。福祉や医療の、いわゆる、社会的規制分野にも民間資源と競争原理を導入する規制緩和政策を推進することが政府の基本政策となっています。介護保険サービスの供給事業に企業の参入を認めたのも、このような経緯での選択でした。

しかし同時に、誰のための競争か、何のための競争かが問い直され、競争の在り方自体が大きな変革期を迎えているのです。

3　情報化社会の支配構造

いつの世も、社会の根底には、人が人を支配する力学的な支配構造が存在します。今日のＩＴの急激な発達と普及は、文明史上、時代を画する出来事ですが、それは単に情報伝達の利便性が飛躍的に向上したという次元に留まらず、社会

図１　自由経済民主主義社会の構造

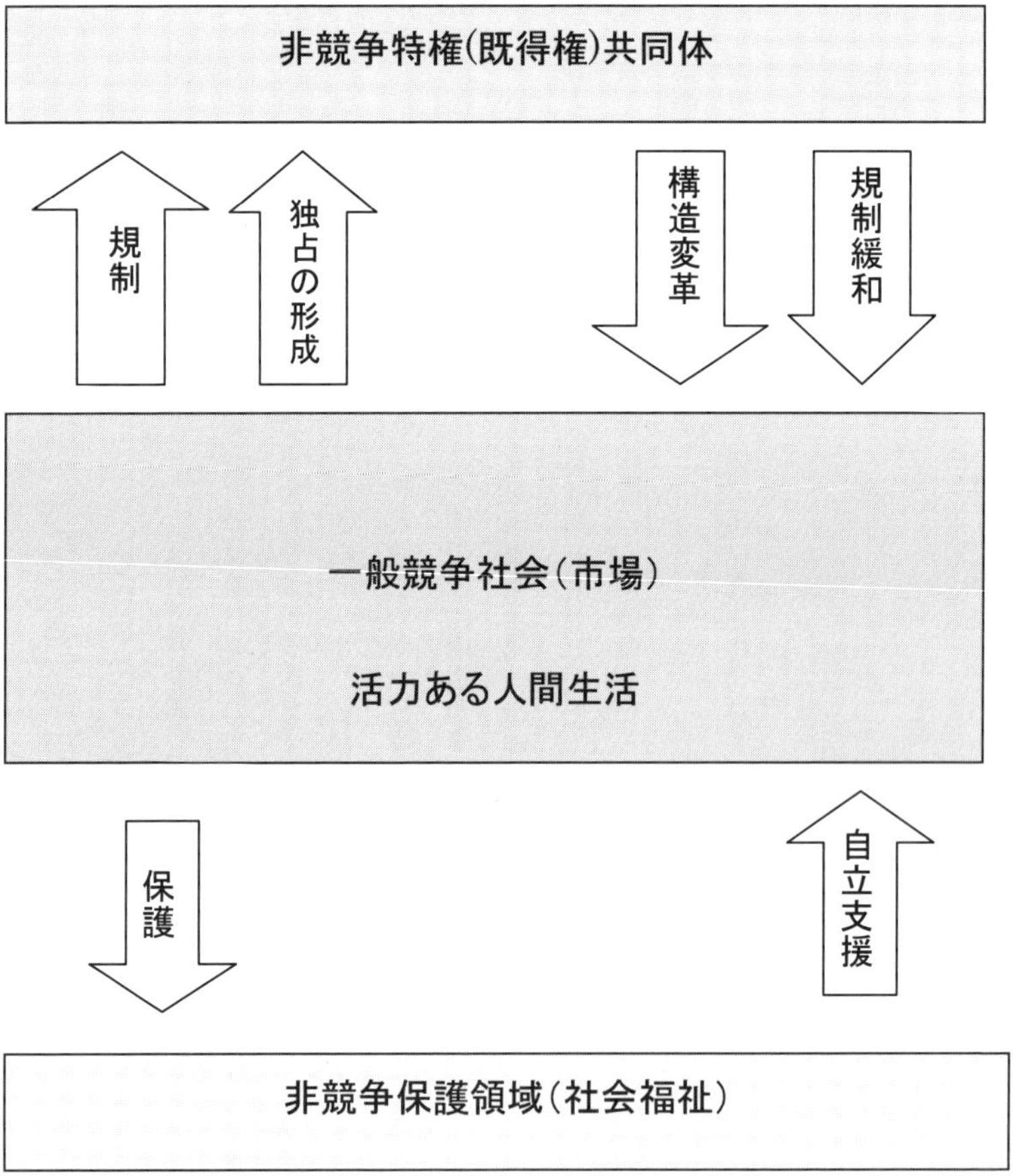

全体の支配構造にコペルニクス的転回をもたらしました。社会を支配し富を創出する権力の源泉は、大昔から三種の神器（剣、勾玉、鏡）に象徴されるように、「軍事力」、「財力」、「知識情報力」とされてきました。それは今の世も変わりがなく、三つの力は厳然として支配の源泉となっています。しかし、力のバランスは社会の成熟とともに、武力から財力へ、財力から知識情報力へとシフトしています（図2）。武力が最重視された時代では軍部が力を持ち、財こそが人々を支配する時代は、財を保有し行使する権限を持つ行政機構や大企業組織が支配力を及ぼしてきました。これに対し、知識情報社会では個々の民が社会を動かす支配力を持つことになります。知識情報力は、軍事力や財力と違って、年齢、性別、貧富の差、身体障害の有無、社会的地位などを問わず、誰でも保有することが可能な、優れて民主的な性格を持っているからです。高齢者や障害者についても、生産能力に劣る「弱者」とみなすのではなく、優れた可能性を秘めた能力者ととらえます。社会福祉は、「弱者に対する保護」ではなく、「能力者に対する自立支援」であるという考え方が有力となりつつあります。

また、情報ネットワークは、一人の力を、たちまち数百万、数千万人の力に転化する機能を持ちます。情報化社会では、このような状況が創出されることにより、近代工業社会で形成された官僚機構中心の支配構造が、民優位の構造に転換される必然性が芽生えます。

4 競争回避の構造

情報化社会の注目すべきもう一つの機能は、社会・経済活動のあらゆる領域において「競争」が活性化されることです。それは、情報化によって、既得権として形成されている「競争回避の構造」が見直され、競争の機会や領域が拡大するからです。

競争によって既得権や権威が獲得されれば、必然的に競争回避による自己保存の構造が創られます。それが肥大化し

図 2　民優位の構造へ—知識・情報社会への変革—

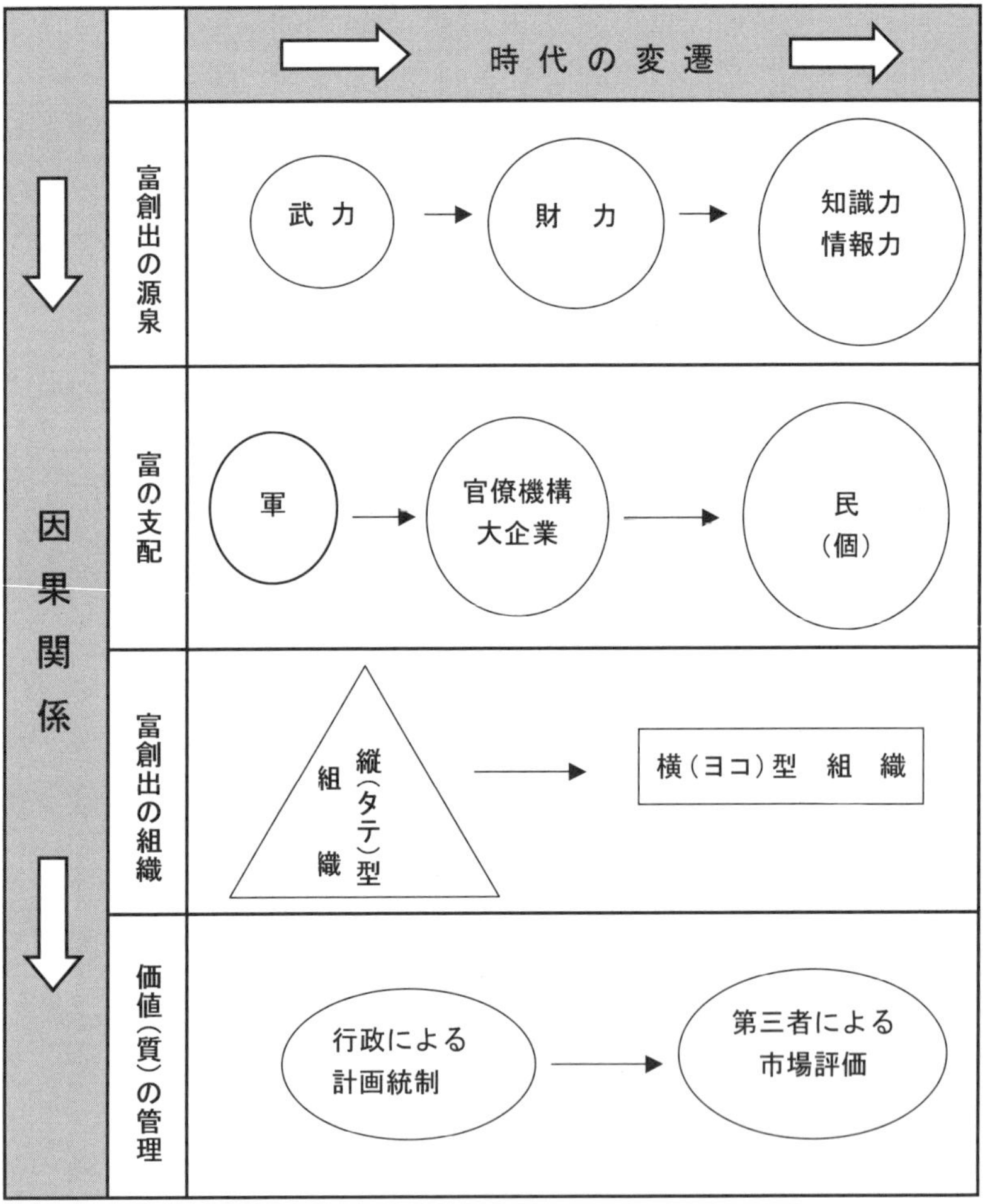

ていくと、社会全体としての競争力は失われてしまいます。

ところで、この既得権や権威は、外部からの競争・干渉・評価・指導などを排除する何らかの公的制度によって支えられています。制度的な保護なくして競争回避の既得権や権威の構造が成立することは不可能です。そして、公費の投入を含む制度的保護に正当性を与える根拠として機能してきたものが「公益性」の概念でした。社会全体の生産性を高めるためには、「競争回避の構造」を「競争の行われる構造」に変革しなければなりません。そのためには、公益概念の合理性を厳しく問い直す必要があります。「公益性」という壁で擁護された既得権領域に踏み込んで、「競争への復帰」あるいは「次の競争」が行われる社会を再構築しなければ生産性は高まりません。そのための変革が、今、起こっているのです。

学歴や資格競争に勝った者には、それだけで生涯保障を獲得できるという社会ではなく、次の競争として生産性の実績競争が用意されていなければなりません。制度的非競争領域の既得権益構造にメスを入れ、これを「競争による生産構造」に再編成し、社会全体の生産性を高めることが要請されているのです。

社会福祉の領域もまた、非競争の領域であったが、近年、社会福祉の目的が「保護」から「自立支援」に転換して考えられるようになったことは、「競争からの避難・保護」から「競争への復帰・支援」へ転換されたことを意味します。つまり、社会福祉の領域でも競争社会の領域拡大が指向されているのです。

5　信頼関係と情報開示

情報化の進展は、社会・経済活動のあらゆる領域において競争を活性化させるが、その「競争の在り方」自体をも大きく変容させます。競争には必ず競争のルールがあります。ルールがなければ競争は成立しません。また、ルールを遵守しなければ競争とは言えません。さらに、審判・評価も競争の重要な成立要件です。そして、民優位の下での競争は、このような競争の成立要件に関わる情報が民の前に開示されている状況のもとでの競争でなければなりません。競争の活性化にとって最も基本的な条件は、「情報の開示」です。

従来、行政、医療、福祉、教育、法曹、金融といった伝統的資格者業界は、知識情報の独占によって自己完結的な事業環境を形成し、支配力を発揮してきました。消費・生活者はよくわからないままに、相手方を信じて受け入れざるをえない立場に置かれていました。そこでは、制度的に信頼関係が擬制されていました。それは対等の信頼関係ではなく、支配と服従の信頼関係でした。「縦の信頼関係」あるいは「上下の信頼関係」と言ってもよいでしょう。このような「擬制された信頼関係」は、情報が共有されず、「情報の非対称」という状況下で成立し、維持されてきました。これに対し、情報化社会では、「情報の非対称性」は解消に向かい、「情報の共有」をベースとした対等の関係が成立し、双方の納得による利益の一致が目指されることになります。

「信頼」は生産性を高めるために不可欠の要素です。信頼によって人々の交流や財の移動が活発になり、生産活動が活性化します。しかし、信頼はリスクをともないます。このリスクを低減するものが「情報開示」です。情報開示によって信頼の精度が高められるからです。民が支配力を持つ社会では、情報開示は、行政機関や企業の社会に対する基本的責任として位置付けられ、要請されることとなります。

時代は今、従来の「擬制された信頼関係」を克服する新しいパラダイムを求めて動き始めています。それが「情報開示によって担保された信頼関係」のパラダイムです。そして、「競争」は、この新しい信頼関係のパラダイムに立脚して行われることになります。情報開示は、競争の基礎条件として公的に位置付けられます。ルール違反は競争からの社会的脱落を招くことになります。

一方、「信頼」は企業にとって利益の源泉であり、存続の基盤であるので、信頼の獲得は「経営行為」に他なりません。従って、信頼は、本来、企業が自らの経営責任において、主体的に、競争的に獲得してゆくべきものです。

このように、情報開示をベースとした信頼関係の構築は、公益的性格と私益的性格の二面性を持っています。従来、公益と私益は対立的にとらえられていましたが、両者の社会的意義は次第に融合し、官民を問わず、その行動規範は「民益」という価値基準に統合され、「民益指向」となっていきます。その変容のプロセスにおいて従来の公益概念は見直され、同様に、私益の概念も再構築されるのです。

このような新しい信頼関係の構築は、すでに世界の潮流となっています。

情報開示システムの内容として注目されるものに「自主的情報開示」、「企業の社会的責任」、「内部統制の開示」、「コンプライアンス」、「第三者評価」などがありますが、これらをどのように形成していくかは、従来の国家規制に替わって国際的基準規制によってなされる方向にあり、国際的標準・基準に収斂《れん》されていきます。我が国においても、国際的な第三者機関である経済協力開発機構（ＯＥＣＤ）、国際標準化機構（ＩＳＯ）、世界保健機関（ＷＨＯ）などの影響が従来にも増して大きくなっています。

6　介護保険制度と企業参入

介護保険制度は、民間企業を社会福祉の担い手の範囲に含める見解に立脚し、利用者には事業者やサービスを選択する自由を与え、競争原理が機能するサービス供給体制を採用しています。

公正取引委員会は、民間企業が参入する介護保険サービス分野を、公正かつ自由な競争がなされるべき「経済活動の市場」であるととらえ、企業のみならず、地方自治体や公益法人などにも等しく独禁法を適用せしめる方針を公表しています。このように、介護サービスの供給事業は、産業として認知され、民間産業として発展することが期待されるに至っています。

しかし、介護市場の現状は、競争のダイナミズムが十分に機能されているとは言えません。施設サービスについては、公益法人の独占領域となっており、また居宅サービスについても、競争から保護された公益法人のシェアーが、給付費ベースで企業やＮＰＯなどをはるかに上まっている現状にあるからです。このような状況は、競争原理が働いた結果ではなく、旧来勢力の既得権を温存擁護する、いわば、「隠れ規制」とでも言うべき実態が根強く存在していることによります。しかし、介護保険制度の施行から五年が経過する実績の中で、公益法人のサービスは良質で良心的だが、営利法人のサービスは劣るであろうという旧来の観念は崩れ、相対的に企業サービスの評価が高まっています。介護現場の実態が見えてくるにつれ、徐々にではあるが、競争原理が機能し始めています。今後は、民営への傾斜が急速に進むものと思われます。

7　市場の中の福祉職

福祉職は、介護保険制度の施行によって介護市場が創出されたことにより、従来、福祉職が関係することがないと考えられていた市場との関わりが多くなってきました。

従来、社会福祉事業は、競争から制度的に保護された公的機関のみによって運営されていたので、「利益の確保」は問題となりえませんでしたし、そこで働く福祉職も、「利益の確保」とは無縁でした。しかし、民間企業が参入し、これにともなって、福祉職の就労先は、企業の占める割合が大きくなっています。これらの企業にとって、「利益の確保」は存続のリスクを担保するものであり、重要な経営目標となります。そこで働く福祉職にとっても無縁とは言えなくなっているのです。さらに、利益の確保に向けて積極的な活動を期待されています。このような状況変化の中で、福祉職は、その社会的役割や職業倫理との関係で意識変革の問題に直面しているのです。

多くの福祉専門家は、「福祉職は、利用者の立場に立ち、利用者の利益のために働くべきで、企業の利益のために働いてはならない」と高唱しています。そこでは、利用者利益と企業利益が対立するものとして概念化されています。従って、そもそも企業は、社会福祉事業に参入すべきでなかったが、参入している以上、福祉職こそが、企業とは一線を画して利用者利益を守る役割を果たさなければならないという主張なのです。

しかし、利用者・顧客の利益を志向するのは、福祉職の専売特許ではありません。企業や他業種の専門職もまた利用者志向を理念に掲げており、民益志向と言えます。それは、先にも述べたとおり、新しい時代の普遍的理念となっているものです。企業利益と利用者利益を相反するものとして理解し、企業から利用者を守ることが福祉職の職業倫理であるという教えは、すでに歴史的使命を終えており、現実にそぐわないものとなっています。しかし、依然として、このような倫理観を唱える関係者は多く、それが現場の福祉職に混乱をもたらしているのです。

企業排他的な社会福祉の考え方の中に、「ケアマネジャーの中立・独立論」があります。ケアマネジャーは、事業者とは一線を画するべきであり、従って、企業との雇用関係は好ましくなく、「独立自営」へと誘導する政策を主張するものです。つまり、この主張は、社会福祉サービスの市場を資格福祉職の職能集団によって独占・支配することを目指していることになります。また、福祉職の職能集団による社会福祉サービスの安定した支配を可能にするためには、市場原理の働かない公的地位（公務員的地位）の保障が必要であるとしています。「中立・独立の立場に立つ」ということは、「排他的権威をもった職業的地位」を獲得するということに他なりません。このようなケアマネジャーの中立・独立論は、時代認識を欠くものであり、政策論とは成りえないものです。

8　介護サービスの質

介護サービスは、日常生活の自立支援を目的とするが、「介護」とは何か、「自立」とは何かといった哲学的テーマについて、本質的な認識を持っておくことは、サービスの開発やサービスの質を追求する上で有意義です。

「医療」が、身体を環境に適応させるものであるのに対して、「介護」は、環境を身体に適応させるものです。「介護」

は、身体が不自由になっても、環境の側を変化させ、環境を身体に適応させることで、日常の生活機能を維持し、主体的な生活を可能にする支援行為です。

「介護」は、環境との絡みで人間をとらえる人間観から出発しています。フランスの哲学者ミシェル・フーコーは、その著書『近代医学の誕生』の中で、「現代医学は、病人から徹底して『生活』の衣を剥《は》ぎ取ることでつくり上げられてきた」と述べています。そこでは個別性ある生活は徹底的に排除され、病人は中立的環の中で観察される対象になっていきます。ここに、近代病院の性格の原点がある、とフーコーは指摘しています。二〇世紀後半になって、癌や脳血管疾患、心疾患の疾病が高死亡率を占めるようになり、また糖尿病、肝疾患などの成人病が増大するに及んで、医療は生活の在り方を問題とするようになってきました。わが国においても一九八〇年代になって「医療の生活化」という理念が生まれてきましたが、患者を中心に据えた医療モデルの構築と普及は、未だ試行錯誤の現状にあります。

医療に対し「介護」は、もともと生活を問題にしています。人間の生命は、生活という衣を纏《まと》っており、生活を離れて存在することはできないという基本認識に立っています。このような介護観は、介護が医療、看護の従属的・補助的立場を離れ、主体性・独自性を獲得する上でも重要な役割を果たします。

制度的な基準統制に適合するサービスが良質なサービスだとする評価には疑問があります。注目すべきサービスは、しばしば基準統制の外側で生まれているからです。介護は、基準統制に適さないばかりか、企業による商品化にも馴染《なじ》まない本質を持っているのかもしれません。しかし、より柔軟で個別性に富むサービスモデルが登場するとすれば、それは企業やNPO、地域に密着している個人事業者などの民間事業体によってでしょう。

「自立」の概念についても、サービスの質を考える上で、重要な要素となります。

近代社会における「自立」の概念は、他人に頼らない、独立自尊の価値観に立つものでありますが、そこでの人間観は、誰にでも当てはまる抽象的な人間像でした。しかし、環境との絡みで人間をとらえる具体的、個別的人間観に立つならば、人間の存在自体が他者（環境）との関係によって構成されていると考えますから、「自立」の問題は、「他者との関係」の問題に置き換えることができます。そして、他者との関係性を統合し、人に主体性を与えるものは心（感情）の働きであるから、他者（環境）との関係の問題は心（感情）の次元で問題とされなければなりません。自立障害は「関係障害」であり、「感情障害」であると認識するところに「介護」の独自性があるのであって、身体的な機能回復や、身体機能の代替的な機能付与に着目した自立であれば、それは医療的なアプローチになってしまいます。自立性を規定するものは、老化とか障害の程度とかではなく、他者（環境）との在り方、心の在り方であると考える思想を持たなければ、高齢者が衰えることの劣等感から開放され、希望を持つことのできる介護の世界は拓けてきません。

このように考えれば、介護の特質は、「他との交流」と「心への配慮」であり、介護サービスは、その機会と場を提供することであるように思われます。介護は、宗教と接点を持つかも知れません。

社会福祉制度への企業参入は、単に経済効率の成果を超えて、今、企業は、さまざまな「創造」への挑戦を始めているのです。

（寺田　勇）

引用・参考文献

今西錦司　1993　「自然学の提唱・自然学の展開」『今西錦司全集　第13巻』講談社

小林直樹　1965　「現代法の問題状況」『現代法1・現代法の展開』岩波書店

桑子敏雄　2001　『感性の哲学』日本放送出版協会

三好春樹　1997　『関係障害論』雲母書房

桜井哲夫　1996　『フーコー　知と権力』講談社

Toffler, Alvin 1991 *Power shift : Knowledge, wealth, and violence at the edge of the 21 st century.*（Reprint version）Bantam Books.

（徳山二郎（訳）1990『パワーシフト―21世紀へと変容する知識と富と暴力上・下』扶桑社）

時井　聰　2002　『専門職論再考』学文社

吉川孝順　1997　「現代社会と社会福祉」新・社会福祉学習双書編集委員会（編）『新・社会福祉学習双書　社会福祉概論1』全国社会福祉協議会

第7章　介護従事者のストレスと対策

1　家族の介護負担の実態

平均寿命が延びるにつれて要介護高齢者の数も増え、これを介護する家族の数も増えています。例えば平成一四（二〇〇二）年の東京都の調査報告［東京都福祉局、2002］によれば、東京都の六五歳以上高齢者の10％（一九万人）が要支援・要介護であり、その七割が在宅者です。そのまた六割以上（全在宅高齢者の4.4％）に認知症の疑いがある、とも報告されています。要介護者からみた主介護者の続柄は、配偶者（30％）、娘（29％）、息子の嫁（24％）の三者が八割を占め、主介護者の78％が女性となっています。このような実態は、海外でもさほど変わらないとされています。同じ調査によれば、主介護者の四割が「ほぼ一日中介護をしている」ということです。つまり、病院などの施設ではさまざまな職種のスタッフが業務や時間を分担して介護にあたるのに対して、在宅介護では主介護者に介護負担が集中しがちだということです。

こうした介護家族の負担に関する研究は、海外では一九八〇年代から、日本では一九九〇年代からようやく注目されてきました［高野・新井、2003］。ザリット［Zarit, Pearlin &

Schaie, 1993］は介護負担を「親族を介護した結果、介護者が情緒、身体健康、社会生活および経済状態に関して受けた被害の程度」と定義しています。この負担感は、介護開始初期にとくに大きいとも言われます［濱吉、2004］。

要介護者が認知症を有する場合には、介護負担は一段と重くなります。東京都の調査［東京都福祉局、2002］では、主介護者が対応に困っている要介護者の言動として、認知症に関連することが多かったといいます（表1）。大阪府における調査［大國、1995］でも、介護家族が在宅介護に限界を感じ、要介護者の入院入所を考えるのは、暴力・興奮、不潔行為、弄火、徘徊・多動などが目立つようになった時だとされています。もっとも、複数の職員がいる特別養護老人ホームでさえも、このような言動は「手に負えない」とされやすく、精神科入院に至ることがあります。ただし、大阪府における調査では「認知症高齢者だけの棟よりも、認知症をともなわない高齢者との混合棟のほうが、このような言動から精神科入院に至る例は多い」と報告されています。この報告は、認知症高齢者の言動が周囲から見てどれほど「困った言動」になるかが、周囲の状況・環境によって異なってくることを示唆しています。

しかし、要介護者の認知症に関連した言動で介護家族が困っていても、その困難や負担は周囲からわかりにくい場合があります。介護者が認知症であっても、身体的な機能・活動力は低下していないことがあるためです。すると、介護家族は介護そのものの負担に加え、周囲から理解してもらえないという、二重の辛さを背負うことになります［塩川、2004］。とくに初老期に発症したケースでは、老年期に発症したケースよりも見た目が若いので、

表1　介護家族が困る要介護者の言動
（［東京都福祉局、2002］より）

要介護者の言動	介護者の訴え率
不潔行為	67.1%
目が離せない	59.1%
抵抗	55.5%
物を集める	53.6%
昼夜逆転	52.7%

要介護度が低く見積もられやすいと言われます〔高野・新井、2003／Arai, Tsubaki, Mitsuyama et al., 2001〕。

2 介護家族による高齢者虐待の実態

このような介護家族にとっての困難や負担感は、高齢者虐待の要因として重要です。虐待者のすべてが介護者とは限りませんが、実際には介護者、とくに女性または「嫁」による虐待が多いという報告が多いようです（虐待者の男女比は大差ないという調査もあります）〔國吉ほか、2003／柴尾、2005／高崎・小野、2005〕。もっとも多いタイプの虐待は「介護拒否・放置」で、次いで「情緒的・心理的暴力」「身体的暴力」が多く見られます〔國吉ほか、2003〕。要介護者の所有財産を勝手に処分したり使い込んだりする「経済的虐待」（＝財産侵害）も、後見支援センターや地域福祉権利擁護事業などの窓口では多く見られます〔大國ほか、2005〕。

人生の長旅の労苦をねぎらってもらうべき要介護高齢者が、このように虐待されるとは、いたましいことです。しかし、沖縄県の訪問看護従事者（看護職）が経験してきた高齢者虐待事例〔國吉ほか、2003〕では、虐待者の三分の二が自分の行為を虐待と認識していなかったといいます。なかなか表にあらわれない事例も多いことが推察されます。本項で紹介するデータも、明るみに出た一部の虐待例に限られた調査の結果であることに、注意したいと思います。

もちろん、すべての介護家族が虐待に至るわけではありません。津村ら［2003］は高齢者虐待に至った介護家族の特徴として、介護の負担感が大きいこと、介護者自身の健康がすぐれないこと、介護が自分の役割とは思えないこと、介護者の年齢が五〇歳未満であること、などをあげています。國吉ら［2003］も、虐待者の過半数が相談相手を持たず孤立していたことや、虐待者自身も健康問題を抱えている例が多かったことを報告しています。介護者の介護負担を補う社会的な支援が未熟であるために虐待に発展した事例や、虐待者・要介護者の性格・生育歴・長年の家族関係、時には精神障害などが相互に複雑に関与し合った事例が多い［國吉ほか、2003／高崎・小野、2005／上田ほか、1998］、とも言われます。また、一方では虐待を行いながら、他方では「在宅で介護を続けたい」と答える介護家族が少なくないことは［大國ほか、2005］、介護家族の側にアンビバレント（両価的）な思いがあることを示唆しています。

3　介護家族のストレスに影響する要因

それでは、家族の介護負担を軽減し、虐待を予防するために、何をすればよいのでしょうか。介護家族のストレスについてもう少し構造的に明らかにするには、ラザルスとフォルクマン［Lazarus & Folkman, 1984］が理論化した〃心理社会的ストレス過程〃という考え方（**図1**）が有益です。この考え方はいろいろな領域で役に立っており、後で述べるように産業精神保健の領域で職業性ストレスを考える際にも適用されています。このモデル

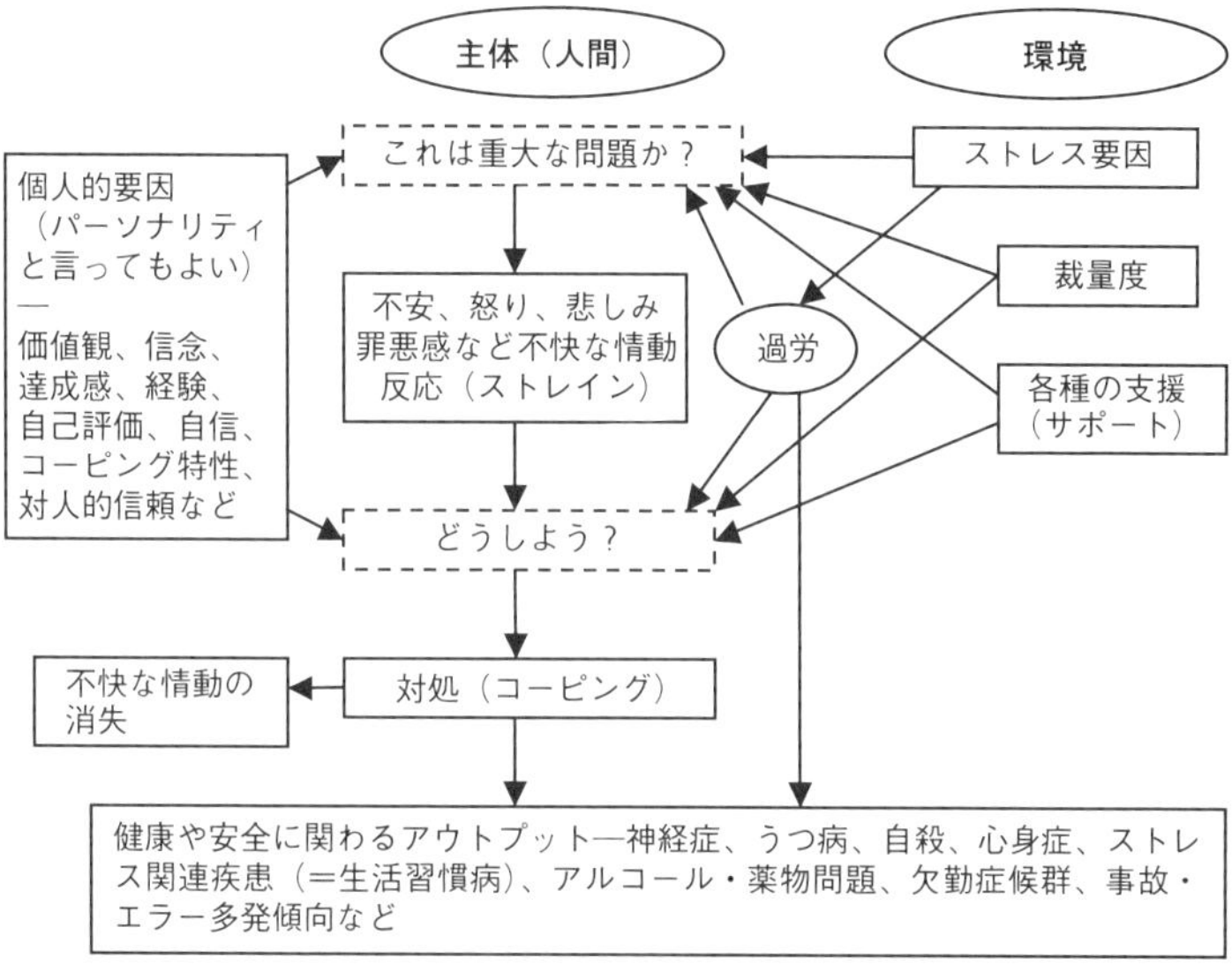

図１　心理社会的ストレス過程

に沿って、介護家族の置かれている状況を考えてみましょう。

まず、**図1**右上のストレス要因に相当するのは、介護家族の場合、(1)要介護者の行動問題（例えば**表1**に示したような）、(2)要介護者が介護者に強く依存して何でも頼る傾向、(3)ケア技術の習得の難しさ、(4)介護を休めず他の生活が犠牲になること、(5)夜中も介護の必要があって睡眠不足になること、などです。介護行為そのものだけでなく、(1)要介護者がいろいろな機能を失ってゆくのを見て、家族である介護者が喪失感を覚えることや、(2)介護者の苦労を理解しない他の家族などから不本意な非難を受けるといった人間関係上の問題も、ストレス要因となる可能性があります。

しかし、ある状況に遭遇しても、介護家族が「自分にとって重大な問題だ」と感じなければ、ストレスは発生しません。この判断を、一次認知評価と言います。その分かれ目にはさまざまな個人的要因（**図1**の左方）が関与しますが、高齢者介護の場合、とくに介護家族の介護に対する動機付けは重要な要因です。動機付けが高ければ、同じ状況でも大変だとは感じにくいことでしょう。介護家族カウンセリングの専門家である渡辺［2005］は、動機付けを左右する要因として、(1)要介護者との思い出、(2)相手に同情したり、自分が体験したい喜びを相手に感じてもらって満足したりする「投影性同一視」という防衛機制、(3)世話をすることで自己愛を充たす心理、(4)過去への罪悪感や償いの心理、(5)愛他主義、などをあげています。

介護家族が「これは重大な問題だ」と認知した時、同時に心の中にはさまざまの不快な感情の動き（情動）が発生します。この情動反応を、ストレス反応とかストレインと言うこともあります。介護家族に起こりやすい感情として、渡辺［2005］は、孤立感、不安、被害感、無力感、怒り、罪悪感、悲しみ、の八つをあげています。これが強く長く続くと、後で述べるようにいろいろな良くない結果が起こります。これこそが、一般に「ストレス」と言われていることの本体です。ストレスの問題とは、感情の問題だったのです。

この時、人は手をこまねいて受け身でいるとは限りません。「どうしようか」と判断したり、無意識のうちに方策を考えたりした結果、「こうしよう」「こう考えることにしよう」という対処（コーピングとも言います）が選択されます。これを二次認知評価と言います。これがうまくいけば、ストレス反応は消失します。日常生活で私たちはいろいろなストレス要因に遭遇しますが、その大半は無意識に短時間で対処できていて、ストレス反応は持続しません。

なお、これらの対処方法は、いくつかのパターンに分類できます（**表2**）［影山ほか、2004／2005］。ふだんどのような対処方法を選びやすいかという〝癖〟や傾向には個人差もあります。ストレス反応の軽減に有効な対処は場面によって異なるので、状況に応じていろいろな対処を使い分けられる柔軟さが大切です。とはいえ、回避型の対処を多く選びがちな人や、人に相談せず一人で抱え込む対処をしやすい人では、介護負担を強く感じやすいとも言われます［川西・官澤、2004］。ある人がどのような二次認知評価を行い、どのような対処を選択するかという分かれ目にも、今までの経験や自信の有無、周りに頼れる支援者がいるかどうかなど、さまざまな個人要因や環境要因が影響します。

ところが、残念ながら対処が奏功せず、ストレス反応が発展して強く長くなると、**図1**

表2　コーピング特性評価尺度 BSCP（[影山ほか、2004／影山・河島・小林、2005] より）

困ったこと、悩みなどに出あったとき、あなたはどうすることが多いですか？次の例のそれぞれについて、ふだんそのような対応を選ぶことがよくあるかどうか、お答え下さい。

	よくある	ときどきある	たまにある	ほとんどない
1）原因を調べ解決しようとする	4	3	2	1
2）今までの体験を参考に考える	4	3	2	1
3）今できることは何かを冷静に考えてみる	4	3	2	1
4）信頼できる人に解決策を相談する	4	3	2	1
5）関係者と話し合い、問題の解決をはかる	4	3	2	1
6）その問題に詳しい人に教えてもらう	4	3	2	1
7）趣味や娯楽で気をまぎらわす	4	3	2	1
8）何か気持ちが落ち着くことをする	4	3	2	1
9）旅行・外出など活動的なことをして気分転換する	4	3	2	1
10）問題の原因を誰かのせいにする	4	3	2	1
11）問題に関係する人を責める	4	3	2	1
12）関係のない人に八つ当たりする	4	3	2	1
13）問題を先送りする	4	3	2	1
14）いつか事態が変わるだろうと、時が過ぎるのを待つ	4	3	2	1
15）何もしないでがまんする	4	3	2	1
16）「何とかなる」と希望を持つ	4	3	2	1
17）その出来事のよい面だけを考える	4	3	2	1
18）これも自分にはよい経験だと思うようにする	4	3	2	1

ストレス要因の性質に応じて、有効なストレス対処方法は異なります。自分のストレス対処得点（3問ずつの合計点）が下記の“参考範囲”を下回る場合には「自分がほとんど使わない方法」であり、上回る場合には「自分がしばしば頼っている方法」ということです。

対処方法＜設問番号＞	“参考範囲”
a）問題解決＜1－3＞	6～11
b）支援の相談＜4－6＞	5～11
c）気分転換＜7－9＞	4～10
d）情動発散＜10－12＞	4～7
e）抑制と回避＜13－15＞	4～8
f）視点の転換＜16－18＞	5～11

の最下部にあるように、さまざまな健康問題や行動上の問題が発展する可能性があります。高齢者介護の場合とくに、介護者の心身がすでに相当疲弊《へい》している「にもかかわらず介護を続けよう」とすることがよくあるので、強い情緒的疲弊と低い達成感に加え、〝非人間化（脱人格化）〟つまり「物に接するように介護対象に接する」ようになってしまう、いわゆる〝燃え尽き（burn-out）状態〟に至りやすいと言えます［亀田ほか、2001］。また、要介護者は言動に制約のある人たちなので、放置などの虐待が容易に起こりやすいことも、介護ストレスに起因する「行動上の問題」の特徴と言えるでしょう。

最後に、**図1**に示したストレス過程の中には、ストレス反応を緩和する要因や促進する要因があることにも、目を留めましょう。すでに述べたように、介護を通しての達成感は、ストレス反応を軽減してくれる可能性があります。また、介護の手順や方法を自分で選択できる裁量度が大きいことも、ストレス反応を軽減してくれる可能性があります。反対に、絶えず介護に追われるような感覚があり、手順など考える余地がないように感じられるならば、負担感は強まるでしょう。もちろん、介護家族をいろいろな意味で支えてくれる周囲の支援も重要です。また、介護のために長時間拘束される家族の場合、過労や睡眠不足のため、イライラしやすかったり、状況への対処を冷静に選択できなかったり、ということも起こりうるでしょう。

4　家族の介護ストレスへの対策

介護家族の負担感やストレスを軽減するには、その直接要因を減らすか、ストレスの緩和要因を増やす（促進要因を減らす）ことが必要です。実際にはその方策を、介護者個人の心理的問題（個人システム）、介護家族の構造と機能（家族システム）、家族と地域社会や制度との関わり（地域システム）という、三つのレベルにおいて考えることが求められます［渡辺，2005］。

そこで、もしわたしたちが、ストレスで困っている介護者個人と関わるとしたら、次のようなことに留意しながら寄り添うことが効果的だと考えられます。まず、(1)介護者が持っている知識・技術を頭の中で査定し、必要ならばこれを補うような支援を考えつつ、(2)ハートでは介護者の感情レベル（＝ストレス要因をどこに認知し、どのような情動を味わっているか）に焦点を当てて傾聴します。次いで、(3)介護者のセルフケア能力を高めることを目標に関わります。具体的には、いまどのようなストレス過程が起こっているのか介護者自身に気づいてもらい、介護者の思いや考えを周囲の人々にうまく伝えられるように、しかし決して急いだりお説教したりせず、よき隣人として関わることが良いと考えられます（ただし「無理心中したい」と言っているような緊急事態は別です）。

しかし、介護者個人だけ視野に入れていたのでは、うまく考えられない状況もよくあります。そういう場合には、家族療法または家族看護的なアプローチが役に立ちます。家族システムに介入する時の技法について渡辺［2005］は、次のように説明しています。まず、⑴疾患や障害などについての家族の理解の共有をはかり、次いで、⑵家族を支配している不快な感情の緩和や冷却化をはかります。それから、⑶家族内のコミュニケーション不全を改善し、⑷介護をめぐる家族役割の再構築を目指す、という手順を考えます。各段階とも、そう簡単な作業ではないのですが、次のような例を考えれば必要性は理解できるでしょう。例えば、要介護者の求める行為と介護家族が必要と考える行為が一致しない場合や、認知症が進行した要介護者でコミュニケーションが不十分な場合に、介護家族は要介護者からねぎらいの言葉をかけてもらえないことが多いので、介護者によっては達成感が低いままに終わる可能性もあります。このような場合、認知症という疾患に対する理解を深めるとともに、介護行為の達成感を別の形で見出せるようになれば、介護者のストレスは軽減します。別の例として、親族や関係職員など周囲の人から、事情をわきまえない、ずれたコメント・中傷・叱咤激励などを受けることも、介護者の達成感を低め、負担感を強める可能性があります。このような場合、関係者が現実理解を共有できるようにはかることが、重要かもしれません。主介護者が介護を自分の役割と思えない場合に虐待が多い［津村ほか、2003］、という報告を先に紹介しましたが、このことも家族内役割の再調整の重要さを物語っています。

一方、介護家族を支える地域社会のシステムは、幾重にも仕掛けられた網のようでなければなりません。まず、介護家族の過労を防ぎ、介護以外の生活を保障するためには、ショートステイなどのサービスを利用して家族を休ませるレスパイトケアが必要です［塩川、

2004]。要介護者が病院でデイケアを受けている時間を利用して、家族に介護指導や相談などの支援を提供する方法もあります［下垣、1995］。「介護者家族の会」など当事者同士の交わりの場を設け、心理教育（心理療法的な配慮を生かした教育プログラム）の要素を取り入れながら、互いの労苦を分かち合い、重荷を負っているのは自分だけでないことを発見し、困難を切り抜ける知恵を学び合うような機会が普及すれば、介護家族にとって大きな支えになるでしょう［濱吉、2004］。要するに、具体的に介護行為の助けとなるような道具的支援と、介護家族の心を支える情緒的支援の両方が大切だということです。介護家族の生活満足度を支えるような情緒的支援として、川西・官澤［2004］は**表3**のような八つの条件をあげています。

なお、認知症の中核症状は治せなくとも、随伴症状は薬物療法で軽減させることができ［岩本、1999］、そうすれば介護者の負担も大きく軽減できます。そのような情報を、医療機関などから要介護者や介護家族に十分伝えるためにも、上のような場が果たせる役割は大きいでしょう［高野・新井、2003］。もう一つ、介護家族への直接支援だけでなく、介護家族の身近にいる関係職員（例えばケアマネジャー）が介護家族をよく支えられるように、より専門的なスタッフから情報提供や事例相談などの援護射撃（コンサルテーション）をする体制も望まれます。

表3　介護家族を強め生活満足度を高める条件
（［川西・官澤、2004］より）

(1)	わかり合える人の存在
(2)	気軽な手助け
(3)	介護の受け入れ
(4)	息抜きになる余暇
(5)	気持ちの切り替え
(6)	家族や周りからの評価
(7)	介護の主体性
(8)	健康への取り組み

5　介護職員のストレス

こんどは、業務として介護を行っている職員のストレスについて考えてみます。働く施設や居住棟の種類によって入居者の背景や職員体制が異なるので、職員のストレスの実態にも差があるでしょうが、ここでも大筋では**図1**のストレス過程モデルに沿って問題を考えることが可能です。

もっともよく調べられている特別養護老人ホームの職員についてのストレス調査を見ると、実に多くの種類のストレス要因が報告されています［石井、1995／谷口・吉田、2000／松井、2004／森本、2003／矢富ほか、1992］。それは、狭義の介護行為の負荷だけでなく、夜勤、利用者からの要求に応じられないコンフリクト（葛藤）、同僚・上司とのコンフリクトや不公平感、事務作業の負荷、仕事と職員自身の家事との両立困難（役割葛藤）、組織特性の問題（組織が考える利用者処遇方針への不満、これに関連する意思決定に参与できないこと、職場内の相談指導体制への不満、職員研修体制への不満）などです。介護家族の場合と同様、利用者自身やその家族から感謝されるどころか、思いがけない不平不満を言われる経験も、ストレスの要因となります。

このうち谷口・吉田［2000］の調査では、職員に「介護の好き嫌い」を質問したところ、介護の好き嫌いは仕事上の達成感と関連していなかったが、介護が「嫌い」と答えた人ほど燃え尽き度とくに〝非人間化（脱人格化）〟の傾向が強かったそうです。なぜ「介護が好きでない人が介護職に就いたのだろう?」という疑問に対して谷口らは、「長期にわたる業務の理解度や待遇面などの職場環境の改善期待への無力感（学習性無気力）や利用者の問題行動に対する科学的理解の不十分さなど」が遠因ではないか（原文ママ）、また「介護者個々人がもつ性格に根差したストレス状況におけるコーピング・スタイルとの関連もあわせて検討していく必要がある」と述べています。この結果は、各種の職場で働く介護職の志望動機と蓄積疲労を調べた土屋［2004］の報告とあわせ読むとき、いっそう興味深いものがあります。土屋の調査では、介護の仕事を「自分の特徴を生かせるから」「周囲の奨めで・介護を要する家族がいたから」という動機で選んだ人はストレス反応が多く、「時間的・経済的に自分のニーズと合致するから」という理由の人はストレス反応が少なかったというのです。また「人の世話が好きだから」という動機の人は、ストレス反応は多くないが慢性疲労の蓄積が見られたといいます。情緒的な動機だけで介護職に就いた場合には、全力投球し過ぎたり、長続きしなかったりするということかもしれません。

一方、松井［2004］の調査では、特別養護老人ホーム職員が経験しているストレス反応に、介護行為の負荷や利用者・同僚・上司とのコンフリクトといったストレス要因だけでなく、前記のような組織特性の諸問題も強く関連していました。さらに、彼らとグループホーム職員を比較したところ、グループホーム職員のほうが全体的にストレスは少ない傾向にあり、とくに組織特性の諸問題とストレス反応との関連が見られなかったといいます。グループホーム職員ではさらに興味深いことに、利用者本位の処遇方針が取られているグループホームや、いろいろなことに職員が自分の意見を言えるグループホームでは、職員と利用者・上司とのコンフリクトが多くても、抑うつ・不安といったストレス反応が生じにくい、と報告されています。

これと似た結果は、特別養護老人ホームにおける森本［2003］の調査でも報告されています。この調査では残念ながら、業務上のストレス要因については詳細に調べられていないのですが、「職場の方針・目標（例えばケアプラン）に対して関与できる、もしくは意見を言える機会がある」という意味で〝仕事目標の裁量度〟を多く感じている職員は職務満足感が高く、ストレス反応が少なかった、というのです。ただし、仕事の手順やスケジュールの自由度といった〝仕事方法の裁量度〟は職務満足感との関連が弱く、ストレス反応との関連も見られなかったといいます。この結果は、特別養護老人ホームの介護職員について、「決定参加」つまり職場の方針・目標に関して意見を言う機会が少ないほど心身疲労が大きかった、という矢冨ら［1992］の調査結果とも一致します。

一方、松井［2004］の調査と同じことを別の側面から見ているのではないかと思えるのが、児玉ら［2002］の調査です。この調査では、特別養護老人ホームを物理的な環境から見たとき、「安全と安心への環境配慮」「見当識への環境配慮」「環境における刺激の調整」「環境における刺激の質」「生活の継続性への環境配慮」といった面で認知症高齢者への配慮が十分な施設では、職員のストレス反応が少なかったそうです。しかも、施設スタッフが環境配慮の必要を強く感じながら、にもかかわらず現実には実施度が低いという条件において、とりわけ高いストレス反応が見られたといいます。

以上から浮かび上がってくることは、高齢者福祉施設などの介護職員のストレスは、直接のストレス要因の多少によるだけでなく、仕事の好き嫌いや志望動機、組織特性とくに裁量度、さらには職員が思うような介護を実現できているかどうか、といった修飾要因によって左右される面が大きいらしい、ということです。

6 介護職者のストレスマネジメント

このような介護職員のストレスマネジメントを考える上で有効な方法が、職業性ストレスに関するディマンド‐コントロールモデル（demand-control model）［小林、2000］です（**図2**）。ディマンドとは、仕事のペースや量、仕事の際に要求される精神的集中や緊張、責任などの、仕事の要求度のことです。コントロールとは、仕事における意思決定への参加の度合、自分の能力・スキルを発揮したり向上させたりできる可能性、仕事の方法・手順・締め切りなどをある程度まで自分で決められる自由度などのことです。このモデルはカラセック［Karasek, 1979］が心理社会的ストレス過程モデル（**図1**）をふまえて提案したもので、現在では職業性ストレスに関する基本的な理論モデルとされており、**図1**の下方にあげた勤労者のさまざまな健康問題の発生の予測・予防に有用であるというエビデンスが多数報告されています［小林、2000］。

図2のモデルでは、業務の特徴をディマンドの高低とコントロールの高低の組み合わせによって、四つの類型に分けて考えます。高ディマンド低コントロール群は、仕事ストレスによる精神的緊張度（ストレイン）がもっとも生じやすく、健康問題のリスクが高い群

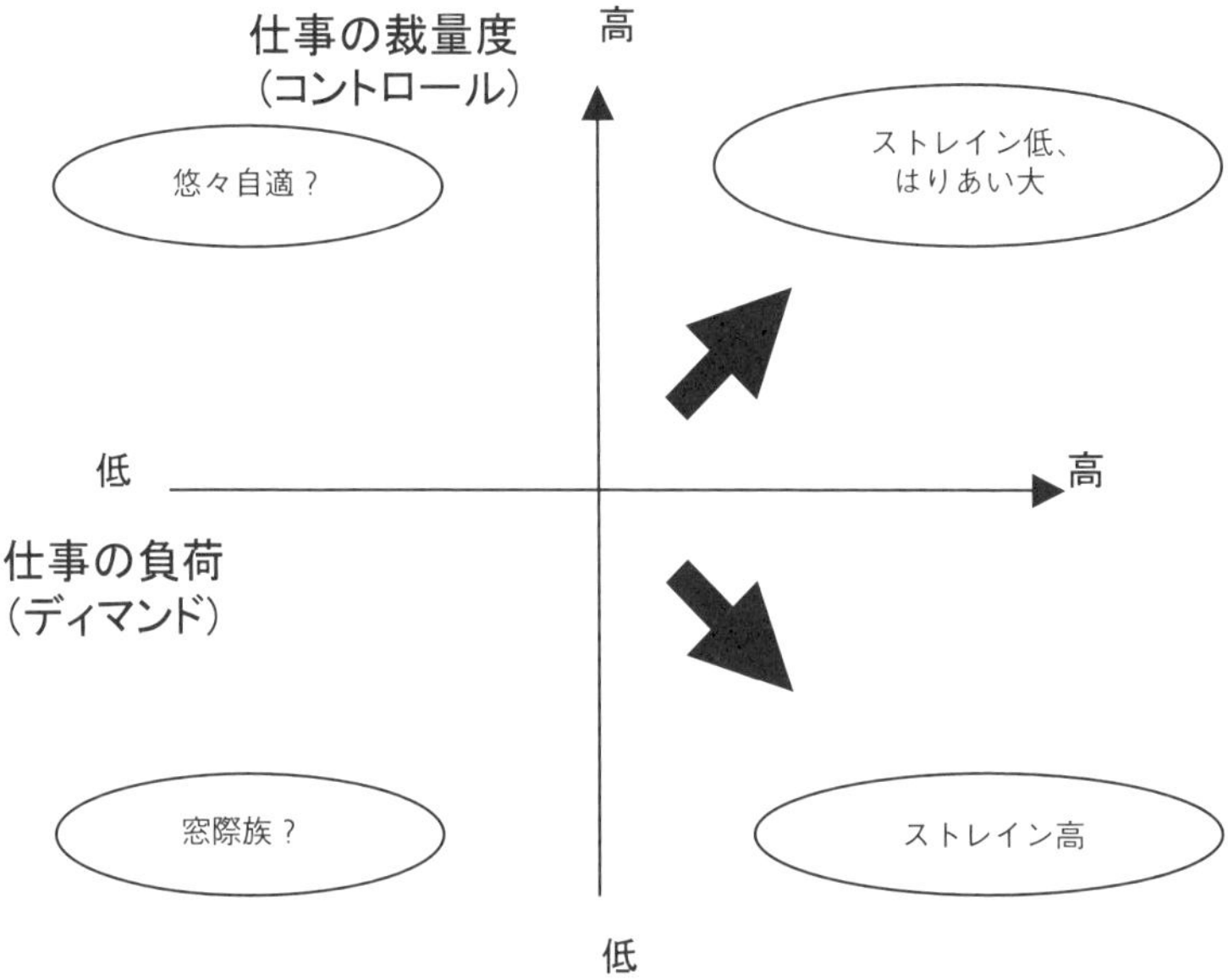

図２　職業性ストレスのディマンド－コントロールモデル

です。警察官、消防官、看護助手などが典型とされます。低ディマンド低コントロール群は、刺激の乏しい受け身的・窓際的な仕事に就いています。低ディマンド高コントロール群はもっとも精神的緊張度が低い群で、古い時代の科学者などが該当しそうです。高ディマンド高コントロール群は、仕事はきついけれどもやりがいを感じており意欲が高いアクティブ群で、ストレインは緩和され、健康問題リスクが低いと言われます。医師・教師・弁護士などが典型とされます。つまり、一般に仕事のディマンドが高い場合には、コントロールの高低が健康リスクの分かれ目として非常に重要なのです。

ここで、常勤の介護職が**図2**のどのあたりに位置するのかを明示したデータは意外に乏しいのですが、夜勤や超過勤務を経験する人が多く、一人で多様な業務をかけもちする必要があることなどから、他の職業と比べてもディマンドは高めと考えてよいでしょう［谷口・吉田、2000／森本、2003］。とすると、第5節で仕事の裁量度（コントロール度）が介護職員のストレスと強く関連していたことは、実にもっともなことです。実際、岩月・岩月［2001］は、老人保健施設介護職員の仕事の自律性（裁量度）や自由度が、士気や離職願望と関連していることを報告しています。

では、介護職の仕事のコントロール度を高めるには、どうすればよいでしょうか。矢富［1996］は、介護ユニットが大きすぎないこと、現場をよく知っているリーダーが適切なリーダーシップを発揮すること、職場の暖かい雰囲気などの組織的要因が、仕事のコントロールに影響すると述べています。森本［2003］は、業務別に役割分担して効率的に業務を遂行しようとする方式が仕事の裁量度を小さくする、と批判しています。まるで流れ作業の一段階だけを分担するような働き方でなく、個々の事例とトータルに関わる働き方をすれば、裁量度だけでなく達成感も高くなる可能性があるということです。もちろんその前提として、自分で考え判断できる介護職であることが求められますから、現職研修の充実も大切でしょう。要介護者について話し合うだけでなく、職員同士が互いの感情を表出したり話し合ったりする場を保証することも大切ですし、そういう場を保証するには上司・先輩の支持的機能やメンタリング（若手に一対一で先輩を配置し、職業人としていかにあるべきか（being）に焦点を当てて心理的支えとなる）機能も重要でしょう［影山、2004］。このような状況を形成し、〝風通しが良く、何でも十分に言えて、それが反映される職場風土〟をつくるために、管理者の役割がもっとも重要であることは言うまでもありません［石井、1995］。

ただし、高ディマンド高コントロールの仕事が精神健康に資するのは〝あくまでディマンドが過剰でない範囲での話である〟とカラセック［Karasek, 1979］は警告しています。福祉制度や経営上の問題により、職員配置が不適正で、あまりにも高ディマンドの職場では、それを棚上げして裁量度だけ高くしようとしてもだめなのです。

ところが困ったことに、多くの職員にとって仕事の裁量度が低く、仕事の負荷が過大で、高ストレスで、満足度が低い職場では、職員の志気が低く離職意思が高い（定着しない）ことが明らかになっています［岩月・岩月、2001／豊島ほか、2003］。すると、残った職員にいっそう過大な負荷がかかり、新人は先輩から指導を十分受けられない、そして残った職員のストレスがますます増大する、という悪循環が生じるおそれがあります。このような場合には、個々の業務の必要性を再吟味・精選することも必要ですが、それ以上に、管理者・運営者の決断によって職員配置や業務体制・研修体制を大胆に見直す必要があるかもしれません。

現行の福祉制度の下では「利用者が福祉サービスを選ぶ時代だ」と言われますが、実際は「介護職員が生き生きと働いているか、燃え尽きかけているか」という情報を利用者が事前に入手して利用施設を選ぶ、などということは困難です。それだけに、「どのサービスを利用しても最低限期待できるレベル」ということが重要です。そのレベルを維持するために、職員のストレスマネジメントは重要な課題だと思います。

（影山隆之）

追記――平成一八（二〇〇六）年四月から高齢者虐待防止法が施行されました。虐待防止と介護者の支援のために、国民や国・地方公共団体の責務などを規定しています。これがどのように実効を発揮するか、今後が注目されます。

引用・参考文献

Arai, H., Tsubaki, H., Mitsuyama, Y. et al. 2001 Early onset Alzheimer type dementia more rapidly deteriorates than late onset type: A follow-up study on MMSE scores in Japanese patients.

Psychigeriatrics, 1, 303-308.

濱吉美穂　2004「高齢者介護家族の負担感とその対処行動について」『日本看護福祉学会誌』第10巻第1号　80-81p.

石井岱三　1995「老人福祉施設職員の介護とストレス」『ストレス科学』第10巻第3号　224-225p.

岩本紀彦　1999「認知症症状に対する薬物療法」『精神科治療学』第14（増刊）号　125-128p.

岩月宏泰・岩月順子　2001「老人保健施設における介護職員のモラールに及ぼす職務特性の影響」『保健の科学』第43巻第2号　163-168p.

影山隆之　2004「病院看護師にとっての職場での人間関係とストレスマネジメント」『ナースデータ』第25巻第12号　5-9p.

影山隆之・河島美枝子・小林敏生　2005「ストレス対処特性の簡易評価表の開発と産業精神看護学的応用に関する研究」『平成一四年度～平成一六年度科学研究費補助金（基盤研究(C)(2)）研究成果報告書』

影山隆之・小林敏生・河島美枝子・金丸由希子　2004「勤労者のためのコーピング特性簡易尺度（BSCP）の開発：信頼性・妥当性についての基礎的検討」『産業衛生学雑誌』第46巻第4号　103-114p.

亀田典佳・服部明徳・西永正典ほか　2001「バーンアウト・スケールを用いた老年者介護の家族負担度の検討（第3報）：アルツハイマー型老年痴呆における痴呆問題行動―身体障害度と家族介護負担度の関連」『日本老年医学雑誌』第38号　382-387.

Karasek, R.A. 1979 Job demands, job decision latitude, and mental strain：Implications for job redesign. *Administrative Science Quarterly*, 24, 285-307.

川西恭子・官澤文彦　2004「高齢夫婦世帯の介護者の生活満足度と情緒的支援」『日本看護福祉学会誌』第10巻第1号　40-41p.

小林章雄　2000「仕事要求度―コントロールモデルと心血管疾患リスク」『産業精神保健』第8巻第

3号　235-238p.
児玉桂子・原田奈津子・潮谷有二・足立 啓・下垣 光　2002「痴呆性高齢者への環境配慮が特別養護老人ホームスタッフのストレス反応に及ぼす影響」『介護福祉学』　第9巻第1号　59-70p.
國吉 緑・堀之内歩・琉美智子ほか　2003「沖縄県における在宅要介護高齢者虐待に関する研究―看護職に対するアンケート調査より」『琉球医学会誌』　第22巻第3―4号　109-119p.
Lazarus, R. S. & Folkman, S. 1984 ***Stress, appraisal and coping.*** Springer.（本明 寛・織田正美・春木 豊（訳）1991『ストレスの心理学―認知的評価と対処の研究』 実務教育出版）
松井美帆　2004「認知症性高齢者グループホームの職員におけるストレス」『日本痴呆ケア学会誌』　第3巻第1号　21-29p.
森本寛訓　2003「高齢者施設介護職員の精神的健康に関する一考察―職務遂行形態を仕事の裁量度の視点から捉えて―」『川崎医療福祉学会誌』 第13巻第2号　263-269p.
大國美智子　1995「痴呆性高齢者の介護におけるストレッサー」『ストレス科学』第10巻第3号　216-219p.
大國美智子・川並利治・村上徹子　2005「権利擁護センターの活動に現れる高齢者虐待と支援―大阪後見支援センターの活動から」『老年精神医学雑誌』 第16巻第2号　172-178p.
柴尾慶次　2005「福祉施設の視点からみた高齢者虐待と支援」『老年精神医学雑誌』 第16巻第2号　179-186p.
下垣 光　1995「痴呆性老人の家族のストレスマネージメント―デイケアを中心とした家族援助の試み」『ストレス科学』　第10巻第3号　226-232p.
塩川隆史　2004「家族の介護疲れを回避する痴呆性高齢者へのケアマネジメント」『自立支援とリハビリテーション』 第2巻第2号　33-37p.
高野真喜・新井平伊　2003「老年期における物忘れ・記憶障害・痴呆」『精神科治療学』 第18巻第6

号　653-659p.
高崎絹子・小野ミツ　2005「高齢者虐待の実態と家族支援の視点」『保健の科学』第47巻第2号　117-124p.
谷口幸一・吉田靖基　2000「老人福祉施設職員の介護ストレスに関する研究」『ストレス科学』第15巻第1号　82-88p.
東京都福祉局　2002『介護保険制度における痴呆性高齢者等実態調査』（http://www.metro.tokyo.jp/INET/CHOUSA/2002/06/60C6O300.HTM）2006. 03. 13
豊嶋三枝子・須佐公子・城ヶ端初子　2003「T県北部における介護支援専門員の職業上ストレスの実態」『日本看護福祉学会誌』第8巻第2号　57-64p.
津村智恵子・星山佳治・川口　毅　2003「高齢者の虐待要因の解明に関する研究」『社会医学研究』第21号　13-22p.
土屋八千代　2004「高齢者介護施設勤務者の介護職希望動機と蓄積的疲労（CFSI）の関係」『総合ケア』第14巻第9号　64-68p.
上田照子・水無瀬文子・大塩まゆみほか　1998「在宅要介護高齢者の虐待に関する調査研究」『日本公衆衛生雑誌』第45巻第5号　437-448p.
渡辺俊之　2005『介護者と家族の心のケア』金剛出版
矢富直美　1996「介護ストレスと仕事のコントロール」『労働の科学』第51第6号　365-368p.
矢富直美・中谷陽明・巻田ふき　1992「老人介護スタッフにおける職場の組織的特性のストレス緩衝効果」『老年社会科学』第14号　82-91p.
Zarit, S. H., Pearlin, L. I. & Schaie, K. W. 1993 *Caregiving systems informal and formal helpers.* Lawrence Erlbaum Associate.

大阪府におけるこころの健康づくり
――ストレス・マネジメントにおけるスリープ・ヘルスの重要性――

「健康づくり」といえば、これまで栄養や運動の面が注目されがちでしたが、身体の健康において、また社会活動の面において、「こころの健康」の状態がさまざまな形で影響することがわかってきました。現代社会は、子どもから高齢者まであらゆる世代でストレスフルな出来事に囲まれ、新聞やテレビでは、驚くような事件・事故が毎日のように報道されています。その中で、心身の健康を保ち元気に活動するためには、ストレスと上手に付き合っていくことが重要です。大阪府が推進している「こころの健康づくり」について概観しながら、ストレスと上手に付き合うコツについて、一緒に考えてみましょう。

1　大阪府におけるこころの健康づくり

日本人の平均寿命[*1]は戦後一貫して伸び続け、平成一六（二〇〇四）年簡易生命表によると男性七八・六四歳、女性八五・五九歳と世界でも稀にみる長寿国となっています。日本人全体のうち、六五歳以上の高齢者の占める割合は20.1％（総務省統計局人口推計月報・二〇〇五年一一月一日現在確定値）ですが、この割合は年々増加し、二〇三五年には30％を超えると予測されています［厚生労働省、2005］。人口の急速な高齢化とともに、疾病全体に占めるがんや心臓病など生活習慣病の割合は増えつつあり、介護の問題も深刻な社会問題となっています［厚生省発健医第115号］。そこで、すべての国民が健やかで心豊かに生活できる活力ある社会とするための取り組みとして、国レベルでは「二一世紀における国民健康づくり運動（健康日本21）」、その大阪府版として「健康おおさか21」が策定されました。

「健康おおさか21」では、まず、二つの大目標（①中高年期の死亡率引き下げ、②健康寿命の延伸・生活の質向上）を定め、この大目標を達成するために、「生活習慣改善の七つの重点項目（栄養・食生活の改善、運動・身体活動の習慣化、休養・こころの健康づくり、アルコール対策の推進など）」を設定しました［大阪府健康福祉部、2001］。七つの重点項目のうち、「休養・こころの健康づくり」に関する大阪府の現状について、悩みやストレスのある人の割合が全国水準（42.1％）より高い（46.2％）こと［厚生労働省、1999a］、自殺者数が一九九八年以降に急増したこと［厚生労働省、1999b］などから、次の三点が具体的重点目標として設定されました。

①悩みやストレスがある人の減少……46.2％→42％以下
②睡眠による休養を十分に取れていない人の減少……23.1％→21％以下
③自殺者の減少……二、三一一人→一、五〇〇人以下

数値目標を作って呼びかけるだけでは、目標は達成されません。個人・行政・保健医療機関・教育機関・NPOなど関係諸機関が、それぞれの立場で健康増進に向けて取り組むだけでなく、有機的に連携して運動を進めることが必要です。次節では、大阪府におけるこころの健康づくりネットワークの中心である「大阪府こころの健康総合センター」が実施しているストレス対策事業について紹介します。

＊1　平均寿命　〇歳の平均余命。その人口集団の保健福祉水準を示す総合的指標として広く使用される。
＊2　健康寿命　人生の中で、健康で障害のない（支援や介護を必要としない）期間。

2　大阪府こころの健康総合センターにおけるストレス対策事業について

大阪府こころの健康総合センターは、「精神保健及び精神障害者福祉に関する法律（精神保健福祉法）」に基づき全国

の都道府県・政令指定都市に設置された、精神保健福祉センターのひとつです。大阪府民がこころの健康を保持・増進し、豊かな精神生活を築いていくため、地域精神保健福祉活動の中心的役割を担うとともに、精神保健福祉に関する相談診療・情報提供・啓発活動・人材育成などを目的とした研究などを行う責務を持つ機関として、一九九四年に開設されました。こころの健康づくりについては開設以来一貫した取組みを続けており、次のような事業を通じて広く府民への普及啓発に努めています。

ストレスドック

問診・各種質問紙検査に加えて、血液検査、精神生理学的検査、心理技師・精神科医師による面接などを行い、多角的にストレス度を調べたうえで、個々人に合ったストレスとの付き合い方を一緒に考えます。プログラムの中で、ストレスに関するミニ講義と、リラクゼーションに有効な自律訓練法[*3]の紹介を行います。こころの健康状態への「気づき」と「ストレス・マネジメント」への援助を目的としています。

リラックス体験

リラックス機器を使用して、心身のリラックス状態を体験します。これとあわせて、心理技師による個別ストレス相談を行っています。

リラックスセミナー

前半の講義でストレスについての知識を深め、後半は自律訓練法の基礎を実習する、一日コースのセミナーです。

一回一〇人前後の少人数で、ゆったりとした雰囲気の中で行います。

これらの事業を通じて個人のストレス・マネジメントへのサポートを行うとともに、精神保健福祉関係職員・保健所職員・学校職員・産業保健関係者などへの研修によって、地域・学校現場・職域・家庭など各々の場面におけるストレス・マネジメントの重要性を啓発しています。また、大阪府内各保健所で「ストレス対応セミナー」を開催できるように指導者用プログラムを作成し、保健所職員対象に技術援助・情報提供などを行っています［大阪府健康福祉部、2005］。

＊3　自律訓練法　一九三二年にシュルツ（Schultz,J.H.）によって開発された心理療法。注意の集中、自己暗示の練習により、全身の緊張を解き、心身の状態を自分でうまく調整できるように工夫された段階的訓練法である。心身症・神経症・習癖などの治療、一般人の健康増進、ストレス解消、精神統一など幅広い目的で用いられている［加藤ほか（編）、1993］。

3　「ストレス」とは

ストレス・マネジメントを理解するためには、まず「ストレス」について知る必要があります。もともとストレスとは、ある物体に外部から力が加えられた時にその物体に生じる「ゆがみ」を表現する物理学の用語です。これを人間社会に応用し、今日では広く使われるようになりました。

ストレスの原因のことを「ストレッサー」、それに対する心身の反応を「ストレス反応」といいます。ストレッサーにはさまざまなものがあります**（表1）**。苦しいこと・困ったことだけでなく、本来喜ばしい出来事でもストレッサーとなることに注意が必要です。

私たち人間には、外部からの刺激に対して身体を守り、また身体を一定の状態に保とうとする制御機構が備わっています。その大切な役割の中心を担っているのが、交感神経・副交感神経を含む自律神経系であり、脳の中枢がコントロールしています。急激な刺激が心身に加わると、交感神経系が興奮し、心拍数や呼吸数の増加・血圧上昇・発汗などの生理的な急性ストレス反応が現れますが、通常は刺激が消失すると交感神経系の興奮状態は静まって、抑制されていた副交感神経系の働きが活発になり、休息・リラックス状態へと移行します。刺激に対する急性のストレス反応は、生体にとって本来必要な反応ですが、刺激が過大または長引く場合には、自律神経系のバランスが崩れて慢性のストレス状態

表1　さまざまなストレッサー

1．物理的ストレッサー	寒冷熱暑・騒音・振動・圧迫・外傷・衣服の締め付けなど
2．化学的ストレッサー	排気ガス・たばこ・薬品・食品添加物・環境汚染など
3．生物的ストレッサー	細菌・ウィルス・寄生虫・ダニ・スギ花粉・ハウスダスト・カビなど
4．生理的ストレッサー	飢餓状態・睡眠不足・身体疲労など
5．心理社会的ストレッサー	
A．トラウマティック・イベント	戦争・地震・交通事故・暴力被害など
B．ライフイベント	親しい人の死・失業・転勤・失恋，就職・引っ越し、結婚・昇進など
C．日常いらだちごと	仕事量の多さ・職場の人間関係によるイライラ、家族の不和・近所のトラブルによるイライラなど

を招くことがあります。

適度なストレスは、能率アップ・意欲向上などのよい結果につながりますが、持続する過剰なストレスは、からだやこころにさまざまな不快な症状を引き起こします。症状は人によって違います。頭痛・肩こり・めまい・食欲不振・過食・免疫機能低下など「からだ」の症状のこともあれば、気分の落ち込み・イライラ・不安・焦り・集中力低下など「こころ」の状態の変化であったり、夜眠れない・嫌な夢を見る・昼間に眠くなるなど「睡眠」に関連する症状であったりします。これらの症状が持続・悪化することによって、心身症[*4]（高血圧・狭心症・胃十二指腸潰瘍・自律神経失調症[*5]など）や、こころの疾患（うつ病[*6]・神経症[*7]・摂食障害[*8]など）、睡眠関連疾患[*9]に至る場合があります。そこで、ストレスに関する正しい知識を身に付け、自分に現れやすい症状にいち早く気づき、ストレスをため込まずに上手に対処していくことが、豊かな人生を送るために重要になってきます。

次章では、ストレスの影響をとりわけ受けやすいと考えられる「睡眠の健康」について、大阪府のストレスドックにおけるアンケート結果をもとに考えてみましょう。

＊4　心身症　身体疾患の中で、その発症や経過に「心理社会的因子が密接に関与」し、「器質的ないし機能的障害が認められる」病態をいう。ただし神経症やうつ病など、他の精神障害にともなう身体症状は除外する（日本心身医学会の定義（一九九一年）より）。

＊5　自律神経失調症　不規則な生活や過剰なストレスにより、自律神経のバランスが乱れて多彩な身体症状を自覚するが、検査をしても器質的異常が見られない病態。明確な定義がなく、正式の病名ではないので、厳密な意味では心身症に含まれない。頭痛・めまい・動悸・息切れ・疲労感・四肢冷感・食思不振・便秘・下痢・発汗異常などが見られる。

＊6　うつ病　だれでもかかる可能性がある病気で、持続する抑うつ気分・興味の喪失・食欲の減退または増加・不眠または過眠・罪責感・集中力低下などが見られ、精神活動が抑制され、疲労感などの身体愁訴を訴える人も多い。しばしば自殺念慮

が見られるので、早期治療が重要（［厚生労働省、2004］を参照）。

＊7 神経症　心理的な原因によって生じる心身の機能障害を呈する疾患群であり、その因果関係がよく理解できることで、いわゆる「精神病（統合失調症・躁うつ病など）」と伝統的に区別してきた包括的概念。生ずる精神症状の種類により、不安神経症・心気神経症・強迫神経症・離人神経症・抑うつ神経症・神経衰弱・ヒステリーなどと呼ばれてきたが、現在の国際分類（ICD—10）では、「神経症」と「精神病」という伝統的区別は廃止され、従来「神経症」と呼ばれた疾患のうち、抑うつ神経症以外の多くが「神経症性障害、ストレス関連障害および身体表現性障害」という大分類の中に含まれている。

＊8 摂食障害　神経性無食欲症（拒食症）は、思春期の女性に好発し、体重の15％以上の低下が見られるにもかかわらず、ボディイメージの歪みがあり、体重増加を過度に恐れる。自己誘発性嘔吐や緩下剤・利尿剤使用が見られる。神経性大食症（過食症）は、多量の食物を急速摂取する「むちゃ食い」と不適切な代償行動（嘔吐など）を繰り返す。

＊9 睡眠関連疾患（sleep disorders）　「夜間眠れない」「日中眠い」「睡眠中の異常現象・行動」「睡眠・覚醒リズムの異常」などの症状を呈する多くの疾患を含む広い概念。一九九〇年の睡眠関連疾患国際分類（ICSD）およびその二〇〇五年改訂版（ICSD—2）では、ともに約八〇種類の疾患名が記載されている。

4　ストレスドックにおける睡眠健康度調査の試みと結果

健康な人でも、大きな出来事が起きたときやイベントの前などに、なかなか寝付けなかったり途中で何度も目が覚めたり、ということはしばしば経験します。そのような一大事でなくても、仕事や日常生活・人間関係などで気になることがあるときに、「眠れない」、「眠りが浅い」と感じることは少なくありません。ストレスドックでは、従来から実施していたストレッサー・ストレス反応・性格傾向・行動パターン・生活習慣・既往歴・現病歴などに関する問診・検査に加えて、二〇〇四年四月以降は「睡眠の健康」に関する問診をさらに充実させるため、睡眠健康調査票［Tanaka & Shirakawa, 2004〕とピッツバーグ睡眠質問票日本語版〔土井・蓑輪・内山ほか、1998〕を追加し、睡眠とストレスとの関連について調査を開始しました。予備的調査の結果については既に報告済み〔三上・佐藤・杉山ほか、2005／杉山・佐藤・桂田ほか、2005〕ですが、以下にその一部を紹介します。

二〇〇四年四月から同年八月までにストレスドックを受検した二三七名を対象とした調査〔三上・佐藤・杉山ほか、2005〕で、自覚的ストレスと睡眠の質を比較すると、自覚的ストレスの高い人ほど睡眠の質が不良となる率が高いという結果が得られました（**図1―1**）。また、休日と平日の睡眠時間差が二時間以上ある人は、平日に蓄積した睡眠不足を週末に長く眠ることで補っていると考えられますが、そのような人はそうでない人に比べて「睡眠時間が不足している」「ストレスが非常に気になる」と回答した割合が高く（**図1―2**）、心身の不調を自覚する人も多いことが明らかになりました（**図1―3**）。

次に、二〇〇四年四月から同年一二月までのストレスドック受検者中、常勤勤労者二六九名を対象とした調査〔杉山・佐藤・桂田ほか、2005〕では、平日の睡眠時間が六時間未満の人は、六時間以上の人に比べてストレスが「非常に気になる」人の割合が高く（**図2―1**）、普段の眠りの深さとの関係では、眠りの浅い群は、熟睡できる群に比べてストレスが「非常に気になる」人の割合が高いという結果が得られました（**図2―2**）。さらに、周囲からの適切なサポートはストレス反応を軽減させる方向へ働くことが知られていますが、サポートへの満足度が低く落胆時に適切な支援を得られていない人は、満足度の高い人に比べて眠りの浅い群の割合が高く、サポートの有無が睡眠の質にも影響していることが示唆されました（**図2―3**）。

これらの調査結果から、睡眠は質・量ともにストレスと非常に密接な関係にあることが推察できます。「週末に寝貯めをするから大丈夫」と思っている人も、その生活パターンが心身の不調を招き、ストレスを増大させているのかもしれません。サポートに不満を感じている人は、あまり他人に助けを求めず自分で頑張る人かもしれませんが、そのこと

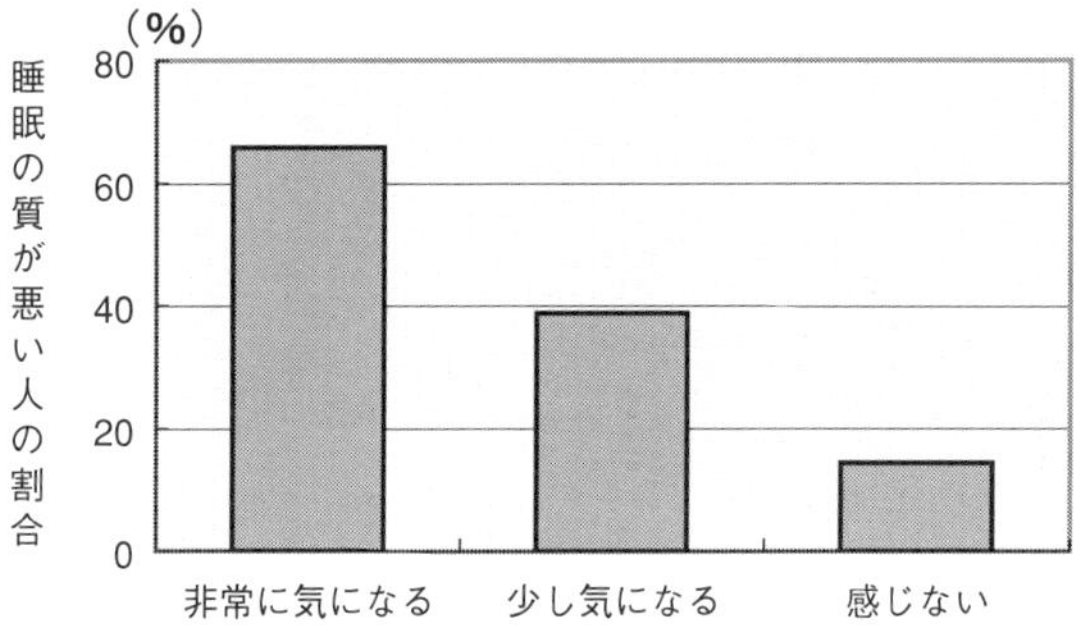

図1-1　ストレスの自覚と睡眠の質*

*ピッツバーグ睡眠質問票日本語版（PSQIJ）で、合計得点が6点以上の場合、「睡眠の質が悪い」と判断。

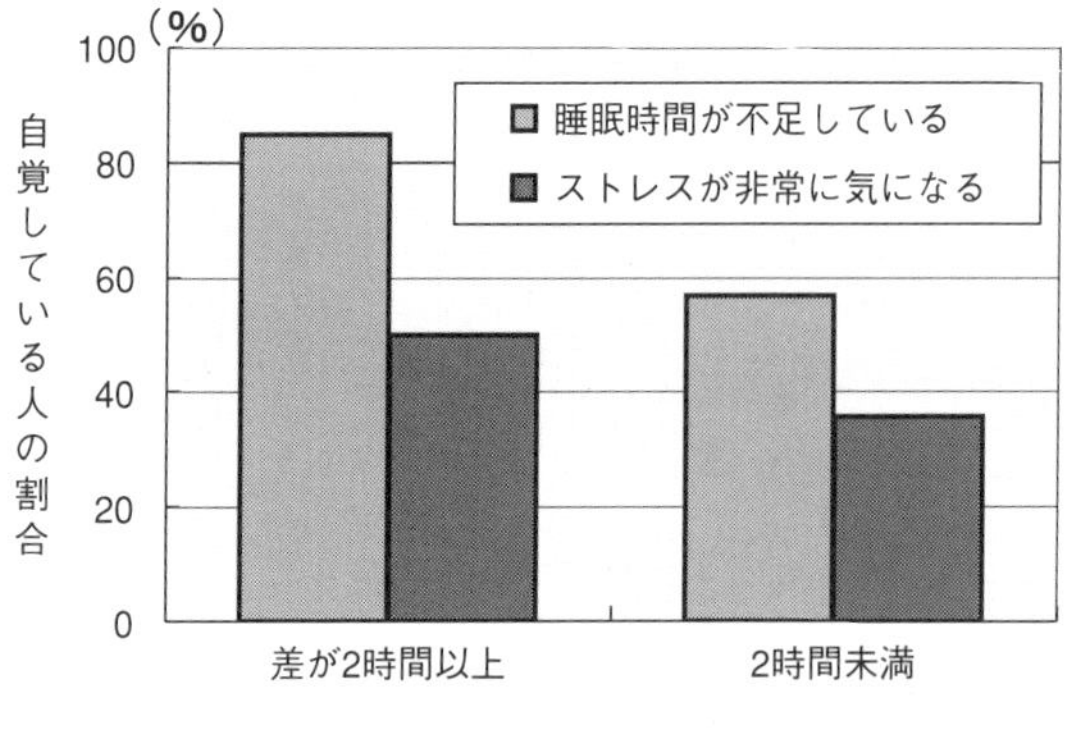

図1-2　休日と平日の睡眠時間の差と
睡眠時間不足・ストレス自覚

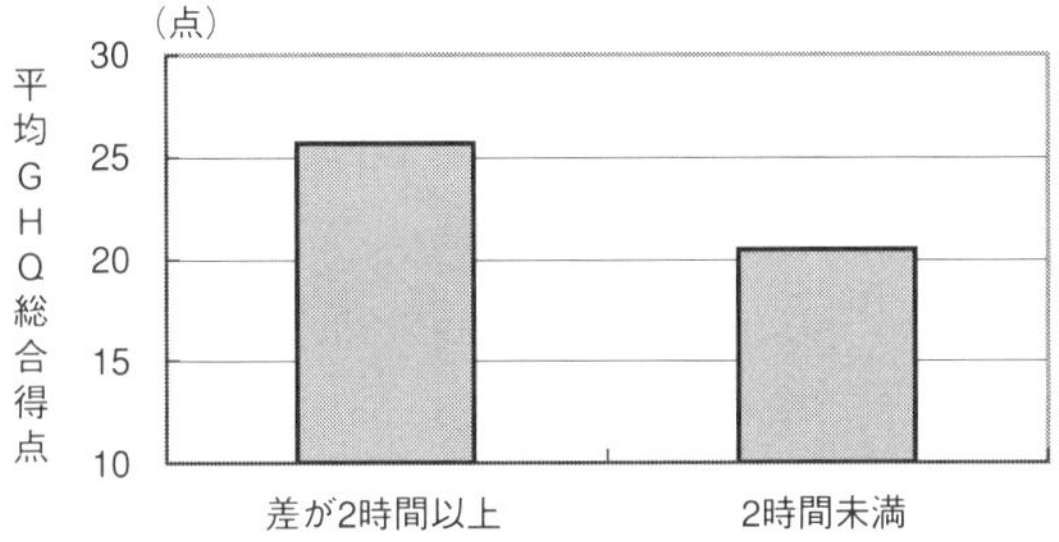

図1-3　休日と平日の睡眠時間の差とGHQ-60 総合得点*

*GHQ-60；The General Health Questionnaire（一般精神健康質問調査）60問の質問項目からなる調査票で、自覚症状の有無・程度を把握する。身体症状・不安不眠・社会的活動障害・うつ傾向の下位尺度がある。得点が高いほど健康不良と考えられる。［中川・大坊、1985］参照

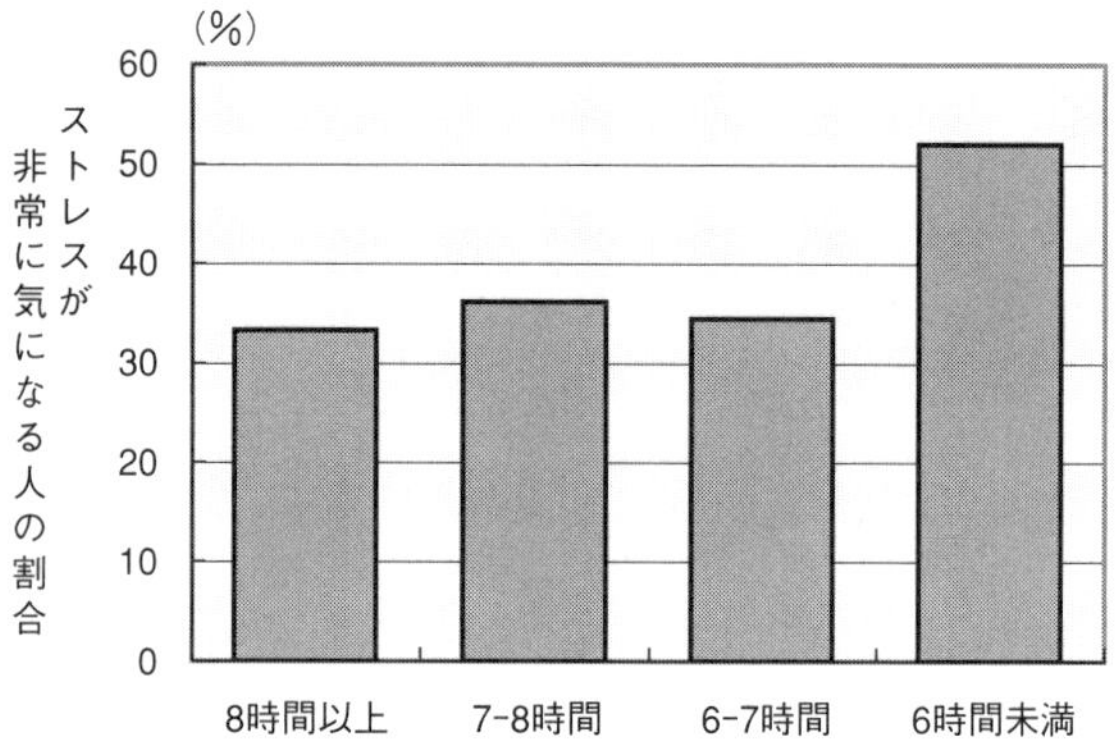

図2-1　平日の睡眠時間とストレスの自覚

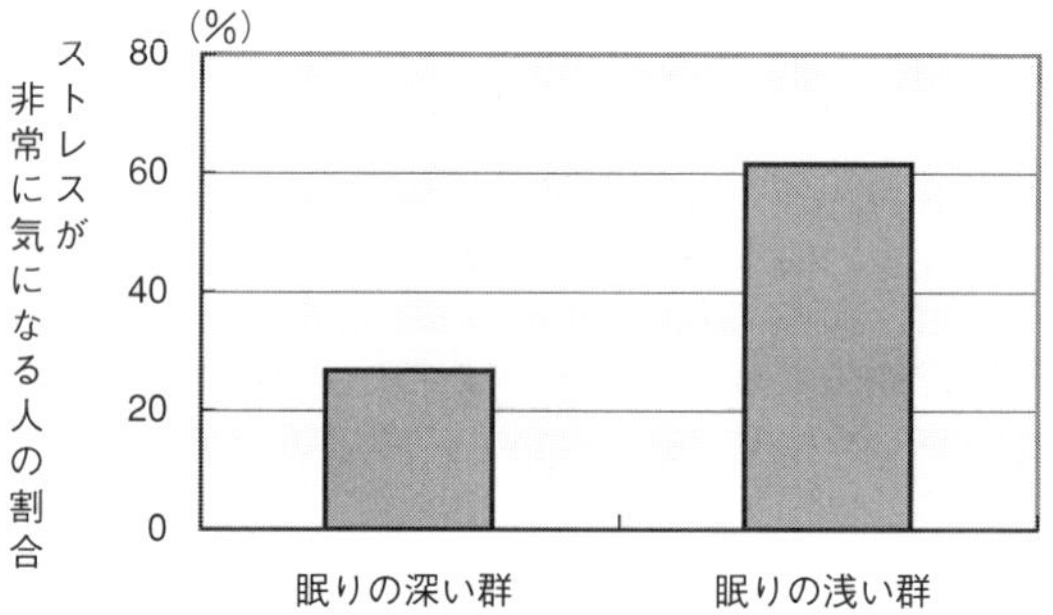

図2-2　眠りの深さ*とストレスの自覚

*問「普段の眠りの深さはいかがですか？」に対し、「熟睡できる」「だいたい熟睡できる」「どちらでもない」「だいたい浅い」「浅い」から択一。前二者を「眠りの深い群」、後二者を「眠りの浅い群」として比較。

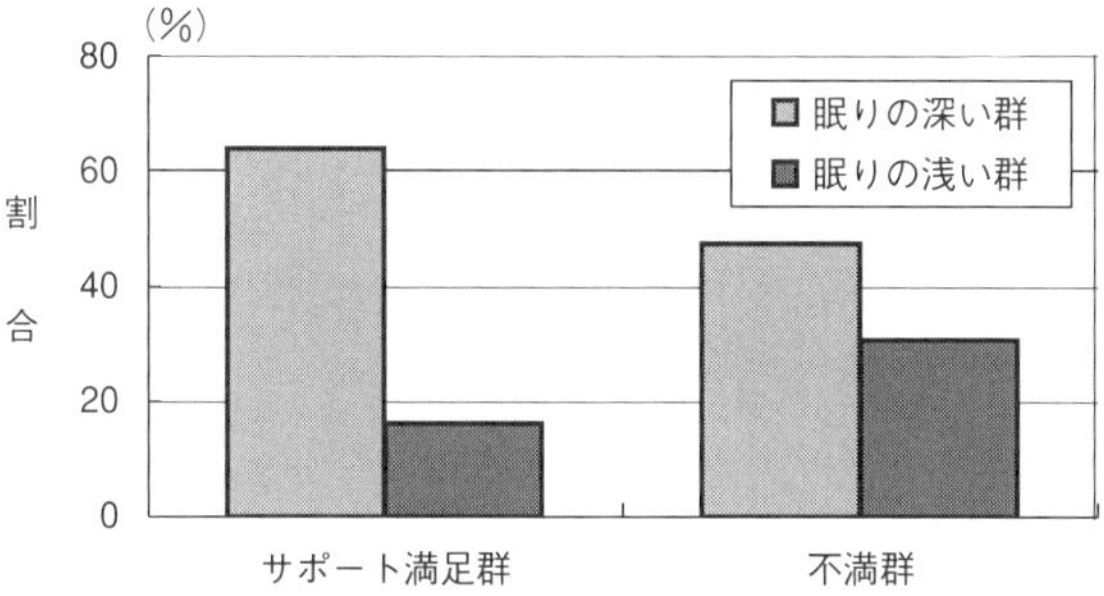

図2-3　落胆時のサポート満足度*と眠りの深さ

*落胆時に支援してくれる人を3人挙げ、その人らによって得られる援助の満足度を「非常に不満」「かなり不満」「少し不満」「少し満足」「かなり満足」「非常に満足」から択一。前三者を「不満群」、後三者を「満足群」として比較。

が過剰な緊張感となって睡眠の質を悪化させ、ストレス増大を招いている可能性もあります。もちろん、これらの結果のみでは、過剰なストレスが睡眠の内容を悪化させたのか、十分な睡眠がとれていないためにストレス過剰に陥っているのか、あるいは両方が悪循環をなしているのか、そこまではわかりません。しかしながら、質・量ともに十分な睡眠を規則正しくとることが、心身の健康度を高め、ストレスを軽減させる可能性につながることを、これらの調査結果が示しているといえるのではないでしょうか。

6　ストレス・マネジメントにおけるスリープ・ヘルスの重要性に関する考察

ストレス・マネジメントの第一歩は、自分のからだやこころに現れる危険信号に気づくことから始まります。疲れたとき、ちょっと頑張りすぎたときに出てきやすい危険信号をあらかじめ把握しておいて、サインが現れたときには、大事に至らないうちに十分な休息・休養をとることがストレス反応の上手なコントロールにつながります。

休養の中でも大切な役割を果たすのが「睡眠」です。近年、日本社会全体が夜型化し、日本人の平均睡眠時間が徐々に短くなっているという調査結果が相次いで報告されています［ＮＨＫ放送文化研究所（編）、2002／総務省、2001］（**図3**）。寝ている時間は「何もしていない無駄な時間」と考えられがちですが、疲労を回復し明日への活力を養うだけでなく、記憶の整理や固定に重要な役割を果たしています。睡眠の量が不足したり、何らかの原因で睡眠が障害されて睡眠の質が低下している状態を「睡眠不全」といいますが、睡眠不全はさまざまな影響を引き起こします（**表2**）。これらの状態に気づかない間に持病が悪化していたり、重大な事故を引き起こしてしまう可能性もありますので、注意が必要です。

睡眠不全の原因は多様ですが、大きく分けると「眠りたいのに眠れない」「眠れるのに眠らない」「多忙のため睡眠時間を削らざるをえない」という三つの状態が考えられます［三上・杉山、2004］。

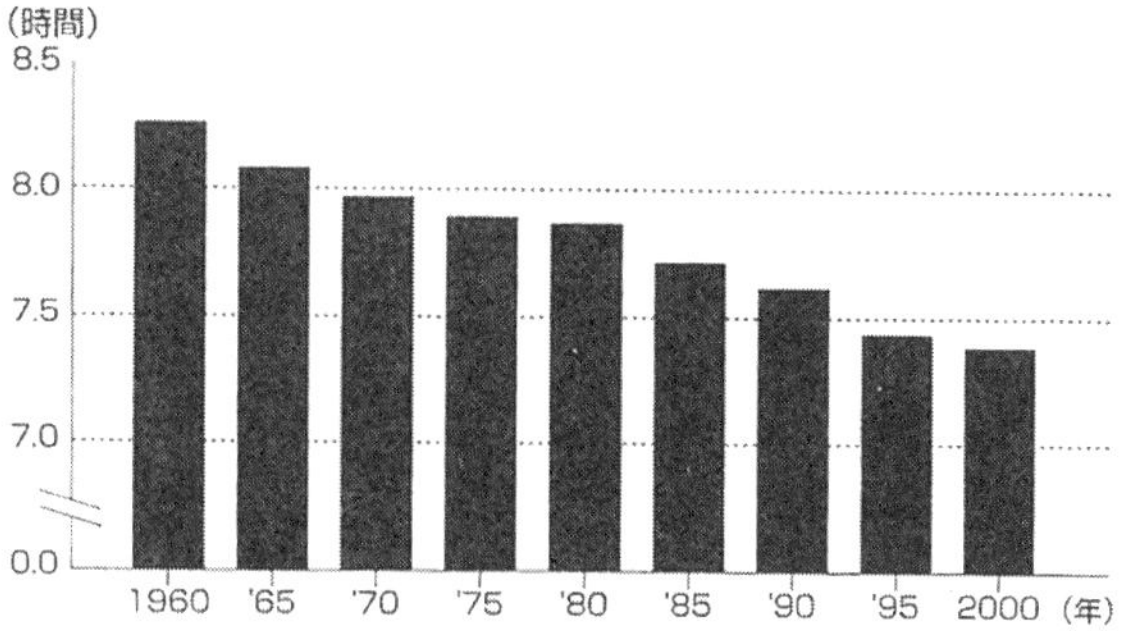

図 3　日本人の睡眠時間の推移
（[NHK 放送文化研究所（編）、2002] より）

表 2　睡眠不全の影響（[田中、2004] より引用、一部改変）

脳機能への影響	集中力の低下、注意維持の困難化、記憶能力・学習能力の低下など
心の健康への影響	感情制御機能・創造性・意欲の低下、モラールの低下など
身体の健康への影響	免疫力の低下、循環器系機能・身体回復機能の低下、生活習慣病の増悪など
行動への影響	朝食欠食、遅刻・欠席の増加、居眠り、事故・怪我など

まず初めの「眠りたいのに眠れない」状態ですが、国民の四〜五人に一人は不眠といわれるように、「眠れない」と感じている人は少なくありません。不眠の原因はさまざまで、不適切な生活習慣・寝室環境の不備・嗜好品の影響・過度の緊張や不安・心身の障害による場合・薬剤の影響・何らかの睡眠関連疾患に罹患している状態などが考えられます。不眠は一つの症状であって、「不眠症」という単一の病気があるわけではありません［三上、2005］。不眠の原因がひとつだけではなく、複数が絡み合って相互に影響しあっている場合も少なくありません。高齢者の場合は一般に、「寝つきが悪い」、「睡眠が浅くなり夜中に何度も目が覚める」、「朝方に早く目が覚めてその後眠れなくなる」、「熟眠感が得られない」、「昼間に眠くなる」などの訴えが多くなります。体力や意欲の低下によって日中の活動量が減少すると、昼と夜のメリハリがなくなり、その結果、深い睡眠をたっぷりとる必要性が低下するため、夜間の睡眠が浅くなる場合があると考えられています。特に認知症や運動機能障害のある場合は、生活リズムの不規則化や活動量の著しい低下を招きやすいため、睡眠覚醒リズムの変調・日中の居眠り増加をきたしやすくなります。睡眠の質の改善には、朝に十分な太陽の光を浴び、日中できるだけ身体を動かすことが大切です。また、年齢とともに高血圧や糖尿病、痛みをともなう身体疾患など基礎疾患を持つ人の割合が高くなるため、疾患そのものに起因する不眠や、それらの治療薬によって引き起こされる不眠が多くなります。眠れないとき・日中の眠気で困るときに、生活習慣改善や環境の工夫で健康な状態に近づけることが可能な場合は少なくありません。**表3**にあげた「健康な睡眠のためには」［三上・足立・武田、2005］を参考に、自分自身で、または周囲の方々の協力を得て、改善できる部分がないか工夫してみましょう。それでも眠れないときや、基礎疾患による不眠の場合は、主治医とよく相談することが大切です。

次に、「眠れるのに眠らない」状態とは、例えば、寝ようと思えば寝られるのだけれど、なんとなく夜更かしをして「寝ない」状態がこれに相当します。睡眠の重要性に対する認識が欠如しているために生じた状態で、この原因による体調不良や集中力低下などは、十分な睡眠を意識してとることによって改善される可能性があります。

表3　健康な睡眠のためには（[三上・足立・武田、2005] より引用、一部改変）

1．規則正しい生活を心がける
- 就寝・起床時刻を一定にする。
- 規則的な食生活：就寝前の遅い夕食で満腹にならないこと、軽食で空腹を防ぐことが重要。
- 適度な運動を規則的にする：就寝前の激しい運動は避ける。

2．朝および日中に十分な太陽の光を浴び、夜間の光刺激を避ける
- 日中はできる限り外出し、人と接触する。
- 日中に家の中にいる場合は、できる限り明るい環境となるよう工夫する（光療法）。
- 夜間は、夜用の照明のみとして、他の部屋や窓外からの明るい光刺激を避ける。

3．昼寝を有効的に利用する
- 夜間に十分な睡眠をとっても夕方に眠くなる場合は、12－15時の間に15－30分の昼寝が有効。
- 夕食後は、居眠りをしたり仮眠をとってはいけない。

4．良好な寝室環境を整える
- 寝室環境を整える（防音・遮光・適切な温度と湿度など）。
- 自分にあった寝具・寝間着を選ぶ。
- ベッドパートナーに睡眠を妨げられないよう工夫する。

5．眠りを自然に招く習慣（同じ行動パターン：入眠儀式）を身につける
- 就寝前には、カフェイン（コーヒー・お茶・チョコレート）やタバコなどの刺激物を避ける。
- 就寝前に、心配事・緊張する仕事・心身を興奮させる読書やテレビ鑑賞・熱いお湯での入浴をしない。
- 環境の工夫（音楽や香りなど）・温めの入浴・興奮しない読書・自律訓練法で、リラックスする。

6．無理に眠ろうとする過度な努力をやめる
- 無理に眠ろうとすると緊張して眠れなくなるので、眠いときだけ寝床に入る。
- 寝室は眠るためにだけ使用する。

7．薬物に関する注意点
- 眠るためのアルコール（寝酒）は飲まない：かえって睡眠の質を悪くし、徐々に効果が減弱する。
- 身体疾患の治療薬物や市販の薬物が引き起こす不眠に注意する。
- 入眠困難・中途覚醒の原因となる疼痛がある場合は、痛みを和らげる治療を試みる。

とくに高齢者で留意すべき点を下線で示す。

三つめの「多忙のため睡眠時間を削らざるをえない」という状態は、個人の問題ではなく社会の問題かもしれません。相次ぐリストラによる人手不足、責任範囲の拡大、長時間残業や休日出勤が常態化した勤務体制などの結果、十分な休養がとれない状態が続くと、作業能率低下や心身の不調、場合によっては過労死に至る可能性もあります。重大事故などによる多大な経済的損失を招くことにつながるかもしれません。家庭においては、育児・介護のために十分な休養や支援が得られない状態が続くと、心身ともに不安定になり、虐待などの深刻な事態に至る場合もあります。個人だけでなく社会全体が、十分な睡眠・休養時間を確保することの重要性を認識し、適切に対応する必要があります。

では、上記三種のうち、どの理由による睡眠不全が多いのでしょうか？　二〇〇〇年に厚生労働省が実施した保健福祉動向調査の結果［厚生労働省、2001］によると、対象者約三万二千人のうち、睡眠による休養の充足度が「やや不足」「まったく不足」と回答した人が全体の31.5％を占め、これらを選んだ人に複数回答で理由を聞いたところ、最も多かった回答が「仕事・勉強・長距離通勤・通学などで睡眠時間が短いから」31.2％（男性40.2％、女性23.7％）となりました。睡眠による休養が十分とれない最大の理由は、第三の「睡眠を削らざるをえない」ことによるようです。ただし、女性の場合は「悩みやストレスなどから」が30.4％で最も多く、二五～三五歳の女性に限ると「育児のため」が最多となっています。また、男女合わせた六五歳以上の高齢者に限れば、夜間頻尿（38.9％）、体調不良（32.7％）を原因にあげる人が多くなっています。いずれにせよ、睡眠量の不足または質の低下は、自覚の有無にかかわらず、心身の不調や集中力・判断力の低下など好ましからぬ結果を招きますので注意が必要です。

「上手なストレス・マネジメント」を実践するためには、「ストレスと上手に付き合うことのできる」こころとからだを作る（保つ）ことも、必要となります。そのためには、毎日美味しく朝食を食べる、定期的に運動する、などの規則正しい健康的な生活習慣を続けることが大切です。健康な生活習慣を続けるためには、毎日健康な睡眠を確保し、気持ちよく目覚めることが不可欠です。眠れないときにアルコールを飲む習慣を持つ人が見られますが、アルコールは寝つきをよくすることはあっても、眠りが浅くなるためにかえって睡眠の質を悪化させます。健康に眠るためには、睡眠に関する正しい知識が必要です。前述した「健康な睡眠のためには」（**表3**）を参考に、健康な睡眠習慣を身につけましょう。特に高齢者の場合は、環境や体調の変化に気づきにくくなり、対応が遅れがちになります。本人だけでなく、身近な人が気を配ることも大切です。こころやからだが発するいつもと違うサインに気づいたときには、ライフスタイルが乱れていないか、睡眠がとれているか、見直してみましょう。

もうひとつ、忘れてはならないことは、不安や心配事を「一人で抱え込まない」ということです。過剰なストレスに見舞われたとき、なんでも一人で抱え込んでしまうと、思考が悪循環に陥り簡単な解決法を見つけられなかったり、不安や心配のために眠れなくなったり、心身の不調を招いたりしかねません。信頼できる人に相談して助言や支援を受けることができれば、ストレスの軽減や安眠につながります。上手にサポートを利用することは、心身の健康と睡眠の健康の両方のために大切です。特に高齢者の場合は体力・意欲の低下などから閉じこもりがちになりますので、孤立しないように周囲が気を配る必要があります。高齢者本人だけでなく、介護する家族やスタッフも、自分自身の心身を健康な状態に保つことはとても大切です。お近くの精神保健福祉センターや保健所など地域の公的機関でも相談に応じておりますので、一人で抱え込まず、気軽に利用しましょう。

7　おわりに

ストレスは悪いものだと考えられがちですが、適度なストレスがあることで生活に張りができ、スパイスとなって普段より大きな力が発揮できる場合もあります。ストレスと上手に付き合うには、気持ちに余裕を持つこと、うまく気分転換することなどに加えて、睡眠の健康を保つことが不可欠です。睡眠は、こころとからだを健康に保つための大切な栄養であり、健康のバロメーターでもあります。日中しっかり目覚めて元気に活動するためには、睡眠という栄養を、こころとからだにしっかりと供給することが大切です。「たかが、睡眠」と軽視することなく、正しい知識を身につけて、みのり豊かな人生を過ごしましょう。

（杉山恵美子・佐藤俊子・桂田桃子・三上章良）

引用・参考文献

土井由利子・蓑輪眞澄・内山 真ほか　1998　「ピッツバーグ睡眠質問票日本語版の作成」『精神科治療学 13』　755-763p.

ＮＨＫ放送文化研究所（編）　2002　『日本人の生活時間 2000』　ＮＨＫ出版

加藤正明ほか（編）　1993　『新版　精神医学事典』弘文堂

厚生省発健医一一五号（平成一一年三月三一日）通知文

厚生労働省　1999a　『平成一〇年国民生活基礎調査』

厚生労働省　1999b　『平成一〇年人口動態統計』

厚生労働省　2001　『平成一二年保健福祉動向調査の概況』

厚生労働省　2004　『うつ対策推進策マニュアル』（http : www.ncnp-k.go.jp）2006.04.18.

厚生労働省　2005　『二〇〇四年版厚生労働省一般人口統計』

三上章良　2005　『眠りと目覚めの健康について考えよう』第二版　大阪精神保健福祉協議会　28p.

三上章良・足立浩祥・武田雅俊　2005　「ＢＰＳＤの生物学―睡眠関連症状」『老年精神医学雑誌』第16号　44-52p.

三上章良・佐藤俊子・杉山恵美子ほか　2005　「ストレスマネージメントにおけるスリープヘルス（眠りの健康）の重要性」『平成一六年度センター長会会報』第45号　全国精神保健福祉センター長会　113-114p.

三上章良・杉山恵美子　2004　「各診療科の立場から—精神神経科医」『診断と治療』第92号　1151-1157p.

中川康彬・大坊郁夫　1985　『日本版ＧＨＱ精神健康調査票手引き』日本文化科学社

大阪府健康福祉部　2001　『健康おおさか21』地域保健福祉室地域保健課発行パンフレット

大阪府健康福祉部　2005　『平成一六年度健康増進事業報告書』

総務省　2001　『平成一三年社会生活基本調査』

総務省統計局人口推計月報・平成一七年一一月一日現在確定値

杉山恵美子・佐藤俊子・桂田桃子ほか　2005　「勤労者のストレスと睡眠に関する一考察」『大阪府こころの健康総合センター研究紀要』第10号　45-50p.

田中秀樹　2004　「固有の診療科を離れた立場から—地域住民」『診断と治療』第92号　1219-1225p.

Tanaka, H. & Shirakawa, S. 2004 Sleep health, lifestyle and mental health in the Japanese elderly；Ensuring sleep to promote a healthy brain and mind. *J Psychosom Res*, 56, 465-477.

財団法人健康・体力づくり事業団　1997　『平成八年度健康づくりに関する意識調査』

第8章　快眠とストレス緩和のための習慣づくり

——ライフスタイル改善からの脳・心身のヘルスアップの普及——

1　はじめに――睡眠の障害・悪化の非認識とあきらめ――

眠れないことをあきらめている場合や高齢者自身が睡眠に問題があることに気づいていない場合も少なくありません。不眠には色々なタイプがあります。不眠のタイプには、1．なかなか寝つけない（入眠困難）、2．頻繁に夜間に目が覚める（中途覚醒）、3．朝早く目が覚めすぎてしまい、再入眠できない（早朝覚醒）、4．十分な時間眠ったはずなのに熟眠した感じがない（熟眠不全）などがあります。* もし、いずれかひとつでも当てはまれば、不眠ということになります。不眠は夜間ばかりの苦しみではなく、日中の状態に大きく影響を与えているということを認識することです。また、高齢者の不眠の大半は、ライフスタイル（生活習慣とストレスの受け止め方）を改善することで、解消できるということに留意し、あきらめないことです。そのためには、自分の不眠のタイプを知ることやこれまでのライフスタイルを振り返ることが重要となってきます。

睡眠の不足や悪化は、免疫機能の低下や高血圧、肥満、老化とも関係しています。* 一方、うつや意欲など心の健康や脳の健康にも影響し、記憶・学習、注意力や集中力を低下させ

＊また、不眠は、持続期間からも、数日間の一過性の不眠と一ヶ月以内の短期不眠、一ヶ月以上続く持続性の長期不眠に分けられます。高齢者自身、もしくは家族や友人に不眠を訴える人がいたら、まず、不眠の持続期間に留意する必要があります。問題となることの多い不眠は一ヶ月以上続くような持続性の不眠で、高齢者で最も多い睡眠障害はこのタイプの不眠です。

＊免疫機能の低下は感染症に対する抵抗力を低下させ、特に高齢者においては感染リスクを増加させる。抗酸化作用を持つメラトニン分泌を低下させ、細胞の酸化、老化現象を促進しています。また、睡眠不足は、脳の視床下部にある満腹中枢に食欲を制御する情報を送るレプチンというホルモンを減らし、反対に食欲増進の働きのあるグレリンというホルモンを増やし、体重を増加させます。

ることやひらめきや感情コントロール機能も低下させます。こころとからだの健康や脳の働きと密接に関係する睡眠の問題は、高齢者自身のみならず、かかわる家族や介護者のＱＯＬを考える上でも社会的急務、重要な生活課題*と言えます。

本章では、高齢期のライフスタイルを見直し、睡眠健康を確保に大切な人間本来の生体リズムにそった生活リズム健康法の重要性について論じます。また、眠りやストレスに関する正しい知識とライフスタイルを身につけ、脳と心身の健康増進をはかる、快眠とストレス緩和のための習慣づけ教室など、地域保健現場での実践例を交えながら紹介します。

2 生活リズム健康法の重要性

(1) 昼寝の再考――短い昼寝は認知症予防にも効果的――

これまで昼寝は、夜間睡眠の入眠や維持を障害し、不眠を引き起こす原因と考えられ、睡眠に問題がある高齢者の生活指導においては、昼寝の禁止と日中生活の充実が強調されてきました。ところが、最近、健康な高齢者ほど短い昼寝を習慣的にとっていることや、三〇分以下の昼寝が不眠を予防することがわかり、高齢者の昼寝についてあらためて見直しがせまられています。また、最近の研究では、三〇分以下の昼寝は認知症の発病の危険性を五分の一以下に軽減させ、三〇分から一時間以内の昼寝では二分の一以下に軽減すること、一方、一時間以上の昼寝は、アルツハイマー型の認知症の危険性を二倍に増加させ

＊認知症を例にとっても、高齢者が入院や施設に入所する大きな理由は、徘徊と錯乱を伴う夜間の頻回の覚醒や行動問題であり、家族や介護者にとって負担が大きいのは、認知機能障害それ自体ではなく、むしろ、従来、辺縁症状といわれていた、徘徊、攻撃性、睡眠覚醒障害、幻覚であることも指摘されています。
また、不眠とうつの関連は、古くから指摘されていますが、近年増加する介護うつの問題も深刻です。介護者自身が身体的にも精神的にも良好であること、良質な睡眠を確保することが継続的な介護には必要になってきます。

ること［Asada,Motonaga,Yamagata, Uno & Takahashi, 2000］が指摘されています。つまり、習慣的な短時間の昼寝は効果的ですが、長すぎる昼寝は逆効果になるということです。デイ・ホーム、施設などでよく見受けられる長すぎる昼寝は、少し考え物です。三〇分以下の昼寝が、発病の危険性を低減する要因としては、短時間昼寝で脳の疲労が軽減することや、夜間睡眠が改善することによって免疫機能が上昇する可能性などが考えられています。

（2）人間本来の体のリズムの再考――ライフスタイルの見直しが大切――

睡眠の問題は、これまでの章やトピックスでも触られているように、高齢者のQOLを考える上で必要不可欠な問題と言えます。多くの方々が元気で生き生きとした高齢期、長年、培ってきた能力を充分に発揮し、価値ある時間を過ごすためにも、その根幹を支える睡眠の確保が重要になります。しかし、高齢者においては、睡眠に問題がある場合でも、睡眠薬に対する反応性の低下、他疾患の治療薬との併用、長期投与による常用量依存や副作用などの問題から、睡眠薬の投与が困難な場合も多いことがあります。高齢者の睡眠障害の治療場面では認知・行動療法など睡眠衛生あるいは生活習慣の調整技術が有用な場合が多いこと［Montgomery & Dennis,2002］も指摘されています。したがって、高齢者の睡眠健康の確保・改善のためには、日常生活レベルで実施可能なライフスタイルの改善が重要な意味を持ってきます。

沖縄と東京の高齢者のライフスタイルを比較した研究［田中ほか、2000］では、沖縄の高齢者は睡眠健康が良好であり、また、睡眠健康の維持や増進には昼寝（特に午後一～三時の間に三〇分間程度）や夕方の散歩、運動（深部体温の最高期近傍）の非都市型の生活習慣が重要な役割を果たしていることが指摘されています。さらに夜間睡眠の悪化は日中の適正な覚醒維持機能の低下、とりわけ、夕方以降の居眠りが有力な原因であることも多くの研究（［白川、高瀬、田中ほか、1999／Tanaka & Shirakawa, 2004］など）で指摘されています。一方、最近、光環境が不十分で睡眠に重要な働きをする夜間のメラトニン分泌が少ない不眠高齢者に、午前一〇時〜一二時、午後一四時〜一六時の日中四時間、四週間程度2500ルクスの光照射を行うことで、メラトニン分泌が若年者の水準まで上昇し、不眠も改善したことが報告されていています［Mishima, Okawa, Shimizu et al., 2001］。このことは、光環境が不適切な高齢者が、日中に十分な量の光をあびることで睡眠健康が増進する可能性のあることを示しています。また、習慣的な運動がサーカディアンリズムの同調因子としても働きを持つこと［Miyazaki , Hashimoto, Masubuchi et al., 2001］や規則的な食事習慣は、臓器の代謝リズムの同調に有効であることも指摘［Stokkan,Yamazaki,Tei et al., 2001］されています。人間本来の体にあった古き良きライフスタイルを見直す必要があります。

（3）生活リズム健康法を日々の生活に取り入れる

表1は、日常生活に取り込み、継続することで睡眠健康増進や認知症予防に有効な生活習慣を示しています。毎日必ずすべて行う必要はありません。三つ程度目標を決めてできるものから、週三日程度行っていくことが大切です。

＊自分に合った睡眠時間は、翌日の体調で判断します。六時間睡眠の方が七時間半より体調が良ければ、六時間がその人に合った睡眠時間ということになります。

表1　生活リズム健康法―日常生活に取り入れよう―

100歳まで生き生きと!!　―生活習慣を見直してみましょう―

＊(　)の中に、既にできていることには○、頑張ればできそうには△、できそうにないものには×をつけてください。

1.（　　）毎朝ほぼ決まった時間に起きる
2.（　　）朝食は、良く噛みながら毎朝食べる
3.（　　）午前中に太陽の光をしっかりと浴びる
4.（　　）日中はできるだけ人と会う
5.（　　）日中はたくさん歩いて活動的に過ごす
6.（　　）趣味などを楽しむ
7.（　　）日中は、太陽の光に当たる
8.（　　）昼食後から午後3時の間で、30分以内の昼寝をとる
9.（　　）夕方に軽い運動や、体操や散歩をする
10.（　　）夕方以降は居眠りをしない
11.（　　）夕食以降、コーヒー、お茶などを飲まない
12.（　　）寝床につく1時間前はタバコを吸わない
13.（　　）床に入る1時間前には部屋の明かりを少し落とす
14.（　　）ぬるめのお風呂にゆっくりつかる
15.（　　）寝床でテレビを見たり、仕事をしない
16.（　　）寝室は静かで適温にする
17.（　　）寝る前に、リラックス体操（腹式呼吸）を行う
18.（　　）眠るために、お酒を飲まない
19.（　　）寝床で悩み事をしない
20.（　　）眠くなってから寝床に入る
21.（　　）8時間睡眠にこだわらず、自分にあった睡眠時間を規則的に守る*
22.（　　）睡眠時間帯が不規則にならないようにする
23.（　　）たくさん文字を書き、新聞や雑誌など、読み物を音読する
24.（　　）1日1回は腹の底から笑うようにする
25.（　　）いつもと違う道を通ったり、料理を作るなど、新しい事に挑戦する

頑張ればできそうなこと△の中から3つほど、自分で改善しようと思う目標の番号をあげてください。 目標1（　　　　　）　目標2（　　　　　）　目標3（　　　　　）

カレンダーに3つの目標を記入し、達成できた目標には○をつけてみましょう！

快眠のための一日の過ごし方の簡単な解説をいたします（詳細は［田中ほか、2006］を参照）。朝起きたら、太陽の光を浴びることが体のリズムを整えるのに有効です。朝の太陽の光は、約二五時間で働いている私たちの体内時計を一日のリズムに調整し、同時にさまざまなサーカディアンリズムの同調を強化します。太陽の光で脳の生体時計を、食事で腹時計をリセットしましょう。部屋の窓際1メートル以内であれば、外でなくとも光の効果はあります。昼食後は、短い昼寝をしましょう。午後一時～三時の間で三〇分程度の昼寝をとるのがポイントです。長く寝てしまいそうな不安がある時は、ソファやリクライニングチェアーに座って眠ることをお勧めします。また、昼寝の達人になると、目覚まし時計がなくても、三〇分くらいで自然に目を覚ますことができる人がいます。この自己覚醒法を習得すると、目覚まし時計で起きる強制覚醒法に比べ、寝起きの気分がよいとの報告もされています［甲斐田、1999］。

また、いままで、昼寝習慣がなく、昼寝をしようとしても、なかなか寝付けず、どうしても無理だとお思いの方は、眠れなくていいので、まず、目を閉じて休息することをお勧めします。目を閉じているだけでも、普段、目から入ってくる外界の情報が減りますので、情報の処理に対する脳への負担は減ります。眠れなくても、それだけで脳を少し休息させていることになります。また、これを一週間くらい続けていると、自然とお昼寝ができるようになる方も結構おられます。まずは、午後一時～三時の間で三〇分程度の目を閉じてリラックスしてみることから始めて、徐々に昼寝習慣を獲得していくのも一策です。昼寝で脳と体の疲労を回復したら、午後の活動性も上がります。また、夕方五時くらいには、軽い運動か散歩を三〇分程度する習慣をつけましょう。昼寝と夕方の軽運動で、不眠の大きな原因となる夕方以降の居眠りを減らしましょう［田中、2002］。

毎日、ほぼ決まった時間にきちんと夕食をとり、夕食以降の居眠りや仮眠は避けるようにこころがけましょう。夜間のトイレ回数の多い高齢者は、夕食以降のコーヒー、紅茶、お茶などカフェイン摂取は避けることをお勧めします。カフェインには利尿作用があり、夜間のトイレを増やす要因となります。特に、就床間近のお茶や多量のお酒や喫煙は避けるべきです。ニコチンやカフェイン*は、寝つきを悪くしますし、アルコールは、一見、寝つきを良くするように思われますが、実は睡眠の質を悪化させます。ニコチン、カフェイン、アルコールともに利尿作用がありますので、コップ一杯程度の水を飲むのがよいでしょう。

また、就床間近に入浴される高齢者は、熱いお風呂は避けましょう。熱いお風呂は体温を過剰に上昇させ、長時間、交感神経系を興奮させます。入眠のためには、体温が下がっていくことが大切です。また、脳が過剰興奮することも避けるべきです。眠るためには、脳や身体がリラックスしていることが大切で、脳や身体が興奮していれば寝つきは悪くなります。脳と身体をリフレッシュさせるためには、三八〜四〇度のぬるめ入浴が望ましいです。沈静効果のある心地よい香り入りの入浴剤の使用も効果的です。お風呂が長めの高齢者は、入浴前にコップ一杯程度の水を飲むことも、脱水の影響を避けるためには大切です。冬など浴室内と風呂との温度差が激しい場合には、前もって浴室内を暖かくしておくなどの対処が事故を防ぐ上で必要です。

*カフェインの影響は、四時間位持続するので眠りも浅くします。

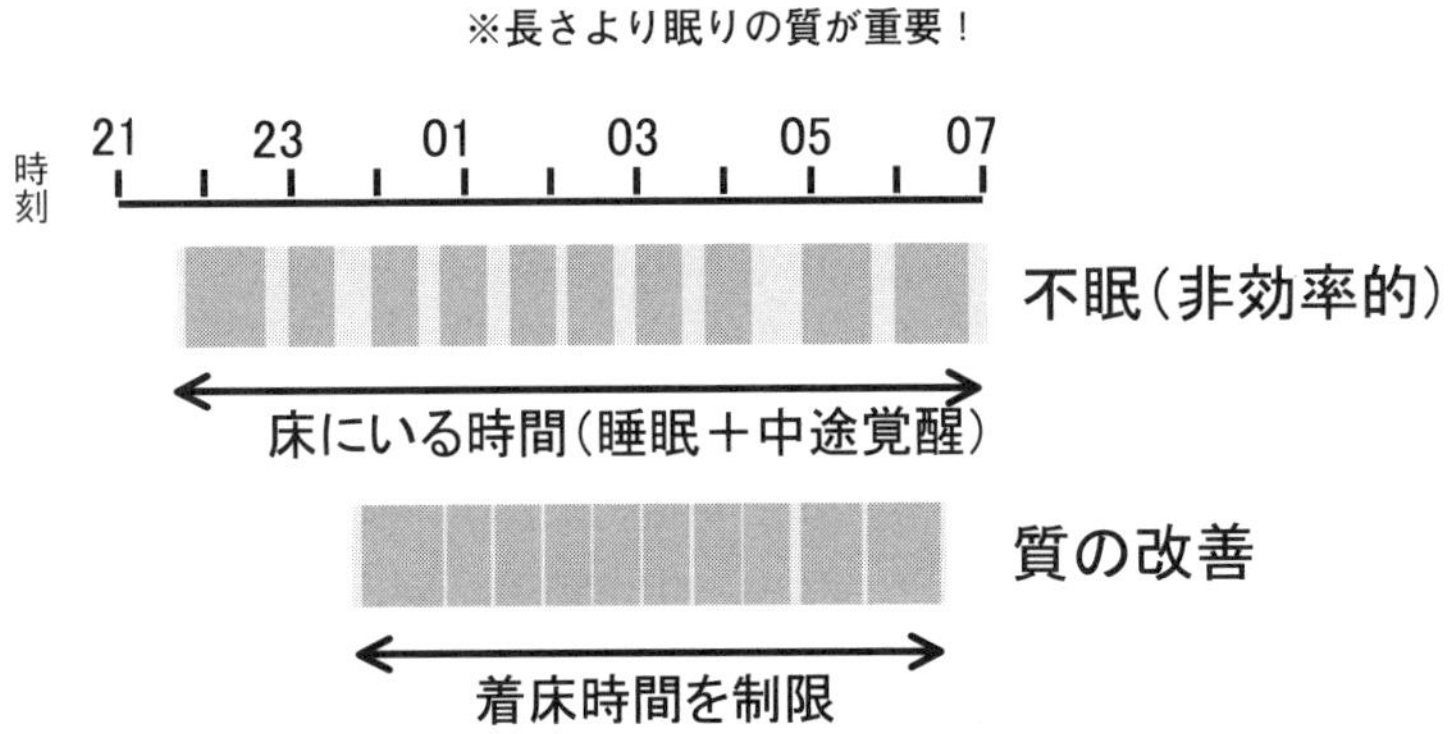

図１　時間制限療法（不眠の行動療法）

就床前は、腹式呼吸や音楽や香りなどでリラックスし、眠るための心身の準備をしましょう。激しい運動は禁物です。また、床に入って眠れない時は無理に眠ろうとはしないことです。焦って緊張を高めないよう、リラックスすることが大切です。入眠に問題を抱えている人は、眠くなってから寝床へ、寝床を寝るためと性行為だけに使うように留意するのも一策です。また、中途覚醒の多い人は、実際に睡眠の取れている時間だけに、床上時間を減らす方法（時間制限療法）も有効です（図1）。

3 快眠による脳とこころのヘルス・プロモーション

(1) 体のリズムにそった短い昼寝と夕方の軽い運動で、メリハリを

近年、高齢期のライフスタイル改善で、高齢者の夜間睡眠が改善することが地域保健現場で実証されています。不眠で悩む地域高齢者を対象に、短時間の昼寝（一三時から一五時の間で三〇分）と夕方の軽運動（一七時から三〇分のストレッチや柔軟運動）による時間生物学的手法を用いた生活指導を四週間、週三回、全一二回、短期集中型で介入的に行うと［田中ほか、2000／Tanaka et al.,2002］、夕方から就床前にかけての居眠り*の減少が見られ、夜間睡眠、精神健康が改善することが報告されています（詳細は本シリーズ⑥『高齢者の「生きる場」を求めて』参照）。

睡眠が改善したメカニズムのポイントは、日中の適正な覚醒維持、夕方から就床前にか

＊夕方の居眠りについて
恒常性（睡眠圧＝眠るためのエネルギー）の観点からも、夜間眠りたい時間と同じ時間ほど、就寝前にしっかり覚醒し続けておくことが大切です。たとえば、夜二三時から七時間しっかり眠りたい人は、二三時より七時間前の一六時以降は、居眠りをせず、しっかりと起き続けておくことで、眠るためのエネルギーを貯めるように心がけましょう。
もし、一九時から二〇時まで居眠りしてしまうと、眠るためのエネルギーは、二〇時から二三時までの三時間しか貯められず、寝つきが遅くなるうえに、寝つけても夜中三時間ほどで（深夜二時か三時くらいに）、目が覚めてしまいます。就床前に、どれだけ眠るためのエネルギーを貯めるかが、夜の睡眠時間の長さを左右することに留意してください。

けての居眠り防止です。高齢者にとって、深部体温が最も高くなる夕方の時間帯は、筋力や運動能力のサーカディアンリズムの頂点位相に相当し、運動には望ましい時間帯［Atkinson & Reilly,1996］となります。このため、この時間帯での運動は覚醒系の活動を上昇させ、夕方以降の居眠りを減らし、就床前の覚醒の状態を質的に改善させたと考えられます。つまり、三〇分の短い昼寝と夕方の軽い運動が夜の質の良い睡眠を促し、また、翌日起きている時も生活の質が高まるという良い循環が形成されたと言えます。

高齢者の日中の適正な覚醒の確保からの快眠法に注目した、新しいミニ・デイサービスプラン（快眠ミニ・デイサービス）が広島県や岩手県などで行われています［田中、2004］。この取り組みでは、前述の短い昼寝、福寿体操の習慣づけに加え、笑いやレクリエーション、グループワークを昼寝終了後と夕方の福寿体操の間の時間帯に行う教室を行っています。脳の休息と活動のメリハリをつけ、夜間睡眠に影響しやすい午後三時以降の覚醒維持をより確実にすることを基本軸にしています。不眠やうつ状態で悩む高齢者を集め、短い昼寝、夕方の軽運動の間に、「不眠やストレスについてのグループワーク」を採用している地域や「笑いやレクリエーション」を採用している地域もあります（図2）。これらの教室では、ストレス緩和に重要な生活習慣も合わせて指導することが多くあります。そこで、ストレス緩和のための生活習慣改善のポイントについて以下に述べます。

（2）ストレス緩和のための生活習慣改善のポイント

ストレスは、むやみやたらと恐れるものではなく、自分自身でコントロールしていくも

医療ネット21

高齢者の快眠法開発

短い昼寝と福寿体操で

短い昼寝と夕方の軽い運動を習慣にすれば、高齢者の睡眠が改善して、健康も高まることを、田中秀樹・広島国際大助教授（臨床心理学）と白川修一郎・国立精神・神経センター室長らが実際の健康指導で確かめた。

軽い運動には、高齢者も覚えやすく、簡単にできる新体操を平良一彦・琉球大教授らと共同で考案して、「福寿体操」と名付けた。

高齢者の三人に一人は熟睡できないなど睡眠に悩み、健康を悪化させている。快適な眠りを取り戻すことが大事だ。

日中の活動量が減り、夕方に居眠りしがちになることが、夜の眠りを妨げている。田中助教授らが高齢者の生活を調べて突き止めた事実だ。この研究で❶午後一時から三時までに三十分の昼寝❷夕方の軽い運動（福寿体操）―などを習慣づける快眠法を開発。それを伝授する健康教室も沖縄県佐敷町、広島県の庄原市や本郷町で開いた。

佐敷町の高齢者（六十五―八十七歳）三十人にこの快眠法を指導して、四週間続けてもらった。その結果、午前中の活動量が上がり、夕方から寝るまで居眠りが減って、夜の睡眠が改善した。

認知テストの正答率も上昇、不安や不眠が減った。体調がよくなり、意欲もわくなど一日の生活にメリハリが出てきた。

福寿体操は体の伸縮や腹式呼吸が中心で、柔軟運動に筋力運動を取り入れた。体力に応じ、寝ても座っても約三十分で簡単にできるようにした。夕方の運動は散歩でもよいという。田中助教授は「お年寄りの脳と心の健康増進には、睡眠の改善がポイント。昼寝と福寿体操は継続が大切だ。この活動を全国に普及させたい」と話している。

健康教室「元気塾」で福寿体操をする参加者＝広島県庄原市保健センター

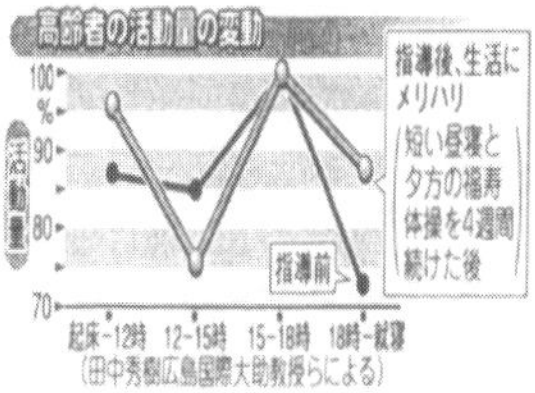

図２　睡眠健康教室の地域への展開（2004年２月、共同通信より配信）

のです。ストレス・コントロールをするうえで、まず最初に着手すべきことは、「自分には、ストレスをもたらす生活習慣が身についていないだろうか」と自分自身を振り返り、悪しき生活習慣を改善することです。日常生活の中でできるそのポイントを以下に簡単にまとめます。高齢者自身ばかりでなく、介護者や家族にも役立つ情報ですから、まずは、一緒に振り返ってみてください。

① ひとりで抱え込まない、誰かに悩みを打ち明ける

真面目で几帳面な人はどうしても大切な行事や仕事などを抱え込みがちです。自分一人でやり遂げなければいけないという気持ちが強すぎると、からだもそして心も疲れてしまいます。人にまかせることができることはまかせて、時には甘えて、成果も一緒に分かち合いましょう。そして疲労を押してまで無理をしないで、自身のこころとからだの声を聞き、自分をねぎらう気持ちを忘れないようにしましょう。また、悩みが多く、つらい時には人に助けを求めることも必要です。人それぞれに物事のとらえ方、対処のしかたが違います。人の力を借りることによって、自分ではどうにもならなかったことが思わぬ解決を見ることもあります。

② 完璧主義を捨てる

完璧主義者は、ストレスを感じやすいと言われます。「完璧」はつかめそうでつかめないもの、腹八分目で結構と開き直るのも大切かもしれません。また、完璧にできなかった

としても、さして重大な事態には至らないものです。長い人生から考えれば、日々の暮らしのなかでの失敗は、大半はささいな出来事です。周囲の人も、本人が考えるほど完璧さを望んではいないものです。散髪にいって気にいらない髪型になってしまった時をイメージしてみましょう。自分はとても外出できないくらい落ち込んでいるのに、周囲の反応は思ったほど悪くないこともありますよね。

③ 目標の立て方を考え直す

目標と現実のギャップからストレスが生じることも多いものです。「つらい、疲れた……」と感じたら、少し目標を下げてみませんか。目標を下げられないとしたら、考え方が硬直して壁に突き当たったら「何か別の方法はないか」と少し考えてみましょう。アプローチのしかたを変えることで、目標を少し下げることができたら、達成率が上がります。

④ 休養と睡眠をとる、時間の有効活用、生活態度を変えてみる

危険を回避し、効率的にその後の毎日を充実させるためにも「休みをとる」ことを意識的に行いましょう。畑仕事や家事、子守り、近所つきあい……、いろいろなものに追われるように一日が過ぎていくと感じることも少なくありません。自分のための時間を確保することはたやすくないかもしれません。しかし、意識して、自分のための時間を見つける努力をしなければ、いつまでたってもそのような時間を確保することはできません。仕事や家事は、長くやれば成果が上がるというものでもないはずです。少ない時間で集中して

テキパキ取り組み、時間を効率よく使うことを心がけましょう。

また、人はそれぞれ置かれている状況が違い、生活態度もさまざまです。しかし、心身の健康を維持するには栄養のバランスがとれた規則正しい食生活と、適度な運動、睡眠を心がけましょう。また、家族や親しい人との団らんや好みの音楽や香を楽しんだりしてリラックスそしてリフレッシュすることも不可欠です。これらのことを怠っていると、やがてはそのツケが回ってきます。こころの安定やからだに悪影響が出やすくなります。少なくとも、「からだが疲れたな」と感じたのなら、生活に何か無理がある証拠。そんな時は、生活態度を見直し、改めましょう。新しい事へチャレンジすることは脳にも有効です。

⑤ 笑う、ユーモアや趣味を持つ

ストレス・コントロールでもっとも手軽な方法は、「笑い」や「ユーモア」です。むかしから「笑う門には福来たる」といいますね。〝老婆（ローマ）は一日にしてならず〟積極的に、生活のなかにユーモアを取り入れ、笑って暮らしましょう。実際、笑うことを意識的に心がけることによって、通常より早く病気が回復したという報告もあります。また、ユーモアたっぷりの映画を観たり、面白い本などを読んだり趣味を楽しむと、いつの間にかストレスを忘れているものです。一時的にせよ、ストレスを忘れることができれば、気分転換をはかることも可能です。

⑥ 忘れる、マイナスの経験をプラスの経験に

悩みを整理し、「忘れる」こともストレス緩和には重要な役割を果たします。日々の暮らしのなかで、毎日、新しい出来事に遭遇し、いろいろな情報が脳にインプットされていきます。その記憶のなかにはいやなこと、つらいこともあるでしょう。しかし、つらい記憶をいつまでもため込んだままでは心が苦しくなってしまいます。このような苦しさを味わわないためには、いやなことを忘れてしまうのが一番です。しかし、どうやったら忘れられるでしょうか？　忘れようとすればするほど、忘れられないものです。ここでいう「忘れる」とは、「記憶を失う」ことではありません。「いやだなあ」と思った経験をプラスに転じて結果的に「いい経験」にしていくことです。そのためには、考えるしかありません。起きた出来事について客観的に考え、トラブルの原因は何か、どうすれば対処できたか、〝あとまわし〟にするのではなく、そのつど、考え、結論を出してしまいましょう。きちんと考えておけば「同じトラブルにであったらどうしよう」と緊張したり、不安に思うことはなくなるでしょう。〝失敗を成功の母〟にして、ストレスにしないように、悩みを増やさないように、そのつど、解決したいものです。

以上のことを全部する必要はありません。かえってストレスがたまります。できることから始めましょう。一つ変われば、少しずつほかも変わってきます。人によってストレスも違いますし、問題も多様です。補足として、この章では、図表に実際、健康教室で使用している教材を示します。自分に腑に落ちるポイントを見つけて少しでもやってみましょ

う。専門家の人は、対象に合った方法を自分なりに工夫してみましょう。

4　ぐっすり・すっきり宣言――睡眠健康活動のシステム化へのモデル――

(1)　地域と大学の連携――住民健診からスタート――

また、従来の単発の健康講演にとどまらず、健康教室や健康相談の機会を活用して、睡眠に関する情報収集・アセスメントを定期的に行い、睡眠の必要性や睡眠と健康、ライフスタイルについての正しい知識や対処法を伝えることは、高齢社会の健康増進の支援策として、広く普及させる必要があります。

地域での睡眠健康指導の定着化には、簡便で有効かつ継続性のある介入システムや評価法が必須です。広島県本郷町保健センターでは、「ぐっすり・すっきり宣言」をスローガンに掲げ、睡眠健康教室（脳と心の癒し塾）や睡眠の自己管理法の講習（ぐっすり・すっきりセミナー）とフォローアップ展開していました［田中ほか、2004］。本年度は、市町村合併などの事情で開催されていませんが、過去三年間、毎年行われていたそのシステムを教室プログラムを交えながらを一部紹介します。

まず、町の住民健診時に、対象者全員に睡眠健康調査を行いました。**表2**は、睡眠良否と健康健診データの関連を調べています。睡眠の良否は血圧や尿酸値、肝機能、心機能など体の健康維持に重要であることも確認できました。また、健診時に希望者に対しては、

表2　睡眠健康と健診データの関連

睡眠健康の良否から見た各項目正常値を占める割合

	血圧判定		肝機能判定		尿酸判定		心電図判定	
	正常(%)	＊＊	正常(%)	＊＊	正常(%)	＊	正常(%)	＊
睡眠良好群	70.0		89.5		96.6		70.5	
睡眠非良好群	54.0		81.0		92.4		65.4	

血圧の正常値から見た睡眠健康良否

	入眠困難		睡眠維持困難		無呼吸リスク		睡眠健康非良好	
	%	＊＊	%	＊＊	%	＊＊	%	＊＊
睡眠良好群	46.2		44.2		42.2		43.5	
睡眠非良好群	56.0		60.2		63.6		60.6	

大学の臨床心理学科と連携して、心の問診コーナーを設け、精神健康やうつの聞き取り面接も行い、その場でワンポイントアドバイスを行っています。また、睡眠健康調査の結果は、健診対象者全員に個別にフィードバックしました。

次に、健康調査結果（睡眠健康危険度得点）に基づき、睡眠問題がある住民やうつで悩む住民に、睡眠健康教室（脳と心の癒し塾）への勧誘の電話やチラシを配布しています。先着三〇名の参加希望者には、教室開始一週間前に、事業・研究内容を十分に説明し、同意を書面で得たのち、短期集中型の体験講座「脳と心の癒し塾」をスタートしました。五五歳〜七五歳の住民（平均六七・四歳）が保健センターに集まり、四週間の間、週三回、全一二回、快眠とストレス緩和のための習慣づけを行いました。教室は、保健師・地域ボランティアが中心に運営しています。教室内容については（表3）、午後三時に集合し三〇分の健康講話、グループワーク（睡眠、ストレスについて）一時間、軽運動（福寿体操）を三〇分間で構成し、四時四五分に教室を終了しました。短時間の昼寝については、昼飯後から午後二時の間で三〇分間、自宅で取るように指導しました。グループワーク時には、教材（図3、表4）や講義の内容を深めるため、保健師を交えて、問題習慣行動や目標行動を考え、住民相互に助言しあいました。教室の効果を評価した約八割の高齢者が睡眠の状態や体調が改善しています［田中、2004］。また、終了一ヶ月、一年後でも大半の参加者に効果や習慣行動（短時間昼寝や運動習慣、夕方の居眠り防止など）も維持されていました。短期集中型の体験型の習慣づけと認知変容、定期的なフォローが効果を維持・促進していると考えられます（図4）。

表３　「脳とこころの癒し塾」の流れ（実施例）

目的　① 生活リズムの改善やストレスコントロールの方法を学ぶことで、不眠の悩みを自分で解消でき、心と心身の疾病予防・健康づくりに役立てることができるようにする。
　　　② 参加者同士が仲間を作り支え合える。

プログラム

事前説明会（10月28日）	オリエンテーション　（教室の流れ、調査内容の説明、同意書） 教室前の日常を把握するために、睡眠日誌、活動量計の装着開始（１週間）	
事前評価（10月30日）	健康教室事前調査　（聞き取り調査、動脈硬化調査、認知症検査）	

教室の流れ	15:00		15:30-16:15	16:15-16:45	参加者
1回目	集合	ミニ講義	「睡眠・ストレスと健康」		
（11月5日）	血圧等	グループワーク	“不眠・悩み共有、目標行動を３つ決める”	福寿体操	24人
2回目	集合	ミニ講義	「笑いの効用（ストレス対処のコツ）」	福寿体操	25人
（11月6日）	血圧等	グループワーク	“最近笑えた話について相互に発表”		
3回目	集合	ミニ講義	「睡眠に役立つ生活習慣実行のポイント」	福寿体操	24人
（11月8日）	血圧等	グループワーク	“睡眠改善の行動目標について再考”		
4回目	集合	ミニ講義	“３つの行動目標を実行してみて”	福寿体操	25人
（11月11日）	血圧等	グループワーク	ー気づき、相互に助言、励ましー		
5回目	集合	ミニ講義	「笑いとホスピスケア」	福寿体操	24人
（11月13日）	血圧等	グループワーク	“日常生活全体の悩みと笑い（介護など）”		
6回目	集合	ミニ講義	「ストレスとタイプA、習慣と不適切な思考」	福寿体操	24人
（11月15日）	血圧等	グループワーク	“ストレスは何？なぜ？どう対処する？”		
7回目	集合	ミニ講義	“私はこのように心の切り替えをしている”	福寿体操	23人
（11月18日）	血圧等	グループワーク	ー気づき、相互に助言、励ましー		
8回目	集合	ミニ講義	「笑いをテーマに物語を作る」	福寿体操	22人
（11月20日）	血圧等	グループワーク	“笑いをテーマにした作品紹介”		
9回目	集合	ミニ講義	「快眠とストレス対処実行のポイント復習」	福寿体操	25人
（11月22日）	血圧等	グループワーク	“ストレスをためない私の実践、方法”		
10回目	集合	ミニ講義	“教室で学んだこと・仲間づくり・人間関係”	福寿体操	19人
（11月25日）	血圧等	グループワーク	活動量計装着（終了日まで１週間）		
11回目	集合	ミニ講義	「ユーモア・ポジテイブシンキング実践」	福寿体操	23人
（11月27日）	血圧等	グループワーク	“最近笑えた話について相互に発表２”		
12回目	集合	ミニ講義		終了式	23人
（11月30日）	健康教室事後調査　（聞き取り調査、動脈硬化調査、認知症検査）				

フォロー教室（11月30日）	調査結果のフードバック、打ち上げ（感謝状贈呈など） 参加者のファッションショーとスタッフのアトラクション

塾最後の頃になると、「今後も活動を続けたい」という声が多かったので、参加者と話し合って月１回の頻度でフォロー教室を行った。

健診受診者で、こころの問診に答えた943名のうち、不眠リスクの高い196名に案内郵送。
参加者は、28名（ボランテイアなど５名を含む）

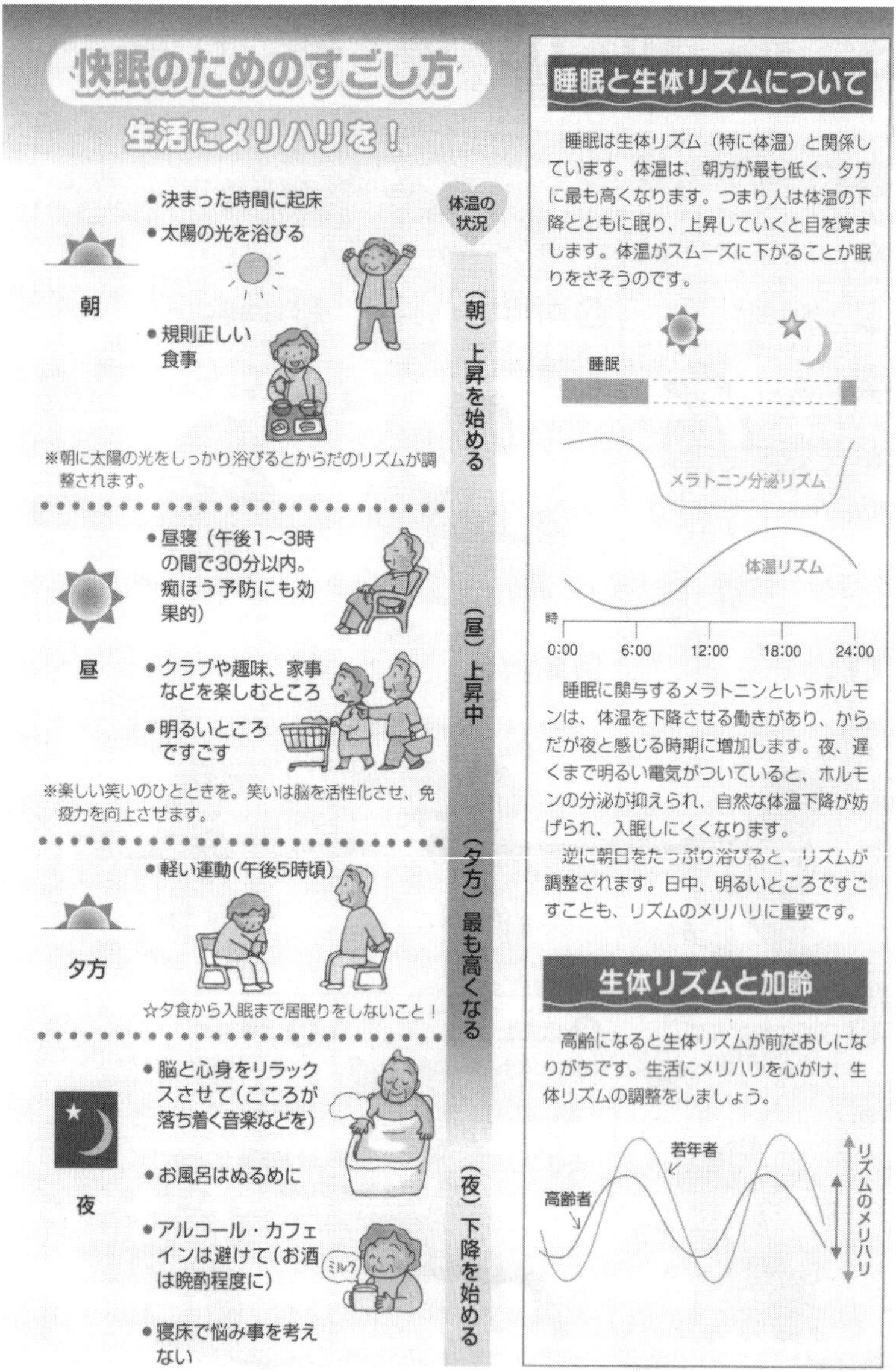

快眠のためのすごし方
生活にメリハリを！
体温の状況
朝
●決まった時間に起床
●太陽の光を浴びる
●規則正しい食事
※朝に太陽の光をしっかり浴びるとからだのリズムが調整されます。
（朝）上昇を始める
昼
●昼寝（午後1～3時の間で30分以内。痴ほう予防にも効果的）
●クラブや趣味、家事などを楽しむところ
●明るいところですごす
※楽しい笑いのひとときを。笑いは脳を活性化させ、免疫力を向上させます。
（昼）上昇中
夕方
●軽い運動（午後5時頃）
☆夕食から入眠まで居眠りをしないこと！
（夕方）最も高くなる
夜
●脳と心身をリラックスさせて（こころが落ち着く音楽などを）
●お風呂はぬるめに
●アルコール・カフェインは避けて（お酒は晩酌程度に）
ミルク
●寝床で悩み事を考えない
（夜）下降を始める
睡眠と生体リズムについて
睡眠は生体リズム（特に体温）と関係しています。体温は、朝方が最も低く、夕方に最も高くなります。つまり人は体温の下降とともに眠り、上昇していくと目を覚まします。体温がスムーズに下がることが眠りをさそうのです。
睡眠
メラトニン分泌リズム
体温リズム
時
0:00
6:00
12:00
18:00
24:00
睡眠に関与するメラトニンというホルモンは、体温を下降させる働きがあり、からだが夜と感じる時期に増加します。夜、遅くまで明るい電気がついていると、ホルモンの分泌が抑えられ、自然な体温下降が妨げられ、入眠しにくくなります。
逆に朝日をたっぷり浴びると、リズムが調整されます。日中、明るいところですごすことも、リズムのメリハリに重要です。
生体リズムと加齢
高齢になると生体リズムが前だおしになりがちです。生活にメリハリを心がけ、生体リズムの調整をしましょう。
若年者
高齢者
リズムのメリハリ

図3　快眠のためのすごし方（教材）★夕方以降の居眠りに注意！

表4　ストレスを良いストレスに変えるために（教材）

ストレスは受け取り方で良くも悪くもなる

ストレスというと悪いイメージがありますが、必ずしもそうではありません。
「前向きな考え方・行動」を心がけることで、良い刺激にも変わります。

⇩

ストレスは、その人のとらえかた次第なのです

マイナスからプラスへの転換　（受け止め方を変えよう！）

仕事をやらされている	（ストレス大）	→→	仕事をさせてもらう	（ストレス小）
三日坊主だ		→→	三日も続いた	

ストレス・コントロールのポイント

完璧主義を捨てよう	失敗してもクヨクヨしない
趣味を持とう	時には一人でボーとしよう
悩みを一人で抱えない	一日一日を有意義に過ごそう
先入観を持たない	軽い運動をしよう
ノーと言う勇気を持とう	疲れたら休養を取ろう
自分の考えを持つ	目的意識を持つ
なにごとも腹八分目	不要なものはドンドン捨てる
笑う門には福来たる	ユーモアを持つ
アルコールや薬に頼らない	好きな音楽を聴きリラックス

★自分にあったポイントを１つずつでも、
今日からこころがけ、実行してみましょう。

プリズム現代

第18集

高齢者に睡眠教室

眠りの周辺 ③

数年前、夫を亡くした広島県本郷町の女性（63）は不眠に悩んでいた。

独り暮らしになって間もなく、めまいがしてなかなか寝付けなくなった。睡眠薬を服用し、気分転換にとコーラスサークルにも入ったが、眠れぬ夜はしばしば訪れる。

寝床に入った後もとりとめもないことが気になる。昼間話した知人の態度。親せきの病気見舞いにいつ行くか。別居している子供や孫と自分の将来……。「考え事をしていて朝になる」日もあった。

家にいる時間が長い高齢者は生活にメリハリがなくなり、睡眠に問題を抱えがちだ。何度も目が覚めたり、長い「夕寝」をして夜寝られなくなったりする。睡眠の質の低下は生活習慣病や意欲低下、痴ほうなどと関係し、心身の健康をむしばむ恐れもある。

本郷町の保健センターは近年、睡眠改善に力を入れている。住民健診時に眠りの状態を調べ、問題のある人を対象に睡眠教室を開催。一般向けにも自己管理法の講習会を開いている。

「三十分以下の短い昼寝と夕方の軽い運動」。指導のポイントはこの二つだ。

保健センターの活動を支援してきた広島国際大の田中秀樹助教授は「短い昼寝は午後の覚せい状態を維持し、五時ごろの軽い運動は睡眠悪化につながる夕方以降の居眠りを防ぐ。この時間は体の深部体温が高くなるため筋肉の負荷が少なく、朝より運動に向いている」と解説する。

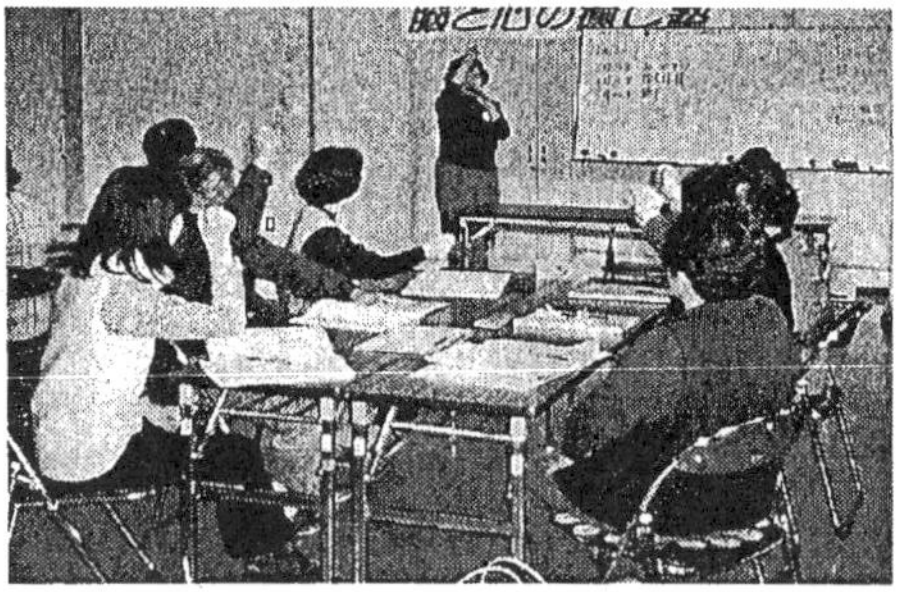

睡眠を改善する講座で町民の関心も高まった（広島県本郷町）

二つの要点は田中氏らが東京と沖縄の高齢者の睡眠を調べる中で分かってきた。

あまり時間にとらわれない、ゆったりした生活をしている沖縄の高齢者は睡眠が比較的良好で、午後一時から三時までの間に三十分程度昼寝し、夕方に散歩や運動の習慣を持つ人が多かったという。

自然や時間を制御し、便利さを追求する都市の生活は生体としての人間の睡眠を損なっているのかもしれない。

国立精神神経センターの白川修一郎・老人精神保健研究室長は「高齢者の睡眠障害は高齢社会の大問題。生活習慣病や痴ほうとの関連だけでなく、夜何度も目覚めてトイレに行く際、転んで骨折する人が多いなど、様々な問題につながっている。手をこまぬいていると、医療コストの面でも膨大な損失につながる恐れがある」と警鐘を鳴らす。

不眠に悩んでいた本郷町の女性は短い昼寝をし、朝の運動を夕方の散歩に切り替え、六つもの趣味の会に参加して生活リズムを直した。「冬のソナタを見る土曜日以外は十一時に寝て六時に起きます」と言って楽しそうに笑った。

図４　ぐっすりすっきり宣言　３年目（日本経済新聞、2004年７月２日）

(2) 睡眠とストレス緩和のための自己管理法

一方、教室に参加できない不眠で悩む住民を対象に、睡眠の自己管理法の講習会（ぐっすり・すっきりセミナー）も行われています。希望者約五〇名を対象に、教材（**図3、表4**）や生活習慣のチェックリスト（**表1**）を用いて講義を行い、一ヶ月、睡眠日誌と目標行動表の記入を行っています。自分の睡眠ストレス、習慣についてのセルフモニタリングを行うことにより、望ましい習慣行動へ向けての認知変容を狙いました。講義、スリープマネージメントのポイントは、ライフスタイルの改善と睡眠環境の整備[白川ほか、1999]ですが、高齢の地域住民に対しては、ポイントをしぼり、睡眠に有効な生活メニューを朝、昼（日中）、夜に分けて、具体的な習慣行動を提案する方が実際に理解が高く、行動変容を促しやすいようです。愁訴と対応させて、できそうな目標を二、三項目選んで実行してもらうことも重要となります。また、目標行動の達成率の低い場合は、保健師が定期的に確認、相談に応じることが効果的です。

健康的なライフスタイルは快眠に欠かせません。快眠の鍵は健康なライフスタイルにあります。健康的なライフスタイルを確立することで、睡眠を改善することが可能になると考えられます。健康的なライフスタイルの確立に必要な食事、運動、リラックス法そして悩みの克服法、悩みへの立ち向かい方が重要になります。さまざまな不健全な思考（**表5**）が頭をよぎり、その結果として起こる心理的な悪循環が不眠を引き起こしていることもあります。その悪循環を断ち切るためには不健全な思考を修正し、健全な思考と行動様式を

表5　特徴的な認知のゆがみ（[大野、2003] を一部改変）

極端なものの考え方や受け取り方の代表的なものをあげてみます。気持ちが動揺した時に、自分の頭に浮かんでいる自動思考の中には、このような特徴的なクセがあることに気づくでしょう。

1）根拠のない決めつけ
証拠が少ないままに思いつきを信じ込む。

例）はじめて手がけた仕事がうまく進まない時に、この仕事はうまくいかないとすぐに決めつけてしまう。

2）白黒思考
灰色（あいまいな状態）に耐えられず、すべて白か黒という極端な考え方でわりきる。

例）なんでも完全にできていないと気になってしまう。

3）部分的焦点づけ・・・自分が着目していることだけに目を向け、短絡的に結論づける。
例）ある人に苦手意識を持っていると、行き会った時に挨拶をされなかったという事実に目が向いて、やはり嫌われていると考えてしまう。

4）過大評価・過小評価
関心のあることは拡大してとらえ、反対に考えや予想にあわない部分はことさらに小さく見る。

例）対人交渉が下手だと思っているために、上手に交渉できなかった時のことばかりを思い出して、うまくいった時のことは忘れてしまう。

5）べき（must）思考
「こうすべきだ」「あのようにすべきではなかった」と過去のことをあれこれ思い出して悔やんだり、自分の行動を自分で制御して自分を責める。

例）家事が十分にできない自分を見て「主婦なら家事を完璧にするべきだ」と自分を責める。

6）極端な一般化
少数の事実を取り上げ、すべてのことが同様の結果になるだろうと結論づけてしまう。

例）ひとつの事が思ったように進まない時に、過去の失敗を思い出して、いつも失敗すると考える。

7）自己関連づけ
何か悪いことが起きると、自分のせいで起こったのだと自分を責めてしまう。

例）子どもが学校で問題を起こして担任から注意を受けた時に、育て方が悪かったんだと自分を責める。

8）情動的な理由づけ
その時の自分の感情に基づいて、現実を判断してしまう。

例）新しい仕事についた時に不安を感じると、「はじめてでよくわからないから不安なんだ」とは思わずに「こんなに不安なんだから、自分にはできないほど難しい仕事に違いない」と思いこんでしまう。

9）自分で実現してしまう予言
自分で否定的予測を立てて自分の行動を制限してしまい、自分の行動を制限し、予測どおり失敗してしまう。その結果、否定的な予測をますます信じ込み、悪循環に陥ってしまう。

例）人前で話そうとすると声が震えるのではないかと心配しているため、いざ実際に人前で話すことになると、失敗することばかり考えて意識過剰になり、声が震えてしまって、結局やはりそうだったと考える。

持つことが大切であるとする認知行動療法の考え方は、不眠の対処法としても役に立ちます。健康なライフスタイルは、実は活動的でストレスに負けないライフスタイルでもあります。健康的なライフスタイルだけで万人の睡眠が改善するわけではありませんが、健康を望む人にとって健康的なライフスタイルの確立は望ましいことですし、健康感が高ければより快適な日常生活を過ごすことができます。したがって、ストレス対処策としても、快眠法としても、健康的なライフスタイルを心がけることは非常に大切です。

(3) 紙とペンを使った睡眠改善、ストレスに打ち勝つ方法

次に、紙とペンを使った睡眠改善やストレスに打ち勝つコツをご紹介していきたいと思います。自分のストレス度をチェックする際、疲れるとか、食欲がない、などの体の状態でチェックする方法もありますが、自分にとって何がストレスになっているかを知ることが、不眠対策としてはとても大切です。

まず、1．ストレスの原因となっていると思われる状況について書いてみることが重要です。次に、2．ストレスの対象となる人、事件を書いてください。瞬間的に頭に浮かんできた考えやなぜそうなのかという理由も書きます。3．その時の自分の気持ち・感情を書きましょう。怒り・悲しみ・恐れ・不安など。2．と3．は書きやすいほうからで結構ですので、ためらわず、まずは書いてみましょう。さらに、4．ストレス解消のために自分は何をしたか書きましょう（園芸、運動、おしゃべり、外出など）。書店にある不安やうつに関する認知療法やストレスマネージメントの練習帳を参考にしてもよいと思います

が、表のポイントを参照に、対象の個人やグループに合わせて形式は自由で構いません。見やすさ、書きやすさ、整理しやすさを臨機応変に工夫してみるのも大切です。

不安やうつは、書いたり、話したりすると気分が晴れるという特徴を持っています。脳の働きから見ると、左脳の前頭前野は楽観的な感情と関連し、右脳の前頭前野はうつ感情と関連する場所であることが知られています。左脳には言語中枢があり、言葉を考えたり、一時的に言葉を取り出して使う場所は、左脳の前頭前野にあります。話したり、書いたりして感情を表現することは、脳にも刺激を与えます。気分が明るくなり、ストレスに打ち勝つためにも、毎日の自分の感情を記録し、繰り返しそれに対する対処法を書くことは、悩みや不安が原因で生じる不眠の人には大切です。ストレスをためやすいとされる行動特徴を持つタイプAの地域住民は、睡眠健康が悪化している割合が多いのですが、タイプAの中でも、ユーモアがあり楽観的な考えができる人は、睡眠健康が比較的良好であることも最近の研究［古谷ほか、2004］で報告されています。

(4) 支援ツールの提供と社会還元の重要性

前述のように、快眠とストレス緩和の習慣づけ教室は、それぞれの地域保健現場の事情にそった形で運営されている。また、回数については、四週間、週三回（計一二回）の教室を行っている場合や、四週間、週二回（計八回）の場合や二週間、週三回（計六回）があり、基本的には、睡眠に良好な習慣を短期集中型体験学習することで、認知と行動の変容をはかることを主目的としている。しかし、生体リズムの観点から、最低でも二週間は必要です。これらの方法は、介護予防事業や病院、施設でのリハビリなどにも応用可能と考えられます。広島県のある市では、不眠やうつ状態で悩む高齢者二三名が、市の保健センターに集まって冬期二ヶ月間、週二回、計一二回、午後二時から三〇分間一緒に昼寝を取得し、覚醒後、二時間「笑いセラピー、レクリエーション」を行い、四時三〇分より軽運動を集団で行っています［田中、2002］。教室参加前後で、教室の効果を比較した結果、熟眠度が有意に改善し、疲労自覚症状数も有意に減少しました。短い昼寝で脳と体の休息、笑い、レクリエーション、運動で脳と体の活性化といった活動と休息のメリハリのある生活をおくることにより、高齢者の日中（昼寝後から就床前）の適正な覚醒維持が確保され、夜の睡眠が改善されました。また、脳機能を簡便に測る仮名ひろいテストの成績も教室後で有意に上昇しました。さらに、「頭がぼんやりする」、「物事が気にかかる」、「根気がなくなる」といった訴えの人の割合も有意に減少しました。また、人間関係、幸福感の項目についても改善が見られ、体全体の調子では八割の人が改善されたと感じていました。一方、睡眠健康活動を普及・継続されるために、定期的なフォローが必要です。教室開催にともなうサークル化や熟年リーダー（熟年元気プレゼンター）育成を支援されています。保健師と熟年元気プレゼンテイターがペアで地域のデイホームや老人会を定期的に巡回し、福寿体操や睡眠生活指導を行っています。この活動、広島県内の他の地区にも広がり、NPO法人の事業の一環としても展開しています（図5）。

「短い昼寝と運動・笑い」の習慣化と仲間への普及活動（高齢者ボランティア活動）は、コミュニティ形成や環境活性化へも有効で、高齢社会の地域保健的な課題解決の糸口にな

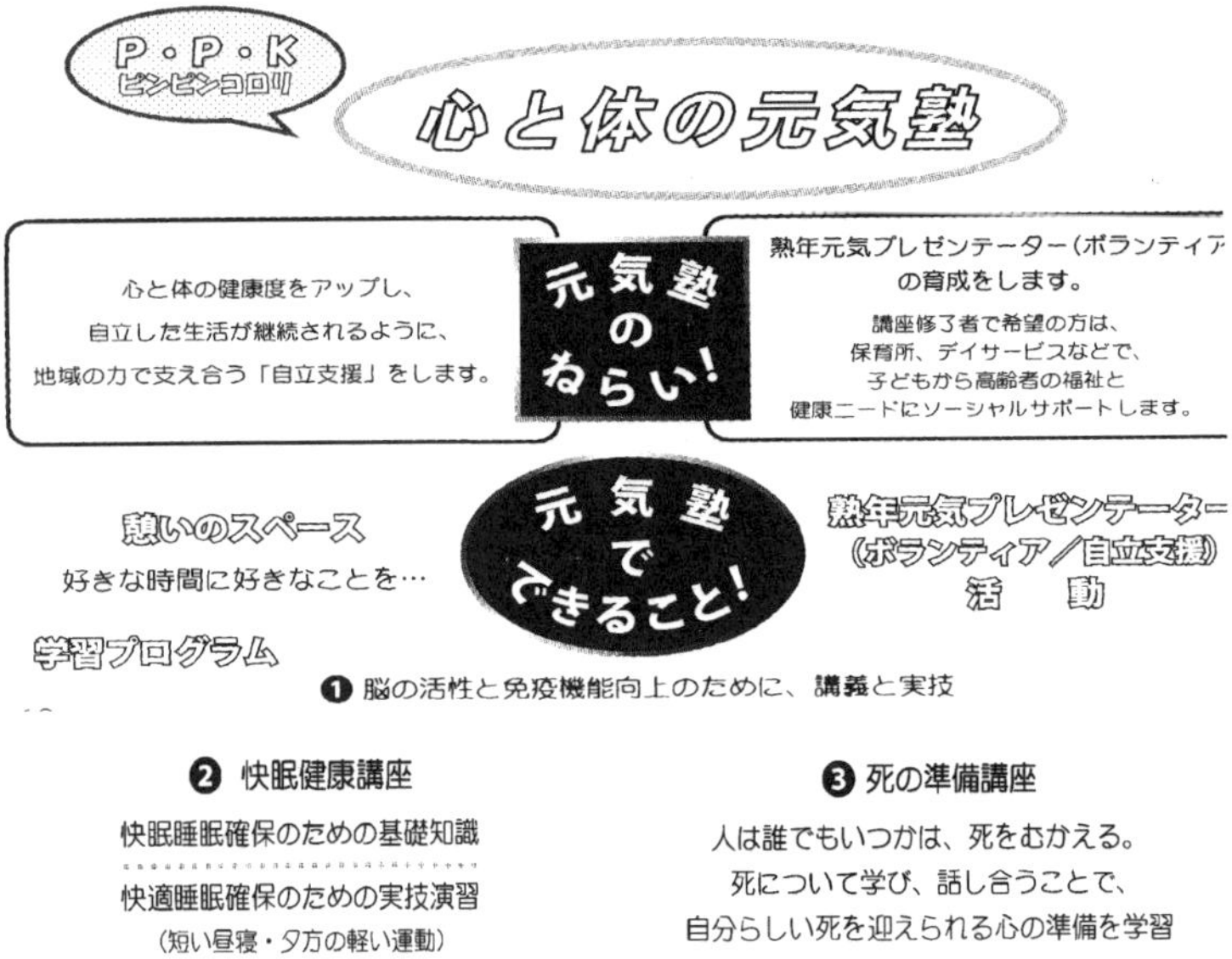
P・P・K
ピンピンコロリ
心と体の元気塾
元気塾のねらい！
心と体の健康度をアップし、
自立した生活が継続されるように、
地域の力で支え合う「自立支援」をします。
熟年元気プレゼンテーター（ボランティア
の育成をします。
講座修了者で希望の方は、
保育所、デイサービスなどで、
子どもから高齢者の福祉と
健康ニードにソーシャルサポートします。
元気塾でできること！
憩いのスペース
好きな時間に好きなことを…
熟年元気プレゼンテーター
（ボランティア／自立支援）
活　動
学習プログラム
❶ 脳の活性と免疫機能向上のために、講義と実技
❷ 快眠健康講座
快眠睡眠確保のための基礎知識
快適睡眠確保のための実技演習
（短い昼寝・夕方の軽い運動）
❸ 死の準備講座
人は誰でもいつかは、死をむかえる。
死について学び、話し合うことで、
自分らしい死を迎えられる心の準備を学習

図5　夢創庵（東広島市）NPO 法人芸南たすけあいの活動

る可能性も考えられます。脳と心のヘルス・プロモーション（健康増進活動）を支える住民中心型ソーシャルサポートシステムの充実はこれからもますます重要になってくると思われます。一方、最近、高齢者の睡眠健康を維持・増進する生活メニューの普及・定着を目的に、これまでの研究成果が高齢者の睡眠健康支援へ向けてコンテンツ化され、介護予防教室の運営ツールとしてとしても、パンフレット［田中、2005］、および快眠生活設計プログラムビデオ［岩田、2005］が公開されています。

超高齢社会に向かいつつあるわが国において、真に高齢者の脳や心身の健康、高齢者自身を主体にとらえているならば、研究者自身も、研究フィールドの抱え込み、モデル地区での展開の従来型の認識を超える必要があり、地域や病院・施設関係者も、積極的に研究機関との連携を強めることが大切と思います。いまや高齢者人口一〇万人規模の地域での展開に対応可能な自己管理法のツールの提供や教室指導支援ツールの提供、指導者育成、また地域ボランティアなど有能な人生経験のある人材活用が欠かせない時代にきていると思います。

（田中秀樹・松下正輝・古谷真樹）

Asada, T., Motonaga, T., Yamagata, Z., Uno, M. & Takahashi, K. 2000 Associations between retrospectively recalled napping behavior and later development of Alzheimer's disease : Association with APOE genotypes. ***Sleep,*** 23（5）, 629-634.

Atkinson,G. & Reilly, T. 1996 Circadian variation in sports performance. ***Sports Medicine,*** 21,292-312.

Bonnet, M.H. 1994 Sleep deprivation. In Kryger, M.H. et al.(Eds.), ***Principals and practice of sleep medicine.*** Philadelphia : WB Saunders. 50-67.

Dinges, D.F., Douglas, S.D., Hamarman, S. et al. 1995 Sleep deprivation and human immunefunction. ***Adv Neuroimmunol,*** 5,97-110.

Drake, C.L., Roehrs, T.A., Burduvali, E. et al. 2001 Effects of rapid versus slow accumulation of eight hours of sleep loss. ***Psychophysiology,*** 38,979-987.

古谷真樹・田中秀樹・上里一郎　2003　「タイプA行動者とタイプB行動者における睡眠生活習慣・睡眠健康の比較～健康阻害行動の緩和要因としての楽観的認知」『広島国際大学心理臨床センター紀要』　第2号　30-37p.

岩田アリチカ（監修）　2005　ビデオ教材「きれいに歳をとる方法快眠生活のススメ　上巻解説編　下巻／ぐっすり体操　実践編」東京法規出版

甲斐田幸佐・入戸野 宏・林 光雄・堀 忠雄　1999　「自己覚醒法による短時間仮睡眠の睡眠慣性抑制効果」『生理心理学と精神生理学』　第19号　7-14p.

Kiley, J.P., Edelman, N., Derderian, S. et al. 1994 Cardio-pulmonary disorder of sleep. ***Wake Up America : A National Sleep Alert***（Vol.2）. U.S. Department Health and Human Service. 10-75.

Kim, K., Uchiyama, M., Okawa, M. et al. 2000 An epidemiological study of insomnia among the

Japanese general population., *Sleep,* 23（1）, 41-47.

Mishima,K., Okawa, M., Shimizu, T. et al. 2001 Diminished me 1 atonin secretion in the elderly caused by insufficient environmental illumination. *J C 1 in Endocrinol Metab,* 86,129-134.

Miyazaki, T., Hashimoto, S., Masubuchi, S. et al. 2001 Phase advance shifts of human circadian pacemaker are accelerated by daytime physical exercise. *Am J Physiol Regul Integr Comp Physiol,* 281,197-205.

Monk, T.H. & Carrier, J. 1997 Speed of Mental processing in the middle of the night. *Sleep,* 20,399-401.

Montgomery, P.& Dennis, J. 2002 Cognitive behavioral interventions for sleep problems in adults aged 60+. *Cochrane Database Syst Rev,*(2), CDO 03161.

大野　裕　2003　『こころが晴れるノート―うつと不安の認知療法自習帳』創元社

白川修一郎・高瀬美紀・田中秀樹ほか　1999　「計画的昼寝の不眠高齢者に対する夜間睡眠改善効果」『臨床脳波』第41号 101-105p.

白川修一郎・田中秀樹　1999　「睡眠・覚醒障害の生活習慣指導」井上雄一・岸本　朗（編）『精神科治療の理論と技法』星和書店　158-167p.

白川修一郎・田中秀樹・水野　康・駒田陽子・渡辺正孝　2003　「アルツハイマー病の予防に関わる睡眠の役割と改善技術非薬物によるアルツハイマー病の予防と治療」*Cognition and Dementia,* 2(2), 45-53.

白川修一郎・田中秀樹・山本由華吏　1999　「高齢者の睡眠障害と心の健康」『精神保健研究』第45号　15-23p.

白川修一郎・田中秀樹・山本由華吏　2001　「睡眠障害を予防するための生活習慣の工夫」菱川泰夫（監修）・井上雄一（編）『一般医のための睡眠臨床ガイドブック』医学書院　207-224p.

Stokkan, K.A.,Yamazaki, S.,Tei, H. et al. 2001 Entrainment of the circadian clock in the liver by feeding. ***Science*** ,291,490-493.

高田明和　2004　『つらい不眠症を自分で治す実践ノート』リヨン社

Tamaki, M., Shirota, A., Tanaka, H., Hayashi, M. & Hori, T. 1999 Effects of a daytime nap in the aged. ***Psychiat Clin Neuros,*** 53（2）, 273-275.

田中秀樹　2002 a　「睡眠確保からの脳とこころのヘルスプロモーション睡眠・ライフスタイルと脳・心身の健康」『地域保健』第6号　5-26p.

田中秀樹　2002 b　「快適睡眠と生活習慣病、痴呆予防―眠りを楽しみ、豊かな熟年期を過ごすためのライフスタイルと地域活動！―」小西美智子（編）『介護ハンドブック』　関西看護出版　90-135p.

田中秀樹　2003　「睡眠関連疾患の予防意識の必要性睡眠医学―総合的な睡眠診療をめざして―」『総合臨床』第52巻第11号　2894-2901p.

田中秀樹　2004　「脳と心身のヘルスプロモーションとしての睡眠指導介入と自己管理法」『診断と治療』　第92号　1219-1225p.

田中秀樹・荒川雅志（監修）　2005　『認知症転倒予防のための快眠術　短い昼寝と夕方の福寿体操のススメ』東京法規出版

田中秀樹・荒川雅志・古谷真紀・上里一郎・白川修一郎ほか　2004　「地域における睡眠健康とその支援方法の探索的研究」『臨床脳波』第46号　574-582p.

田中秀樹・古谷真樹・松尾藍　2006　「高齢者の睡眠へのアプローチ」野村豊子（編）『高齢者の「生きる場」を求めて―福祉、心理、看護の現場から―』ゆまに書房、145-189p.

田中秀樹・平良一彦・荒川雅志ほか　2000　「不眠高齢者に対する短時間昼寝・軽運動による生活指導介入の試み」『老年精神医学雑誌』第11号　1139-1147p.

Tanaka, H., Taira, K., Arawaka, M.& Shirakawa, S. 2002 Improvement Effects of intervention by short nap and exercise on sleep and mental health, ***Psychiat. Clin.*** Neurosciences, 56, 235-236.

田中秀樹・平良一彦・上江洲榮子ほか　2000　「長寿県沖縄と大都市東京の高齢者の睡眠健康と生活習慣についての地域間比較による検討」『老年精神医学雑誌』第11号　425-433p.

Timothy, J. Sharp 2003 ***The good sleep guide. 10 steps to better sleep.***（原田優人（訳）2005『眠れない眠りたい　快眠のための10のステップ』創元社）

Ustun, T.& Sartorius, N. 1995 ***Mental illness in general health care : An international study.*** London : John Wiley & Sons.

吉川武彦（監修）2001『心の病気―家庭の医学―』法研

「医食同源」、「食楽同源」──食べることは生きること──

1　食と歯と健康

大切なことは、まず、食材の栄養、調理法、食べ方を積極的に学ぶことです。また、良いとされる食材の効果が、ヒトを対象に長期的視野で確認されているものを選ぶのが安全です。食事の内容次第で長寿にも短命にもなるということです。基本的には、体が必要とする栄養分をバランスよく摂るとよいようですが、毎日の運動習慣（エクササイズ）と体重管理が最も大切です。つまり、食事によって補給したエネルギーを「その日のうちに消費する」ことが重要なのです。

長寿のための食のポイントとして、①塩分は思いきって控える（一日一〇グラム以内）、②動物性脂肪を摂りすぎない（摂取量を半減）、③緑黄色野菜、果実をたっぷり食べる、④牛乳、ヨーグルトなどの乳製品を積極的に食べる、⑤大豆、魚、海藻、を日常的に食べる、⑥特定の食材に偏らずいろいろな食材をバランスよく食べる、などの重要性が指摘されています。また、大豆に含まれるイソフラボンの摂取量が多い人は、乳ガンの発生率が低くなり、みそ汁を飲む人は、飲まない人と比べて、閉経後、乳ガンにかかる率が40％少ないと報告されています（厚生労働省）。高齢者の健康増進に結びつく、適正な利用法開発、効果検証が望まれていますが、長期的視点に立った安全性、有効性の検討も一方では重要です。また、緑茶も優れた効能が期待されています。殺菌作用・抗酸化作用、虫歯や口臭予防効果（カテキン）、胃の粘膜の保護（タンニン）、リラックス効果（テアニン）、などが報告されています。日本の伝統的な食事の中には薬のようなはたらきをして活性酸素の害を防ぎ、生理活性効果や体の老化を遅らせる抗酸化効果が期待できる「医食同源」に通じる食が多くあります。

近年、粗食や伝統食が見直されています。見方を変えれば、その土地・その季節で取れるものを上手に工夫して、体が必要とする栄養分をバランスよく、腹八分目の量を摂取し、適度な運動と体重管理を日々行うことが大切です。長寿の食生活とは、実は自然なライフスタイルがその本質なのかもしれません。いっぽう時間栄養学の観点からも、生体リズムが重視され、食事の時刻やタイミングで栄養・健康効果が異なることが指摘されています。また、「食べることと楽しむことは同じこと」をキーワードにあげ、「医食同源」ならぬ「食楽同源」が提言されています（日本ダイバージョナルセラピー協会の田中義明氏）。施設、病院での「楽しい食事のための配慮」として、①高齢者の生活リズムにあわせた食事時間、②食物の温度（温かさと冷たさ）に配慮した提供、③食堂の雰囲気づくり（照明、カーテン、広さ、BGM、絵画など）、④家庭的なテーブルセッティング（食器、テーブルクロス、生け花など）、⑤一人ひとりの嗜好に対応、⑥一人ひとりの食習慣への配慮、⑦咀嚼や嚥下困難などの状態を把握、⑧調理の方法や献立のバラエティ、⑨その人の食べる機能にあわせた調理方法、⑩食事時の表情やしぐさの観察、⑪食事についての話題づくり、⑫家族や外部の人を招く、など食事の場のコミュニケーションづくりを挙げています。

また、食と切り離せないのが「歯」の問題です。虫歯、歯槽膿漏、歯根の萎縮など口腔内の問題が原因となり、摂食能力が減退していく場合があります。また、咀嚼や味覚の低下などによる摂食意欲の減退、結果としての食事量の減少、食物繊維の不足、内臓の排泄力の低下、運動量の不足などからくる便秘による症状など、さまざまな問題があります。七五歳以上の三人に二人弱で何らかの嚥下障害がみられ、肺炎による死亡の原因の多くが誤嚥（飲食物が間違って気管や肺に入ること）により起こるといわれています。高齢者の生きがい、命を考えるうえでも、歯でしっかりかみ、口から食事を摂ることを維持する支援は大切です。歯は口ほどにものを言い、その人を輝かせます。次節ではこれまで述べたことを体現する沖縄の長寿村での食生活に、スポットを当ててみましょう。

2 生活習慣病が少ない沖縄

厚生省は国民の主要死因である生活習慣病を低減するために「健康日本21」という新たな健康政策を打ち出しました。生活習慣病を予防することはわが国の膨大な医療費を抑制するためにも大きな課題となっています。

ところで沖縄の生活習慣病の実態はどうでしょうか。日本復帰後の一九七三年から一九九二年までの二〇年間にわたる生活習慣病の疫学調査が沖縄県から報告されています。これらの資料から死亡統計に関する主な項目について、その概要を以下に示します。

まず総死亡ですが、年齢調整死亡率で男性が七四四・二、女性が五一七・六となっており、標準化死亡比（SMR）では男性八七・〇、女性七八・五です。これらの数値は男女とも全国平均よりもかなり低い値となっています。数値が小さければ小さいほど素晴らしい値です。ちなみに一九九二年の都道府県別年齢調整死亡率は男性四五位、女性四七位でした。

悪性新生物による死亡状況では、年齢調整死亡率で男性が一八二・三、女性が八九・〇であり、標準化死亡比（SMR）では男性八八・四、女性七七・三です。残念ながら男女の肺ガンや白血病が全国より多いのですが、総じて男女とも全国より低い水準にあると言えます。

心疾患による死亡状況は、年齢調整死亡率が男性一〇四・二、女性六四・〇であり、標準化死亡比（SMR）では男性七一・五、女性六六・七となっています。この値は男女とも全国最下位であり、素晴らしい成績です。

脳血管疾患は、年齢調整死亡率が男性九九・三、女性六三・六、標準化死亡比（SMR）で六一・七、五七・二となっており、この値も男女とも全国最下位であり、本県の脳血管疾患による死亡がいかに少ないかがわかります。

しかし残念なことに、死亡統計からみたこれらの数値は最近全国との差が縮小する傾向にあり、若年世代では年齢階級によっては全国値を上回る年齢階級も指摘されています。それでも老人の場合はきわめて良好な値を保っており、沖縄の長寿は高齢者が支えているといえます。高齢者の栄養・運動・休養といった基本的ライフスタイルの良さが長寿を支える大きな要因として浮かび上がってくるのです。

3　長寿村の食生活

京都大学の家森教授が指摘しているように、日本の伝統的食事の長所としては、米が主食、魚タンパクが多い、従って魚油の摂取が多い、海草が多い、大豆が多いことなどがあげられます。またその短所としては、食塩が多い、動物性タンパク質が少ない、乳製品が少ない、野菜、果物が少ないことなどがあげられています。

ここで沖縄の食生活を全国と比べてみると、食塩摂取が日本で一番少ない、動物性タンパク（特に豚肉の摂取）が多い、野菜類の摂取量が多いなど日本の伝統食のなかで短所と指摘された点とは大きな違いのあることがわかります。平均寿命の低い地域の一つである秋田の某農村と比較して浮かび上がった、大宜味村の高齢者の食生活の特徴について説明しましょう。

大宜味村では、秋田農村に比べ約二・五倍の肉類を摂取しており、緑黄色野菜の摂取量が三倍多く、豆腐に代表される豆類の摂取も一・五倍、また果実類の摂取も多いのです。さらに特筆すべき点は食塩摂取量の少なさであり、また薄い味付けも沖縄の食文化の大きな特徴です。沖縄県は厚生省が目標としている一人一日一〇グラム以下の塩分摂取量に最も近い県ですが、調査時の大宜味村は九グラムを切っていました。ちなみに比較した秋田農村は一三グラムを越えていたのです。沖縄では気候の関係で一年中新鮮な野菜が採れ、漬物をとる習慣も少なく、また味噌汁もいわゆる具だくさんで、その分だけ汁は少なくて済みます。だし汁にはかつお節やコンブをよく使い、刺身に酢をよく用い、シークヮーサーの果汁もうまく利用します。そのような調理、調味の特徴が低い塩分摂取の一因となっていると思います。

日本の東北地方は高血圧、脳卒中、胃ガンなどが多い地域ですが、これらの疾患と食塩摂取量は深い関係にあります。家森教授らＷＨＯの研究グループの広範な研究も脳卒中、胃ガンの死亡率と食塩摂取量との間には強い正の相関が、また平気寿命とは負の相関のあることを指摘しています。さらに家森らの脳卒中自然発症ラットによる実験や疫学調査から動物性タンパク質の摂取量の低い地域ほど脳卒中の発症や死亡率が高く、逆に肉や魚などの動物性タンパク質の摂取量の多い地域ほどそれが低いことが示されています。もちろんあまり多く摂り過ぎても問題がありますが……。

沖縄といえば豚肉というほど、沖縄の食生活では豚肉は欠かせません。しかも豚は血液や内臓を含めてほとんど無駄なく食に供されます。豚は十四世紀ごろ中国との交易の過程で沖縄に持ち込まれ、広く庶民にも食されるようになりました。仏教の影響で一千年もの間肉食を禁じられていた日本本土と沖縄では今なおその摂取量に一日二〇グラムほどの差がみられます。沖縄の豚肉利用で特徴的なことは調理の過程で時間をかけ、ゆでこぼしをして脂肪分を除くことであり、このような先人の知恵も県民の健康に貢献しています。素晴らしい食文化の一端を示していると言えるでしょう。

ここで注意すべきことは、確かに沖縄は他県と比べて肉の摂取量が多いが、今日と同程度の肉類を昔も食していたということではありません。同世代の高齢者間で、他地域との比較で大きな違いがあるということです。

かつて沖縄では、正月用につぶした豚肉を塩漬けにして貴重な食物として大事に利用してきました。庶民の日常の食事はイモと野菜を主食とした質素なものでしたが、地域住民がみんなで分け合って食べるという共食の文化が根付き、多くの行事や日常生活の場で、肉、魚、豆腐などのタンパク質を摂取する機会に恵まれたのが住民の健康維持に大変役立ちました。

また豚肉以外にも家の新築や村の共同での労働の後など、みんなでヤギのナベを囲んだり、近くの海や川の魚介類も上手に利用して必要なタンパク源を確保するのに役立てました。このような食文化は仏教の影響で伝統的に肉類（動物タンパク）の摂取が制限されていた本土の食生活よりも優れて特徴的な一面であり、長寿の要因として大きな意味をもったと考えられます。

最近の「県民栄養の現状」でも、県民の食生活は依然として本土他県とは違った特徴が見られます。すなわち、全国平均に比べ、豚肉の摂取量が一・六倍、豆腐の摂取量が二・一倍、緑黄色野菜の摂取量が一・六倍、昆布の摂取量が二倍あるなどです。しかし脂質の摂取量の増加、カルシウム摂取量の少なさ、ファーストフードなどの外食の多さも指摘されていて、この事が今後の県民の健康の維持の上で大変気になる点です。

4　生き生きと輝く高齢者が多い

長寿村として知られる大宜味村では、「生涯現役」の意識が強く、村のいたるところで活動する老人に出会います。ゲートボール場でもそうです。時間になると、どこからともなくスティックをもった老人達がいつの間にやら集まってきては、夕暮れ時まで若者達顔負けの熱い戦いが演じられます。そのグループに八〇歳をはるかに過ぎたお年寄りたちの姿が多く見られるのもこの村の特徴でしょう。

東北地方の農村老人に比べて、大宜味村の老人達は顔の表情、姿勢、動作の機敏さなど、はるかに若々しく写ります。実際に種々の医学的検査値を比較しても両地域の老人達に大きな違いが認められます。たとえば血色素ですが、このレベルは加齢と共に低下し、貧血の傾向を示すのが通常です。東北秋田の農村老人達のこの値は加齢にともなって急激な下降を示していたのですが、大宜味の老人達は高齢でもかなり高いレベルを維持していました。血色素が落ちないということは　貧血になりにくいということであり、体を動かすのにきわめて都合が良いのです。何故なら運動をすれば心筋は安静時より多くの酸素を必要としますが、貧血の状態ではこれを供給できないからです。また栄養状態を示す指標の一つであるアルブミンも高齢になれば低下するのが常であり秋田の農村老人達は加齢にともなって著しく低下していました。それに比べると、大宜味の老人達の傾向はきわめてゆるやかな変化でした。コレステロールにしても、この高値は動脈硬化を促進して心筋梗塞や脳梗塞につながりますし、逆に低過ぎると低タンパクをともなって感染症、肺炎・気管支炎や脳出血になりやすいことが知られています。秋田の老人達が加齢にともない低下の傾向が著しいのに比べ、大宜味の老人達のそれはいずれの年代も二〇〇〜二二〇の値を示しており、健康に都合のよいレベルを維持していると言えるでしょう。

また、沖縄の温暖な気候は一年を通じて屋外での活動を可能にしています。東北地方の老人が冬の期間、屋内で静かに日々を送らざるをえない環境とは格段の違いと言えます。

長寿村である大宜味村の総人口は現在およそ三、五〇〇人ですが、九〇歳を超える長寿者が七〇人もいます。「生きている限りは現役」という意識がきわめて強く、高齢になっても体が動く限りは畑仕事をしたり、村の伝統産業の芭蕉布の糸紡ぎをしたりと何らかの活動——労働、運動、ボランティア、老人会、その他の社会活動を続けています。従って当然のことながら食事、服の着脱、入浴、トイレなどの日常生活動作能力（ＡＤＬ）も、高齢になるほど比較した秋田農村の老人との差が大きくなる傾向にありました。また秋田の某農村との老人の就労率を比較してみると、男女共に大きな違いがあり、特に女性では格段の開きが見られました。この村では仕事を生き甲斐と感じている高齢者がきわめて多く、それこそプロダクティブエイジング（生産的加齢）を日々の生活の中で実践しているのです。

また大宜味村では、高齢者の大半が独居または老人夫婦のみの世帯ですが、決して社会から孤立して寂しく暮らしているということはありません。何故かというと、別居の子や孫達、隣近所の友人との交流は驚くほど広く、かつ深いのです。特に友人を「一番頼りにし、心やすらぐ相手」としてあげる者が多く、このことが村人気質とも相まって老人達の生活適応性を高めており、日々の生き甲斐感、主観的健康感を高め、総体的に老人達の健康によい結果をもたらしていることはまちがいないと思います。

topics

また前述したように高齢者が大事にされる風潮が今なお根づいている沖縄では、高齢者がこれまでの人生で蓄積してきた知識や経験は高齢者が元気でいる間は仕事や親戚一門の祭祀、伝統行事などさまざまな場面で活かされる社会であり、そのことが高齢者の社会活動性を高めてきたといえるでしょう。現在ではそれが少しずつ変わりつつあるとはいえ、地方では依然として根強く残っています。

社会活動性の違いが歩数計にどのように現れるかを那覇市と大宜味村の老人で比較すると、社会活動性が高いと答える老人は住む地域に違いがあるにも関わらず高い歩数を示していました。しかし大宜味村ではほとんど差がみられません。自分で社会活動性が低いと答える老人達は、畑・果樹園などの仕事が多忙なために他人との関わりが少ないという、きわめて元気な老人達であったのです。

沖縄の長寿者の健康を支えてきた最も重要な礎はやはり「食文化」です。沖縄が長寿県の座をこれまで保つことができたのは、この食の思想であり、それが「医食同源」、「薬食同源」という思想であり、長寿者達の中に今なお根強く息づいています。

沖縄の言葉で食事のことを「ヌチグスイ」といいます。「ヌチ」とは命のことで、「命の薬」と書いて「ヌチグスイ」となります。また「シンジグスイ」は肉、魚、野菜、野草を煮込んでつくる煎じ汁で、病人用の滋養食にもなります。「医」と「食」、「薬」と「食」はその源は同じであり、食事こそが我々の命を支え、健康を守る最も大事な薬であるというこの思想は、中国でいう漢方の「上薬」の考え方に通じます。ここにも長い中国との交流の歴史を強く感じます。次代を担う世代の健康を守るための食育の原点もまさにそこにあります。

（平良一彦・田中秀樹）

参考文献

児玉光雄　2006『病気にならない心の習慣』　ぜんにち出版株式会社
松崎俊久・平良一彦ほか　1995　「長寿社会みるライフスタイル」『老年医学』第31巻第4号　435-441p.
尚弘子　1996　「沖縄の養生食と食文化」『VESTA』　第27号　11-18p.
沖縄県環境保健部　1995　『沖縄県における成人病死亡の疫学調査』243p.
沖縄県環境保健部　1995　『長寿のあしあと——沖縄県長寿の検証記録』　665p.
太田龍朗（監修）　2006　『快適睡眠88の即効レシピ』　技術評論社
外山滋比古　2005　『ユーモアのレッスン』　中公新書
平良一彦　1996　「長寿世界一の沖縄を考える」『大阪保険医雑誌』第8号　14-19p.
東京都老人総合研究所　1988　『沖縄県大宜味村老人健康調査』　210p.
吉田たかよし　2006『「脳力」をのばす！　快適睡眠術』　PHP研究所
渡辺嘉久・芹澤隆子　『全人ケアの実践』　日本ダイパージョイナルセラピー協会（編）　朱鷺書房
WHO国際共同研究センター　1994　『私たちの地球と健康—21世紀への展望』　41p.

おわりに

編者を含め、著者はすべて、高齢期に未到達の人間で構成されております。包括的な新しい高齢社会設計モデルの提言、高齢者にかかわる多方面からの情報提供は、誠実に行っておりますが、高齢期、老いについて本当のところは何一つ理解していないと、高齢者の方からお叱りを受けるかもしれません。本書のキーワードのひとつでもある「学びたいは終わらない」は、著・筆者を含めての自戒と努力目標でもあります。この本を手にとっていただいたことに深く感謝いたします。

読み終わって、疑問ないし共感なんでも結構です。もし、ご意見、ご感想があれば、編者の方（〒724―0695　広島県東広島市黒瀬学園台555―36広島国際大学　田中秀樹宛）へお手紙でお伝えいただければ幸いです。最後に、本章の編集・執筆を終えるにあたり、その機会を与えていただいた監修の上里一郎先生、論稿を寄せて下さった執筆者の諸先生方、また、根気強く、丁寧に編集作業を進めていただいた、ゆまに書房編集部の高井健氏に感謝いたします。

田中秀樹

【執筆者一覧】

◆第 1 章◆　白川修一郎（しらかわ・しゅういちろう
　　　　　　国立精神・神経センター精神保健研究所）
　　　　　駒田陽子　（こまだ・ようこ
　　　　　　国立精神・神経センター精神保健研究所）
　　　　　高原　円　（たかはら・まどか
　　　　　　国立精神・神経センター精神保健研究所）
◆第 2 章◆　権藤恭之　（ごんどう・やすゆき　東京都老人総合研究所）
◆第 3 章◆　矢田幸博　（やだ・ゆきひろ　花王株式会社ヘルスケア第 2 研究所）
◆第 4 章◆　水野　康　（みずの・こう　東北福祉大学感性福祉研究所）
◆第 5 章◆　宮口英樹　（みやぐち・ひでき　広島大学大学院保健学研究科）
◆第 6 章◆　足立浩祥　（あだち・ひろよし　大阪大学保健センター精神科）
◆第 7 章◆　影山隆之　（かげやま・たかゆき　大分県立看護科学大学看護学部）
◆第 8 章◆　田中秀樹　（たなか・ひでき　広島国際大学心理科学部）
　　　　　松下正輝　（まつした・まさてる　広島国際大学大学院総合科学研究科）
　　　　　古谷真樹　（ふるたに・まき　広島国際大学心理科学部）

［トピックス］
　　　　　尾﨑章子　（おざき・あきこ　東邦大学医学部看護学科）
　　　　　中村菜々子（なかむら・ななこ　比治山大学現代文化学部）
　　　　　芹澤隆子　（せりざわ・たかこ
　　　　　　NPO法人日本ダイバージョナルセラピー協会理事長）
　　　　　横山ハツミ（よこやま・はつみ　広島国際大学看護学部）
　　　　　寺田　勇　（てらだ・いさむ　㈱ニチイ学館事業管理本部取締役）
　　　　　杉山恵美子（すぎやま・えみこ
　　　　　　大阪府こころの健康総合センターストレス対策課）
　　　　　佐藤俊子　（さとう・としこ
　　　　　　大阪府こころの健康総合センターストレス対策課）
　　　　　桂田桃子　（かつらだ・ももこ
　　　　　　大阪府こころの健康総合センターストレス対策課）
　　　　　三上章良　（みかみ・あきら
　　　　　　大阪府こころの健康総合センターストレス対策課）
　　　　　平良一彦　（たいら・かずひこ　琉球大学法文学部観光科学科）

◆シリーズ　こころとからだの処方箋◆　⑨

高齢期の心を活かす

――衣・食・住・遊・眠・美と認知症・介護予防――

二〇〇六年六月二十五日　第一版第一刷発行

著　者　田中秀樹《たなかひでき》ほか
編　者　田中秀樹（広島国際大学心理科学部臨床心理学科助教授）

発行者　荒井秀夫
発行所　株式会社ゆまに書房
〒一〇一―〇〇四七
東京都千代田区内神田二―七―六
振　替　〇〇一四〇―六―六三一六〇

印刷・製本　株式会社キャップ
カバーデザイン　芝山雅彦〈スパイス〉

落丁・乱丁本はお取り替え致します
定価はカバー・帯に表示してあります
© Hideki Tanaka 2006 Printed in Japan
ISBN4－8433－1821－3　C0311

◆シリーズ　こころとからだの処方箋　全16巻◆

★ **ストレスマネジメント**—「これまで」と「これから」—
［編］竹中晃二（早稲田大学）

★ **ボーダーラインの人々**—多様化する心の病—
［編］織田尚生（東洋英和女学院大学）

★ **成人期の危機と心理臨床**—壮年期に灯る危険信号とその援助—
［編］岡本祐子（広島大学）

★ **迷走する若者のアイデンティティ**—フリーター、パラサイトシングル、ニート、ひきこもり—
［編］白井利明（大阪教育大学）

★ **青少年のこころの闇**　［編］町沢静夫（町沢メンタルクリニック）

★ **高齢者の「生きる場」を求めて**—福祉、心理、看護の現場から—
［編］野村豊子（岩手県立大学）

★ **睡眠とメンタルヘルス**　［編］白川修一郎（国立精神・神経センター）

★ **高齢期の心を活かす**—衣・食・住・遊・眠・美と認知症・介護予防—
［編］田中秀樹（広島国際大学）

思春期の自己形成—将来への不安の中で—　［編］都筑 学（中央大学）

抑うつの現代的諸相　［編］北村俊則（熊本大学）

非　行—彷徨する若者、生の再構築に向けて—　［編］影山任佐（東京工業大学）

「働く女性」のライフイベント　［編］馬場房子・小野公一（亜細亜大学）

不登校—学校に背を向ける子供たち—　［編］相馬誠一（東京家政大学）

ドメスティック・ヴァイオレンス、虐待—被害者のためのメンタルケア1—

事故被害、犯罪被害者—被害者のためのメンタルケア2—
［編］蔭山英順（名古屋大学）

保育カウンセリングの実際—家族と専門家の理想的な連携をめざして—
［編］滝口俊子（放送大学）
　　　東山弘子（佛教大学）

＊各巻定価：本体3,500円＋税

★は既刊です、タイトルには一部仮題を含みます。